아산재단 연구총서 第334집

환경친화적 공공시설관리와 지역공동체의 삶의 질

이 소 영

집문당

머리말

우리가 사용하고 있는 공간과 건물은 건축가나 디자이너의 의도와 전혀 다른 방식으로 자주 사용되곤 한다. 한번 지어진 건축물과 공간은 일반적 공산품들과 달리 오랫동안 사용되고 그 부분부분 요소의 수명이 길기 때문에 건물을 어떻게 계획하고 디자인하며 관리하여 에너지 사용을 최소화하느냐가 중요하다. 동시에 사용자가 만족스럽게 건물을 잘 이용하게 하고 자원의 낭비와 그 건축물로 인한 폐기물을 어떻게 최소화할 것인가도 매우 중요한 문제이다. 초기 건설과정에서 소요되는 자원, 에너지, 폐기물뿐만 아니라 사용과 운영과정에서도 많은 에너지와 자원을 소비하기 때문에 건물과 시설을 관리하는 영역에서 지속가능한 문제들은 점차 매우 중요한 문제로 부각되고 있다.

시설관리, 시설경영, 퍼실리티매니지먼트 분야(facility management)는 건물과 시설이 주어진 기능을 제대로 수행하도록 기획, 계획, 운영, 관리하는 전문적인 분야로서 사용자, 공간, 과정, 기술요소들을 통합하는 업무를 수행한다. 특히 공공시설은 지역공동체에 서비스를 제공하고 공공시설 자체가 공공의 이익이나 목적과 직접적인 관련이 있으므로 환경친화적인 공공시설관리는 지역공동체의 삶의 질과 매우 밀접한 관련이 있다.

본서는 환경친화적 공공시설을 계획, 관리, 경영하는 입장에서 지역공동체의 삶의 질을 증진시킬 수 있는 방안으로서 환경친화적 접근은 무엇이며 어떻게 실현될 수 있는지를 소개하고자 하였다. 또한 국내 공공시설관리에서 환경친화적인 접근 실태를 조사하여 개선방안을 제시하고자 하였다. 1장과 2장의 내용은 환경친화적인 공공시설이 왜 필요하며, 어떻게 지역주민과 연계될 수 있는지, 또한 지역주민의 삶과 지역의 이미지에 어떠한 영향을 미칠 수 있는지 보여주고자 하였다. 2장에서는 공공시설의 다양한 예와 공공시설이 가져야 하는 시설의 특성과 공공성, 예를 들면 물리적 환경의 쾌적성, 안전성, 접근성, 형평성과 친환경적인 접근의 특성을 설명하고 환경친화적 접근에 내포된 공공성과의 관련성을 설명하고자 하였다. 끝으로 공공시설을 운영관리함에 있어 환경친화적인 접근이 지역공동체에 미치는 영향력과 중요성을 입증하고자 하였다. 3장에서는 해외 공공시설을 중심으로 하여 환경친화적인 공공건물을 어떻게 개발하였으며 건물의 디자인과 운영적 특성을 살펴보고 주민의 참여방식이나 운영방식, 운영비의 절감, 지역에 미치는 영향을 중심으로 소개하였다. 건물의 디자인과 계획적 특성은 유지관리적 차원과 밀접한 관련이 있으며 초기의 계획요소가 에너지 및 운영에 미치는 특성이 크기 때문에 이를 함께 살펴볼 필요가 있다. 공공시설 유형의 사례는 지역주민을 위한 공공서비스시설, 공공업무시설, 공공혐오시설 및 위험시설로 구분하여 소개하였다. 4장에서는 환경친화적 시설관리 주요 현안과 지속가능한 시설관리의 이점과 문제점을 살펴보고 시설관리자가 환경친화적 관점을 가지는 데 있어 수명주기관점을 소개하고 국내외에서 적용되고 있는 환경친화적 시설 관련 가이드라인 및 지침을 살펴보았다. 5장의 내용은 실증적 조사 내용으로서 공공시설관리 실태를 분석하였다. 환경친화적 관점에서 국내 수도권 지역의 공공시설관리의 실태와 문제점을 조사하였다. 끝으로 환경친화적인 공공시설관리 개선방안과 이를 위한 접근에서 중요시되는 사항을 논하였다.

환경친화적 시설관리는 건축물과 시설이 기획되고 디자인된 후의 시점에서 시작하는 것이 아니라 그 건물을 점유하는 사용자, 비즈니스 특성, 향후 이용 변화 가능성, 유지관리 방식의 특성 등을 다양하게 고려하여, 건물 기획 초기부터 이루어지는 것이 더 바람직하다. 환경친환적인 접근을 위해 보다 전문적 역할과 자율적 책임 그리고 독립적 예산집행의 권한을 줄 필요가 있다.

끝으로 본 연구의 기회를 준 아산사회복지재단과 연구를 수행하는 데 있어 도움을 주신 서울시와 경기도 지자체 시설관리 공단 관계자 분들, 설문에 참여하여 주신 분들에게 감사드린다. 또한 설문조사를 수행하는 데 도움을 준 연구실 학생들에게도 고마움을 전하며 본서가 공공시설관리 분야의 발전에 조금이나마 기여하였으면 하는 바람을 가져 본다.

2012년 9월

이소영

| 차 례 |

제5장 공공시설관리 실태분석

제6장 요약 및 결론

| 표 차례 |

| 그림 차례 |

제1장 서 론

1. 연구 필요성 및 목적
2. 연구 범위 및 내용

제1장 서 론

1. 연구 필요성 및 목적

공공시설은 불특정 다수인 공공의 요구에 부응하거나 사회기반 시설과 같이 필요성에 의해 설치된 시설로서 최근 들어 공공시설이 지니는 기능적 역할 외에 공공디자인을 통해 도시의 정체성을 공고히 하거나 도심을 재활성하는 것과 같은 역할의 중요성이 부각됨에 따라 공공시설의 가치를 증진하고 공공의 삶의 질을 높이는 방안에 대하여 많은 관심을 기울이고 있다. 공공시설은 정부나 자치단체에서 공공의 복지 증진을 위하여 설치하는 시설로서 지역의 공동체가 사용하기 때문에 지역공동체의 삶과 밀접한 관련이 있다. 공공문화시설들은 다양한 문화적 콘텐츠를 보급하거나 교육적 기능을 수행하고 체육활동을 지원하거나 소규모 지역행사 등을 통해 지역사회의 활성화를 도모한다(최기원 · 심우갑, 2004). 그러나 다른 한편 공공의 목적을 위해 지어지는 시설들은 종종 혐오 시설로서 지역사회에서 반감을 가지는 경우도 있다.

환경친화적[1)]인 공공시설은 지역주민들에 의해 유용하게 사용되고 지역공동체의 환경부하를 줄이며 공공건물이나 공공시설이 지니는 사회적인 책임감을 실현하는 장이 될 수 있다. 오스트리아의 건축가이자 화가인 훈더트 바서가 디자인한 쓰레기 소각장은 건물의 외관은 물론 내부 기능까지 환경친화적으로 고안됨으로써 쓰레기 소각장이라는 혐오시설이 시민들이 자랑스럽게 여기는 공공시설로 변화된 사례이다. 이를 살펴보면 환경친화적인 공공시설이 지역사회에 미치는 영향력을 가늠할 수 있다.

환경친화적인 접근의 특성은 경제적 지속성, 사회적 지속성, 환경적 지속성(이강희 · 황은경, 2003)의 측면으로 나누어 볼 수 있다. 환경친화적인 접근은 친환경 건물, 그린빌딩, 지속가능한 환경 등과 같은 유사한 개념으로 표현된다. 환경친화적인 접근은 급속한 산업화와 도시화에 따른 지구온난화, 환경파괴, 오염, 자원고갈 등으로 이어지는 심각한 문제로 인하여 그 중요성이 부각되고 있다. 이에 따른 환경친화적이며 지속가능한 환경을 구축하기 위한 움직임은 다양한 도시환경, 커뮤니티, 산업체 등으로 확산되고 있다(World Commission on Environment and Development, 1987; The Hanover principles, Design for Sustainability, 1992).

현대의 전형적인 건물들은 많은 에너지를 소비하고[2] 건설과정에서 많은 자원을 사용하며[3] 또한 건설과 폐기과정에서 많은 폐기물과 유해물을 배출하기 때문에 건물과 시설을 관리하는 영역에서 지속가능

---

1) 본서에서는 sustainable, green, eco 등의 유사한 개념을 이해하기 쉽도록 '환경친화적'이란 표현으로 사용하였다.

2) 2002년도 자료에 의하면 건물은 미국 전체 에너지의 39%, 전기소비의 68%를 소비하는 것으로 나타났다(2002년 통계, Retzlaff, 2008).

3) 개발국가의 경우 건설산업이 전체 자원 사용량의 40%에 해당한다(Parasad, D. & Hall, M., 2004).

한 문제들은 점차 중요한 문제로 부각되고 있다(U.S. Department of Energy, 2003). 특히 건물은 다른 제품들과 달리 사용 수명이 길고 그 부분 부분의 요소가 오래 지속되기 때문에(Wyatt, Sabotka & Rogalska, 2000) 건물을 어떻게 관리해야 에너지 사용을 최소화하는 동시에 건물의 이용을 최적화하고 자원의 낭비를 줄이며 폐기물을 최소화할 수 있느냐는 환경부하 측면과 지속가능한 환경구축에 있어 매우 중요한 문제이다.

건물과 물리적 환경이 지구 전체 환경에 미치는 영향이 막대하기 때문에 이미 미국의 경우 LEED™(Leadership in Energy and Environmental Design) 그린빌딩 시스템과 미네소타주의 지속가능한 건물 가이드라인[4] 등을 제공하여 물리적 환경을 계획하거나 건설하는 분야에서 활용되도록 하며 지속가능한 건물에 대한 성공적 사례를 제시하고 있다. 특히, 정부 산하의 공공기관[5]이 환경친화적이고 지속가능한 업무공간(workplace)을 구축하기 위하여 주도적인 노력을 기울이고 있다. 국내에서도 친환경인증제가 2002년부터 도입되어 공동주택, 주거복합, 업무용, 학교시설 등에서 시행 중에 있다.

환경친화적인 건물과 시설을 구축하기 위한 노력은 환경친화적인 디자인 가이드라인이나 이의 적용방법, 또는 환경친화적인 건물 디자인 사례 등을 보여주는 방법으로 이루어지고 있다. 환경친화적인 건물은 초기 디자인에 의해 건물의 설비적 요소와 에너지 의존도 등에 미치는 영향이 매우 달라질 수 있기 때문에 건물의 기획과 디자인

---

4) Minnesota sustainable design guidelines; Real Property sustainable development guide by GSA; NIST Building for Environmental and Economic Sustainability Tool and Key Elements of Sustainable Design.

5) 관련기관: NIST: National Institute for Standard and Technology; U.S. Green Building council; General Service Administration(GSA) workplace division.

요소가 상대적으로 강조되어 왔다. 일반 공산품과 달리 건물의 경우 지어진 후 오랜 기간 사용하기 때문에 신축하였을 때의 기능과 성능을 유지하기 위한 지속적인 관리와 노력이 요구되며, 변화하는 사용자의 요구에 따라 지속적인 유지 보수가 필요하고 효율적인 건물운영과 사용자에 의한 이용 측면이 중요하다. 건물이나 시설을 유지관리하는 관점에서 환경친화적이며 지속가능한 접근방법에 대한 탐색은 건설이나 계획단계에 비하여 상대적으로 매우 미흡하다.

환경친화적인 건물이나 시설은 건설에 소요되는 초기 비용이 많거나 환경친화적으로 계획하여 관리하는 실행이 일반건물에 비해 어렵다는 인식을 할 수 있다. 특히 실제로 관리하는 입장에서 환경친화적인 접근이 가지는 장점에는 무엇이 있고 이를 어떻게 시설을 운영 관리하는 데 적용할 것인지, 또한 지역사회에 미치는 효과가 무엇인지에 대한 인식은 매우 부족하다. 공공시설이 지니는 사회적 책임을 다룬 연구나 건물을 환경친화적인 방식으로 관리하는 데 장애가 되는 요인이 무엇인지에 대한 실증적인 연구가 이루어지지 않고 있다. Sparkes and Peattie(1998)에 따르면 경영자가 지속가능한 전략을 시도하는 데 있어 디자인 체크리스트 등은 이를 실현하는 데 겪는 어려움을 도와주지 못한다고 지적하고 있다.

시설을 운영, 관리하는 전문적인 분야는 시설관리 또는 시설경영(facility management) 분야로서 조직이 소유한 건물과 시설이 주어진 기능을 제대로 수행하고 사용자, 공간, 과정, 기술요소들을 통합하는 업무를 수행한다(IFMA: international facilities management association). 공공시설은 공공시설이 가지는 지역공동체에 제공하는 서비스와 공공의 이익, 목적과 직접적인 관련이 있으므로 환경친화적인 건물과 시설물 관리는 지역공동체의 삶의 질에 지대한 영향을 미칠 수 있다. 최근

들어 건물에 대한 평가가 건물 자체에 국한된 것이 아니라 계획 목적과 커뮤니티 차원의 목표에 부합되는 측면, 지역사회와 관련된 문제를 강조(Retzlaff, 2008)하는 것도 이러한 맥락에서 이해될 수 있다.

본서에서는 환경친화적 쟁점을 시작으로 하여 일반적 용어의 정의를 살피고 공공시설에서의 시설관리 관점에서 실증적 연구로서 환경친화적 공공시설관리의 실태를 다루고자 한다. 문헌조사와 사례를 통하여 환경친화적인 공공시설이 지역공동체에 미치는 영향을 고찰하고 실증적 연구부분에서는 공공시설을 관리하는 실무 현장에서 관리자들에게 환경친화적인 접근이 어떻게 인지되고 있으며 공공시설을 관리하면서 환경친화적인 방법들을 적용하는 데 겪는 어려움은 무엇인지를 조사하였다.

환경친화적인 주요 관점을 조사하고 공공시설이 환경친화적인 방식으로 계획, 운영되는 사례를 조사 분석함으로써 환경친화적인 공공시설관리가 조직의 특성, 문화적인 차원, 공공의 선도적이고 책임 있는 역할, 지역주민과의 관계에 미치는 영향을 다각적으로 살펴보고자 하였다. 궁극적으로, 공공시설이 환경친화적으로 활용되어 지역공동체의 삶의 질에 기여하는 다양한 사례와 현재 실태를 분석함으로써, 국내의 공공시설의 운영관리에 기여할 수 있는 환경친화적인 관리방법을 모색하고 환경친화적 공공시설의 발전에 기여하고자 한다.

2. 연구 범위 및 내용

본 연구는 첫째, 환경친화적인 공공시설 사례를 조사하여 그 접근방법을 분석하고 환경친화적 공공시설이 지역공동체에 미치는 영향을 분석하고자 한다. 선행연구와 문헌에서 나타난 환경친화적 개념에 대하여 포괄적으로 조사하고 주요 범주에 따라 공공시설사례를 분석하여 이를 통해 환경친화적 공공시설 사례가 지역공동체와 지역주민의 삶에 미치는 영향을 제시하고자 한다. 이를 수행하기 위하여 문헌조사를 바탕으로 환경친화적 공공 사례를 수집하고 이의 운영과 관리 특성, 지역사회의 참여 특성 등을 분석한다. 문헌조사와 사례조사를 통하여 환경친화적인 공공시설이 어떤 방식으로 지역공동체, 지역주민의 건강한 삶과 지역의 이미지에 영향을 미치며 환경친화적인 여러 접근방법과 요인 중 지역공동체의 만족도, 건강한 삶, 지역 이미지에 영향을 주는 특성은 무엇인지를 고찰한다.

둘째, 환경친화적 공공시설을 구현하기 위하여 실제 시설 관리자들이 여기는 환경친화적 공공시설의 상대적 이점과 장애요인을 규명하고자 한다. 공공시설을 계획하고 관리운영하는 데 있어 환경친화적인 접근을 어떻게 하고 있는지를 혁신적인 제품의 채택과 확산이론(Roger's Adoption/Diffusion Theory, 1962, 1995)에 근거하여 환경친화적 공공시설의 특성과 관리의 주요 차원을 제시한다. 그리고 각 부분에서 시설 관리자가 겪는 상대적인 이점과 장애요인을 규명하고 공공에 미치는 사회적 책임 부분을 어떻게 인지하여 환경친화적 공공시설관리의 중요성을 얼마나 인지하는지를 조사하고자 한다. 시설 관리자를 대상으로 하여 조사하고자 하는 내용은 다음과 같다.

–시설 관리자들은 환경친화적 시설관리의 상대적인 장점이 비용적 차원, 사회적 우위, 편리함, 지역 거주민 만족도 측면에서 무엇이라고 인지하고 있는가?

–환경친화적 시설관리는 기존의 공공시설관리활동의 가치나 방법과 어떤 유사성과 차이가 있는가?

–환경친화적 공공시설관리를 실제 적용하는 것을 얼마나 복잡한 과정으로 여기는가?

–조직이나 법규 등 현실적인 제약 안에서 얼마나 쉽게 실현 가능한가?

–공공시설의 관리에서 환경친화적인 접근을 채택하는 다양한 방법을 본적이 얼마나 있는가?

–환경친화적 접근을 취하는 데 있어 가장 걸림돌이 되는 것은 경영지원, 비효율적인 조직 구조, 우선적인 업무, 정보의 부재와 부족한 지침, 부족한 물리적 자원과 인적 자원, 조직 문화, 무관심한 지역공동체 중 어떤 요인인가?

공공시설관리 실제에서 환경친화적인 관리라는 것은 구체적이지 않게 여겨질 수 있으며 보다 전문화되거나 혁신적인 접근으로 여겨질 가능성이 크다. 본 연구결과는 공공시설을 관리하는 주체들이 이러한 환경친화적인 접근을 가지고 공공시설을 경영관리하려 할 때 어떻게 환경친화적 접근을 인지하며 어떤 방식으로 수행하고 있으며 보완되고 개선되어야 할 부분은 무엇인지 구체적인 사항을 제시하는 데 활용될 수 있을 것이다. 또한 환경친화적 경영방식의 변화 및 도입 과정을 이해할 수 있도록 함으로써 물리적 환경의 계획 및 운영과 관련된 연구 분야에 기여할 것이다. 이는 기존의 이론적인 모델과 현재 이루어지고 있는 특성이 기존에 제시된 이론으로 설명 가능한지, 어떤 수정이 필요한지를 보여줌으로써 물리적 환경 계획 및 관리에 적용될 수 있는 이론 발전에 기여할 것으로 기대한다.

또한 실용적으로 환경친화적인 시설과 건물은 운영 관리하는 데 소요되는 비용을 줄이며 에너지와 자원 사용의 효율성을 도모하는 데 기여할 것이며 사용자의 만족도와 쾌적감을 높임으로써 사회적 차원에서 좀 더 큰 공공의 이익을 가져다 줄 것이다.

궁극적으로 공공시설이 위치한 지역 커뮤니티 삶에 쾌적하고 편리한 시설을 제공함으로써 지역사회 및 기타 상업시설의 바람직한 방향을 제시할 수 있는 역할을 할 것으로 기대한다. 환경친화적인 공공시설관리의 주요 범주와 기준을 제시하고 이를 구현하기 위한 방법과 전략들을 소개하여 실제 공공시설관리에서 직면하는 어려움과 장애요인을 규명함으로써 공공기관의 선도적 역할을 수행할 수 있도록 기여하며 결과적으로 공공시설이 위치하는 지역공동체에 긍정적인 영향이 미치도록 하는 데 의의를 둔다.

제2장 공공시설과 환경친화적 접근

1. 환경친화적 관점과 주요 개념
2. 공공시설과 환경친화성
3. 환경친화적인 공공시설과 지역주민의 삶

제2장 공공시설과 환경친화적 접근

1. 환경친화적 관점과 주요 개념

1) 환경친화적 접근방법

환경친화적인 관점은 매우 광범위한 개념을 총괄하는 의미로서 좀 더 구체적인 용어로 친환경, 그린디자인, 지속가능한 디자인 등을 말한다. 1970년 후반과 1980년 전반에 걸쳐 다음 세대의 삶을 희생시키지 않는 지속가능한 개발의 필요성을 인식하게 되었고 이러한 인식과 더불어 많은 분야에서 경제적 개발과 사회발달(social progress)에 따른 환경문제에 관심을 갖게 되었다.

지속가능성(Sustainability)은 라틴어의 유지(sustinere: to hold)라는 의미에서 파생되었으며 지속가능성이란 용어는 생태학적인 건강과 개발의 목적을 수행하기 위하여 사용되기 시작하였다(New Jersey Future, 1999).

지속가능한 개발(sustainable development)에 대한 정의[1]는 Brundtland

1) *Our Common Future* by the World Commission on Environment and Devel-

(1987)가 '우리의 보편적 미래(Our Common Future)'에서 발표한 내용이 가장 보편적으로 받아들여지고 있다. 그는 다음 세대의 요구를 충족할 수 있는 조건을 고수하면서 현재의 요구를 충족시키는 개발을 지속가능한 개발이라고 정의하였다. 그리고 지속가능성을 위해서는 환경, 경제, 사회문제를 장기적인 안목으로 고려하고 조율하는 것이 필요하다고 하였다.

지속가능성(sustainability)이란 용어는 전 세계적인 관점, 다음 세대를 고려한 관점, 공공의 참여를 전제로 하여 정의되고 있다. 지속가능성은 매우 다양한 관점에서 제시되고 있으며 중요시되는 사항들은 자원사용의 제한, 오염의 방지, 재활용, 인구조절, 생물자원의 보호, 변화속도의 조절, 소비의 제한, 토지의 보전, 민주주의 실행, 세대 간의 형평성, 기본적인 인간 요구의 충족 등이다(Tonn & Mac Gregor, 1998).

이러한 지속가능한 디자인의 특성은 건물이나 커뮤니티의 디자인이 단순히 외형적인 형태에만 영향을 미치는 것이 아니라 지속적인 사용, 유지관리 활동, 커뮤니티와 분리될 수 없는 관계를 맺으며 존재한다는 것을 보여준다.

지속가능한 개발에서 개발은 어느 특정 분야나 지역에 국한되지 않으며 목적을 규정하는 것이 아니라 개발의 지속성을 의미한다. 이러한 정의는 요구(needs)와 제한(limits)이란 측면에 기초하고 있는데 요구란 음식, 의복, 주거, 취업 등과 같은 기본적인 요구를 말하며 모든 개개인은 절대적 기준 이상으로 자신들의 삶의 기준을 높이고자 하는 기회를 가져야 한다. 제한이란 유한한 자원과 같이 자연적인 한계성을 말하는데 여기에는 생산성의 저하, 자원의 과다한 사용이나

---

opment(WCED), better known as the *Brundtland Commission*, a United Nations' organization headed by former Norwegian prime minister *Gro Harlem Brundtland*.

수질 악화, 멸종 등과 같은 문제들도 포함된다. 즉 지속가능한 개발이란 정치적, 기술적, 사회적 개발에 있어 이 두 가지의 이슈에 의해 쉽게 평가될 수 있어야 하며 '요구'와 '제한'이라는 측면에서 지속가능한 개발이라면 그 어떤 것이든 개인의 요구를 충족시키지만 '제한'을 증가시키지 않아야 한다.

미국 정부의 경우 지속가능한 개발을 위하여 이를 국제사회에 제안하였으며 참여한 정부들은 5개의 우선적인 분야에 개입할 것을 동의하였는데 다섯 분야는 수자원(water and sanitation), 에너지(energy), 건강(health), 농업(agriculture), 생물학적 다원성과 생태시스템 관리(bio diversity and ecosystem management)이다[2]. 또한 지역적인 지속가능한 계획들이 발달하게 되었고 비즈니스에서 정부 주도, 범국가적인 조직들에 이르기까지 지속가능한 개념을 도입하고 자신들만의 독특한 해석들에 이르게 되었다. 이러한 접근들은 지속가능한 개발이 다양한 상황하에서 어떤 의미를 가질 수 있는지를 이해하도록 도와준다.

그렇다면 광범위한 개발의 측면에서 지속가능한 개발의 특성은 구체적으로 무엇으로 나타날 수 있는 것인가에 관한 의구점이 들 수 있다.

지속가능한 개발은 시간에 따라 진화하는 개념이지만 그 안에는 공통적인 특징이 있다. 지속가능성의 개념에는 환경 차원(environmental), 경제 차원(economic), 사회 차원(social)의 세 가지의 주요 범주가 있다[3]. 지속가능한 접근은 이러한 세 가지 범주가 서로 연관되거나 통합된 상황에서 발생하고, 지속가능한 개발은 세 가지 차원에서 이루어지는

2) Sustainable Design Info, 2003.

3) Aplet, Johnson, Olson & Sample, 1993; British Columbia Round Table on the Environment and the Economy, 1993; Goodland & Daly, 1996; Munasinghe & McNeely, 1995; Munro, 1995; Sheng, 1995; Viederman, 1996.

의사결정이 통합되어야 할 필요성이 있다. 지속가능성에 대한 해석은 환경 차원, 경제적 차원, 사회적 차원에서 어느 부분을 더 강조하느냐에 따라 달라질 수 있다. 예를 들어 환경주의자들과 생태주의자들은 자연시스템과의 지속가능한 상호작용에 초점을 두는 반면, 경제학자들은 지속가능한 경제발전과 삶의 경제적 수준에 초점을 둔다(Toman, 1992). 협의적 차원에서 지속가능성이란 용어는 환경의 지속가능성에 국한되어 사용되곤 하는데 이는 혼돈과 이해 상충을 낳을 수 있다(Satterthwaite, 1999). 따라서 광범위한 차원에서 살펴보면 지속가능성은 장기적 관점하에 환경, 경제적, 사회적 고려사항들을 포함하는 것이다.

Firey(1960)는 자연자원과 환경을 어떻게 보존할 것인가(오늘날 우리가 지속가능성이라 명명하고 있는)에 관하여 총체적인 개념의 틀을 개발하였다. 그는 자원 이용을 위하여 3가지 차원의 지식을 제안하였다. 생태학적(출발점이 되는 곳으로서 물리적 거주지), 경제적(희소성으로부터 시작하여 인간행동과 관계가 형성) 그리고 민족적인(인류의 사회 문화적 기원)

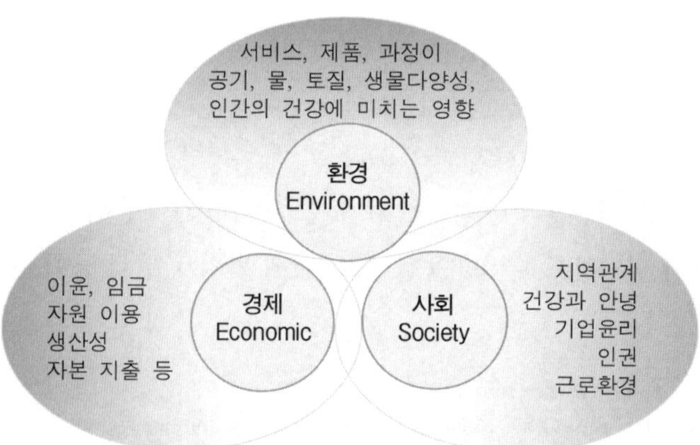

〈그림 2-1〉 지속가능한 개발과 관련된 주요 범주와 현안

측면이다. 그는 각 범주에 해당하는 것들의 최적화를 검토하였으며 마지막으로 생태학적 차원의 자원활용 과정이 어떻게 경제적인 자원 사용과정과 민족적인 자원활용 과정과 동시에 일어나는 지를 검토하였다. 그는 자원활용 계획을 세우는 가장 좋은 방법은 세 가지 차원을 최적화하는 데 사용되는 기준들 간의 균형을 이루는 것, 다시 말해 세 가지 차원의 기준들을 연계(articulating)하고 협상(negotiating)하여야 한다는 것이다.

이 모델의 3가지 구성요소는 환경과 자원관리, 건강, 지속가능한 커뮤니티, 지역개발(rural development), 도시계획, 국제기관, 기업보고 등에 기여한다. 지속가능성은 다음 세대의 안녕을 저해하지 않으면서 환경적, 경제적, 사회적 요구 간에 균형을 이루는 방식으로 살고 일할 수 있게 하는 것으로 제안하였다.

2) 유사개념

인간이 건축한 환경은 매우 포괄적으로 환경친화적인 관점을 지니는 용어는 어디에 강조를 두는지에 따라 상이하다. 관점과 대상의 특성, 그리고 대상의 규모(주거, 건물, 도시 등), 또는 물리적 환경의 생애주기(디자인, 건물 관리, 폐기 등의 단계)에 따라 다양한 용어, '친환경 주거', '그린빌딩', '에코도시' 등으로 불리고 있다. 환경친화적인 접근을 취하는 다양한 개념과 용어들은 매우 유사한 특성을 지니고 있어 공통점이 많으나 약간의 상이한 점도 있어 이를 살펴보고자 한다.

(1) 생태건축(Ecological Architecture)

생태주의는 자연을 단지 대상으로만 파악하고자 하는 '왜곡된 자연관이 오늘날 환경 위기의 근원'이라고 간주한다. 70년대 에너지 파동 이후 본격적으로 대두된 건축계의 이러한 동향은 건축을 시각적으로 표현하는 독립적 개체로 간주하지 않고, 자연생태계의 일부로서 존재하는 '주변 환경에 순응하는 또는 자연과 함께하는 건축'으로 정의하고 있다. 인간의 무분별한 건축적 행위가 환경파괴로 직결되고 있다는 현실적 인식이 생태학적 지식을 반영한 새로운 건축적 대안을 찾게 했는데, 1979년 P. und M. Krusche의 정의에 따르면 생태건축이란 '자연환경과 조화되며 자원과 에너지를 생태학적 관점에서 효율적(경제적)으로 이용하는 건축'이라 요약할 수 있다. 여기서 자원이란 고전적 네 요소, 즉 토양, 물, 태양(빛과 열) 그리고 공기로 대표되는 지구 생태계 내의 모든 유·무기물을 통틀어 말한다(정종대, 2006). 따라서 자연의 순환체계를 만들고, 자연자원을 활용하여 환경부하가 없도록 하기 위해 다음과 같은 구체적인 기본 목표를 설정하고 있다.

㉠ 자연시스템과 재생 가능한 자원을 효율적으로 활용: 자연에너지(태양열, 풍력, 조력, 지열 등) 이용, 자연조건을 활용한 실내 기후조절, 식물을 이용한 외벽 보호 등
㉡ 물과 공기의 오염, 외부로 방출되는 열, 폐기물, 폐수의 양과 농도를 극소화하고 대지의 투습성을 최대화
㉢ 대지 주변의 동·식물을 포함한 생태시스템의 유지
㉣ 건축물의 시공과 유지관리에 필요한 에너지와 자원의 수요를 최소화

ⓜ 건축물을 주위 경관과 어우러지게 배치하여 좋은 주거환경과 업무가 가능하도록 제공

이러한 목표를 지향하는 생태건축에서는 자연환경과 에너지 효율을 고려한 입지 선정·재료 선택, 건물 내·외부의 기능 연계, 건축 기술체계, 그리고 수목과의 연계 및 이용 등이 그 실천방법이 된다(이경희·임수영, 2003).

생태적으로 가장 좋은 환경은 인간의 구축적 행위가 없는 자연 그대로의 상태이겠지만, 인간이 존재하는 한 건축적 행위는 멈추지 않을 것이고, 이러한 무분별한 건축 행위는 곧 자연환경의 파괴로 이어지게 된다. 따라서 자연의 순환법칙에 어긋나지 않는 개발, 즉 균형 잡힌 순환체계의 실현과 유기적 협동체로서의 사회를 수용할 수 있는 건축의 형성은 생태건축이 그 바탕에 깔고 있는 기본 전제인 셈이다. 이런 점에서 생태건축이 갖는 의미는 최대한 자연 그대로의 상태를 유지하기 위한, 가장 좋은 환경을 유지하기 위한 대안으로서 그 의미가 있다(함정도·노정선, 2003: 54).

생태도시(ecopolis)는 도시의 구조와 기능이 환경을 우선적으로 고려하도록 구상되어 환경에 미치는 부하가 적을 뿐 아니라 적절한 메타볼리즘(자립성, 상호안전성, 환경 등의 특성이 유지되는 것)이 유지되고 동식물을 포함하는 자연과의 공생을 근간으로 하는 자연친화적인 도시를 말한다. 이러한 생태도시는 환경의 생태적 측면으로 동식물을 비롯한 생태적인 다양성, 동식물과 녹지의 안정성, 에너지와 자원의 자립성, 자원 및 물의 재활용과 순환성을 강조한다.

(2) 그린빌딩과 그린디자인

현세와 후세에 걸친 인류의 생존과 지구환경 문제에 기여하기 위한 건축 분야의 대안으로 그린빌딩(Green Building, Environmentally Friendly Building, Environmentally Responsible Building)이라는 개념이 제안되었다. 그린빌딩이란 에너지 절약과 환경 보전을 목표로 '에너지 부하 저감, 고효율 에너지 설비(energy), 자원 재활용, 환경 공해 저감 기술(ecology)로 설계, 건설하고 유지 관리한 후 건물의 수명이 끝나 해체될 때까지도 환경에 대한 피해가 최소화되도록 계획된 건축물'을 말한다(정광섭 외, 2009).

그린디자인은 인간의 건강과 안녕을 위한 디자인을 의미하지만 지속가능한 디자인은 다음 세대를 위한 전 세계 생태계를 보호하는 의미를 포함하고 있다. 그린디자인과 지속가능한 디자인은 비슷한 의미로 사용되고 있으며 환경과 거주자를 위한 건물을 디자인하는 것을 의미한다(Green Design Education Initiative, 2003).

그러나 그린디자인과 지속가능한 디자인의 차이를 살펴보면 그린디자인은 지속가능한 디자인의 요소로 볼 수 있다. 그린빌딩과 커뮤니티는 지역의 기후와 자원을 통합시키고 자연 채광을 활용한 건강한 내부 환경을 만들고 자원을 재활용하고 재사용한다. 이러한 그린디자인은 지속가능한 미래 개발을 위해서 매우 중요하다. 그린디자인과 달리 지속가능한 디자인은 지속적이고, 오래 생존하고 순응하는 특징이 있다. 그린디자인은 생태적으로 민감한 재료를 사용하거나 건강한 환경을 조성해야 하며 건설과 폐기과정에서 환경에 부정적인 영향을 미치지 않아야 한다. 또한 효율적인 시스템과 성능이 높은 테크놀로지를 사용하지만 그러나 근본적으로는 화석연료에 의존한다. 이에 반해 지속가능한 디자인은 그린디자인의 원리들을 포함함과 동시에 자연적으로 재생 가능한(renewable) 자원의 사용을 최대화하도록 디자인된 수동적(passive)이고 능동적(active)인 구조를 말한다. 지속가능한 디자인은 재생할 수 없는 일상의 소비를 줄이거나 없애며 유지관리에 소요되는 비용을 줄이고 사용자의 생산성을 높이며 프로젝트에 내재된 총 에너지양을 줄인다(Williams, 2007).

(3) 친환경건축

건축과 건물을 환경문제와의 관계에서 설명하기 위해 사용되는 유사한 개념의 용어들로는 green, sustainable, ecological, ecological, environment friendly, environmentally sound 등이 사용되고 있으며 이는 공통적으로 지구환경과 지역환경을 보전하고 자연생태계에 미치는 영향을 최소화하는 물리적 환경을 구축하는 것을 뜻한다. 환경에 대한 영향을 고려한다는 것은 지속적인 사용기간과 미래 세대를 위한 고려가 함께 이루어지는 것으로 인간이 개발하는 모든 건축 환경에 대한 생애주기를 고려해야 한다. 따라서 물리적 건축물의 계획, 설계, 생산, 유지관리 그리고 폐기에 이르기까지 전 과정에 걸쳐 화석에너지를 감소시키고 자원의 낭비를 방지하여 지역, 커뮤니티, 국가 등 총체적인 환경과의 유기적 관계를 고려하여 인간의 건강한 삶을 지속하게 하는 개념이다.

친환경주거

환경친화형 주거는 거시적으로는 지구 환경문제에 대응하고, 미시적으로는 거주자와 거주자를 둘러싼 환경과의 조화 그리고 건강하고

〈표 2-1〉 기존의 환경친화형 주거의 개념 및 목표

	주요 관점	목 표	특 징
생태건축 (1979)	• 자원 · 에너지 • 주변환경 • 건강	• 자원과 에너지의 생태적 이용 • 자연환경과의 조화 • 건강한 주생활	• 생태학적인 안정된 순환체계 실현 • 사회적 측면 고려
지속가능한 개발(1987)	• 자원 인간 환경	• 자연자원의 경제적 이용 • 주민 참여 • 동등한 배분 • 환경보존	• 시간성이 강조된 인간 중심적 사고형태 • 사용 한도 개념 사용
환경공생 주택(1991)	• 자원 · 에너지 • 주변환경 • 건강 · 쾌적성	• 지구 환경 보존 • 주변 환경과의 친화성 • 거주 환경의 건강 · 쾌적성	• 에너지 절약에 초점 • 사회적 측면 고려
환경친화형 건축(1996)	• 자원 · 에너지 • 주변환경 • 건강 및 편의증진	• 에너지 절약 및 순환활용 • 주변환경과 유기적 연계 • 건강 및 편의증진	• 건축의 현실적용에 초점 (경제적이라는 대전제)

쾌적한 삶을 영위할 수 있게 하는 주거 및 주거단지 환경을 의미한다고 볼 수 있으며 그 기본 목표를 '지구 환경의 보전', '주변 환경과의 유기적 관계', '건강 쾌적성 및 편의 증진'으로 설정할 수 있다(윤정숙 외, 2005).

(4) 그린엔지니어링

지속가능성을 실현하기 위해서는 재료와 에너지를 이용하는 새롭고 더 나은 방법이 필요하며 이러한 방법의 개발을 그린엔지니어링[4]이라고 한다. 지속가능한 원칙들을 일상 생활 안에서 실용적으로 적용하기 위해서는 엔지니어가 중심적인 역할을 할 필요가 있으며 그린엔지니어링은 지속가능성에 대한 탐색이 추상적인 개념을 넘어서 실

4) Vallero, D. & Brasier, C.(2008) Sustainable design, The science of sustainability and green engineering, pp. 179-186.

용화하여 구체적으로 실현시키는 것으로 정의할 수 있다. 그린건축과 그린엔지니어링의 궁극적인 목표는 환경의 질 자체이다. 그린엔지니어링은 디자인, 상업화 그리고 개발과정과 제품을 사용하는 과정에서 오염 발생과 인간의 건강과 환경에 대한 위험을 최소화하면서 실행 가능하고 경제적일 것을 목표로 한다. 그린엔지니어링 과정의 특성은 다음과 같다.

① 그린디자인과 엔지니어링 모델의 틀(framework)과 기초를 포함하여 지속가능한 발전의 개념 적용
② 상업적・제도적 영향들에 대한 고려를 포함하여 지속가능한 틀의 맥락 안에서 디자인 프로세스 적용
③ 지속가능한 제품과 프로세스를 달성하기 위한 포괄적인 관점에서 실제적인 문제점과 해결방법을 고려
④ 디자인의 결과로 야기되는 쓰레기의 흐름을 특성화
⑤ 과학적 원칙을 지속가능한 디자인과 일체화시키는 과정을 이해(예를 들면 리액터, 열교환기, 분리과정을 포함한 부피와 에너지의 관계 측면에서)
⑥ 그룹 프로젝트와 빌딩 디자인 프로젝트에서 창의성과 독창성 적용

그린엔지니어링은 다양한 분야에서 진행되고 있는데 특히 환경을 위한 디자인, 분해를 위한 디자인과 재활용을 위한 디자인에 적용되고 있으며 오염을 통제하는 패러다임(이론적 틀)을 대체하거나 적어도 변화시키고 있다. 개선된 디자인 접근방법에 대한 요구는 예를 들면 파이프, 환기구, 굴뚝 등에 독성을 덜 남기게 할 뿐만 아니라 재정적

으로도 비용을 감소시킨다.

그린엔지니어링은 종종 경제적 측면과 환경적 측면에서 비효율적으로 보이기도 하는데 이는 보다 포괄적이고 체계적인 생애주기적 접근을 요구하기 때문이다. 그린엔지니어링의 목표를 4가지로 나누어 보면, 쓰레기 감소, 물자 관리, 공해 예방, 제품 증대이다.

(5) 지속가능한 개발(Sustainable development)

지속가능한 개발은 환경의 수용능력을 고려하여 그 범위 내에서 개발하는 것을 말하는 것으로, 1992년 브라질의 리우 데 자네이루에서 개최된 환경과 개발에 관한 UN회의(UNCED: United Nations Conference on Environment and Development)를 통하여 '환경적으로 건전하고 지속가능한 개발(ESSD: Environmentally Sound and Sustainable Development)'의 개념이 일반화되었으며, 그 이후 도시개발 개념으로 중요한 이슈가 되고 있다. 환경문제가 심각해짐에 따라 지구 환경의 보전을 세계적으로 중요한 과제로 인식하게 되었으며, 지속가능한 개발은 개발과 환경의 보전을 조화시키는 발전개념인 것이다.

많은 학자들이 지속가능한 개발에 대해 다양하게 논의하고 있으며 그 공통적인 특성은 다음 3가지로 요약할 수 있다.

① 자연 및 문화 환경에 대한 가치를 중요하게 다룬다. 자연은 전통적으로 취급되어 온 경제적 자원으로서 뿐만 아니라 삶의 질을 향상시키는 데 필요한 환경의 질로서 그 가치를 평가받아야 함을 강조한다. 즉 인간은 환경 용량 또는 지역 수용력의 범위 내에서 개발함으로써 인간과 자연의 공생관계를 유지하자는 것

이다.

② 단기적 환경영향뿐만 아니라 장기적인 환경영향도 고려한 사전 예방적인 조치의 필요성을 강조한다. 즉 개발정책은 단기간의 효과뿐만 아니라 후손들이 받게 될 영향을 고려하는 장기적인 시각 속에서 바라보아야 한다.

③ 세대 내의 형평과 세대 간의 형평을 강조한다. 개발이 지속가능하기 위해서는 모든 개발행위가 가져오는 결과를 후손에게 물려줄 유산으로 간주하여야 하며, 이것은 결국 적어도 선조에게 물려받은 것만큼은 후손에게 물려주어야 함을 의미한다. 이러한 관점은 현재 우리가 살고 있는 환경이 선조로 물려받은 것이 아니라 다음 세대로부터 빌려 쓰고 있다는 것이다[5]. 또한 한 세대 내의 지역 간 개발 수준의 차이에서 발생하는 개발행위의 차별성을 인정하고 지역 간의 균형적인 발전을 위해 노력해야 한다. 따라서 지속가능한 발전은 생태계 안정성의 유지, 경제성장의 관리, 사회적 평등의 증진을 추구하는 개념이다.

(6) 지속가능한 실내디자인

지속가능한 실내디자인은 건물의 생애주기를 두고 환경과 인간에 대한 부정적인 영향을 최소화하고 환경적·경제적·사회적 시스템에 가져오는 긍정적인 영향을 극대화하기 위하여, 모든 재료와 시스템들을 총체적 관점에서 디자인하는 것이다. 때문에 물리적 실내환경을 구축하기 위하여 긍정적 효과를 높이고 부정적인 측면을 줄이는 것에

5) "We do not inherit the earth from our ancestors; we borrow it from our children", Native American proverb, Cotts 외(2010), p. 167.

목적을 두고 있다. 또한 지속가능한 실내디자인 업무의 수행 여부는 첫째, 실내디자인 계획과 시공과정에서 유입되는 재료의 양을 줄이며 둘째, 실내디자인 프로젝트를 통하여 배출되는 폐기물 및 부산물을 어떻게 관리할 것인지에 중점을 두고 셋째, 일회적인 것이 아닌 반복적이고 시간을 두고 지속하는 생애주기적 측면에서 다루고 있다(〈그림〉 2-2참조).

세부적 사항을 살펴보면 실내공기질은 실내공기질을 유지하기 위한 최소한의 성능사항을 준수하고 있는지, 건물의 사용자들에게 담배연기가 영향을 미치지 않도록 통제가 되는지, 실내디자인 시공 및 리노베이션 프로젝트 시 발생하는 공기문제를 방지하기 위한 노력을 하는지, 휘발성 물질을 적게 내는 재료의 사용과 마감을 명시하는지와 관련된 것이며 쾌적성은 실내환경과 관련된 온도, 환기, 조명, 음환경을 적정하게 제공하고 햇빛과 외부로의 조망이 가능한가의 측면이다. 사용 감소를 위해서는 재료의 양을 최소화하고 재활용과 재사용을

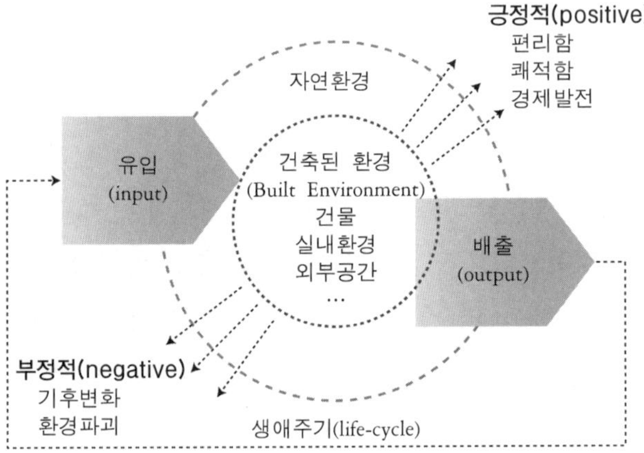

〈그림 2-2〉 지속가능한 실내디자인 구성요소

위하여 분해를 촉진하고 재가공 재료를 실내디자인 재료 선택 시 명시하는 것을 포함한다. 배출 및 폐기물 관리는 실내디자인 과정에서 발생하는 폐기물과 부산물의 저하 및 효율적인 재사용을 통하여 전반적으로 배출하는 양을 줄이고자 하는 내용으로 폐기물 관리 계획과 포장재료 사용을 절감, 효율적인 재활용과 폐기물의 적정한 처리 등으로 구성되었다. 이처럼 재활용 재료를 명시하고 지역적 재료를 사용하여 불필요한 이동을 줄이고 빠르게 재생 가능하고 인증된 목재를 사용하는 방식 등은 전반적인 생애주기로 볼 때 환경부하를 적게 할 수 있는 방법이다(이소영 · 강미현, 2007).

(7) 지속가능한 디자인 주요 요소[6)]

일반적으로 건축 환경에서 고려되어야 하는 지속가능한 디자인의 주요 요소는 전략적 시설계획과 프로그래밍, 부지작업과 계획, 에너지, 건축자재, 실내공기질, 물, 재활용 및 폐기물 관리, 건물의 운영 및 유지관리, 전략적인 환경 관리가 있다. 이들의 자세한 사항을 살펴보면 다음과 같다.

- 전략적 시설 계획과 프로그래밍: 개조할 것인가 또는 신축할 것인가, 기존 시설을 팔 것인가 또는 임대할 것인가, 통합할 것인가 또는 분산시킬 것인가에 대해 결정하는 것은 장기간의 생존, 자원의 보존, 생애주기비용을 위해 매우 중요하다.

---

6) 선도적인 건축 및 실내디자인 계획 회사인 Hellmuth, Obata+Kassabaum, Inc.,가 채택한 지속가능한 디자인의 주요 요소는 다음과 같으며 EO 13123에 나타난 주요 요소와 비슷하다.

- 부지작업과 계획: 환경적으로 민감한 계획은 유지관리 비용이 적게 드는 적절한 조경공사를 하고 최적의 건물 배치를 하기 위해서 프로젝트 부지만 조사하는 것이 아니라 교통, 기반시설, 생태계와 연결시켜 부지를 평가하고 태양과 바람의 방향, 지역의 미기후, 배수 방식, 수도, 전기, 가스 등의 공공시설과 기존 부지의 특징을 고려한다.
- 에너지: 건물의 방향과 배치, 자연환기, 자연채광, 그리고 기타 여러 가지 수동적인(passive) 전략들은 거주자의 편안함과 실내환경의 질은 높이면서 건물의 에너지 요구를 낮출 수 있다. 요구되는 시스템의 효율은 컴퓨터 모델링의 사용과 생애주기 비용 분석을 통해 최대화되어질 수 있다.
- 건축 자재: 환경적으로 바람직한 건물의 자재는 내구성이 있고 유지관리에 적은 비용이 든다. 세심한 선정과 시방은 성능, 비용, 미학, 유효성의 범주를 유지하면서 거주자의 건강과 환경에 미치는 부정적 영향을 줄이거나 제거할 수 있다.
- 실내공기질: 실내공기질은 건축, 실내디자인, 기술/전기/배관 디자인 전략의 긴밀한 협조를 통해서 오염물질이 건물 안으로 들어오기 전에 오염물질의 원인을 차단함으로써 가장 효과적으로 통제되어질 수 있다. 실내공기질을 위한 시공 절차와 거주 후 사용자 가이드는 장기간 좋은 실내공기질을 유지하는 데 도움이 된다.
- 물: 부지에 우수를 유지하고 중수와 폐수의 재사용과 현장 처리를 고려한 부지 계획 전략, 저속 방류 배관 시설(low flow plumbing fixture), 적절한 조경계획, HVAC와 배관시스템 디자인은 물을 보존한다.
- 재활용 및 폐기물 관리: 폐기물과 비활용 자재는 시공 과정에서

철거 및 건설 폐기물을 재활용하고 현장의 재료를 재사용하고 자재 사용과 포장을 추적함으로써 통제할 수 있다. 건물 디자인 과정에서 재활용을 포함하는 것은 폐기물을 줄이고 비용 면에서도 이익을 창출할 수 있다.

- 건물의 운영 및 유지관리: 효과적인 건물의 운영은 시스템의 완전하고 효율적인 기능을 위해서 필수적이다. 시설의 운영은 실내 공기질과 에너지 관리, 그리고 물 절약과 폐기물 감소 및 환경적으로 세심한 유지관리를 위한 정책으로부터 이익을 얻을 수 있다.
- 전략적인 환경 관리: 장기적인 환경적 고려사항을 사전 계획 절차에 통합함으로써 제조 회사들이 방출하는 오염원을 제거할 수 있다. 전략적인 환경 관리는 기업이 환경적 위험과 기회를 이해하는 데 도움을 주고 기업의 시설관리와 절차에 대해서 정보에 근거한 의사결정을 할 수 있게 한다.

(8) 주요 용어 정의

- 재활용(recycle): 물질적 순환이 가능한 건축 재료의 사용, 자연으로부터 얻어지는 흙과 같은 재료는 건축 재료로서 수명을 다한 후 분해되어 다시 자연으로 돌아감으로써 환경에 대한 부담을 주지 않음, 목재나 플라스틱 재료 등의 재처리 및 재활용
- 재사용(reuse): 건축 부품을 조립 해체함으로써 다시 사용 부품으로부터 조립하여 건축물을 생산하는 방식은 해체를 통한 재사용 가능성
- 재생(renewable): 가능성 화석연료의 사용을 자제하고 최대한 자연에너지의 사용을 장려, 화석연료는 매장량의 한계를 지니고 있으며 이산화탄소 배출에 따른 지구온난화에 큰 영향을 미치기 때문

에 자연에너지의 사용

(9) 지속가능한 개발과 시설관리(FM: facility management)

지속가능한 정책이 개발되고 실행됨에 따라 지속가능한 정책을 어떻게 실행으로 옮길 수 있는지 지속가능한 실행의 정도를 어떻게 입증할 수 있는지 등 기업이나 조직에서 지속가능한 개발의 문제는 점점 중요해지고 있다.

1990년대 이후 환경관리는 과격 환경보호 운동가들의 제한된 활동에서 주요 사업으로 발전되었고 이는 디자인, 건설 및 건물 관리에 종사하는 전문가에게는 반드시 요구되는 핵심사항이다. 시설 관리자는 외부 인증이나 주주들의 요구사항과 같은 추가적인 압력에 부합하고 건물을 관리하기 위해서 법에서 요구하는 사항을 어떻게 준수하여야 하는지를 고려해야만 한다. 건물은 그 회사의 가치와 신뢰를 가장 잘 보여 줄 수 있는 요소이다. 이는 건물관리자의 역할이 고객과 의뢰인의 기대에 부합하기 위하여 폐기물 최소화, 재활용 계획, 에너지 관리, 유틸리티 소비 감소 등과 같은 활동을 아우르는 환경에 책임 있는 영역으로 현저히 증가했음을 의미한다.

많은 회사들은 건물을 만들어 내는 데 관계된 이해당사자들, 투자자, 건물 소유주, 서비스 제공 회사를 포함하여 지속가능한 정책을 개발하고 실천에 옮기고 있다. 조직 내에서 이러한 지속가능한 개발을 하는 데 있어 과제는 각 이해당사자들의 활동과 정책을 조율하고 그 정책이 실현되고 목적이 이루어지도록 하는 것이다.

시설관리(FM) 분야의 주요 역할은 해당 조직 내의 다양한 위계 안에 속한 사람들이 지속가능한 개발이 가져오는 이익과 영향을 이해할 수 있도록 하는 것이다. 시설관리 산업의 역할은 에너지 소비를 줄이고 폐기물 최소화하며 필요한 물품을 구입하는 과정을 통제하고 정당한 비용을 지불하는 방식으로 지속가능한 기준을 따르도록 서비스를 제공한다. 지속가능한 시설관리를 통하여 개선된 서비스를 제공하는 한편 건물관리 기간 동안 비용을 절감할 수 있다. 즉, 분야는 회사 내에서 전략적인 역할을 수행할 수 있다. 즉, 회사의 의사결정과정을 지원하는 데 성능측정 기준을 활용하여 회사의 주 비즈니스에서 전략적인 역할을 맡게 된다.

시설 관리자들은 조직의 비즈니스를 수행하는 여러 부서들과 관련된 사회적 정보와 환경적 정보를 수집하고 이의 분석과 보고를 통해 데이터 관리와 시스템 개발 및 관리에 있어서 중요한 역할을 한다. 시설관리자는 조직의 관리시스템을 개발하고 운영함으로써 조직을 지원하고 돕는 핵심적인 역할을 한다. 또한 환경적 비용이 어떻게 소요되고 가능한 사업 기회 등을 보여줌으로써 건물관리를 통해 증가될 수 있는 가치를 보여준다. 이러한 활동의 대부분은 유지관리비와 폐기물

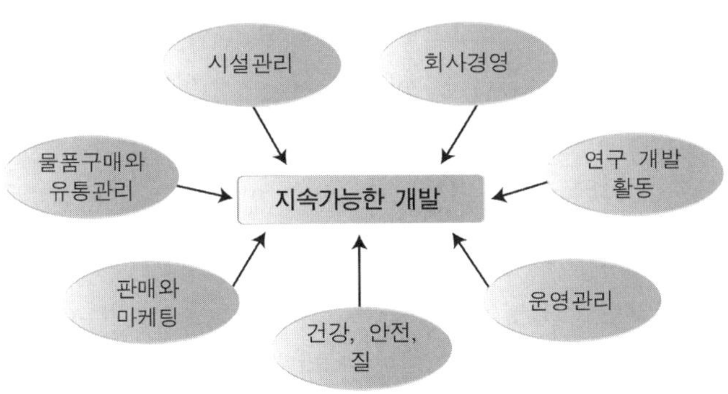

출처: Shah(2007). Sustainable practice for the facilities manager, p. 41.

〈그림 2-3〉 지속가능한 개발을 지원하기 위한 이상적인 지원체계

감소를 어떻게 할 것인지를 규명하고 건물에 대한 주요 투자가 효율성을 높이는 동시에 환경 성능에 변화를 가져온다는 것을 입증하는 것이다.

지속가능성의 개념을 이해하고 이를 제공하는 것은 시설 관리자에게 자연스럽게 요구되는 것이다. 지속가능한 시설은 지속가능하도록 디자인되고 건설된 것뿐만 아니라 지속가능한 방식으로 운영되어야 한다. 건물이 지속가능하게 지어졌던 그렇지 않던 간에 시설 관리자는 시설이 지속가능하게 운영되도록 하는 데 가장 큰 기여를 할 수 있다.

시설 관리자는 항상 정해진 예산안에서 시설을 운영하도록 요구되었기 때문에 에너지비용을 절감하는 문제는 새로운 개념이 아니며 거주자의 건강과 안녕을 위한 재료를 사용하고 자원 사용을 줄이는 것도 마찬가지로 항상 요구되어 왔던 것이다. 지속가능성을 적용하는 데 있어 새로운 것은 생애주기 분석을 통해 보다 장기적 관점에서의 영향과 비용 절감을 본다는 것이다. 시설 관리자가 지속가능성과 같은 사항을 무시할 수 없는 이유는 첫째, 내부적 · 외부적 공적 영역에서 가장 빠르게 의무사항으로 발전하고 있는 점을 들 수 있으며 둘째, 지속가능한 프로그램으로 인해 단기적 · 장기적 관점에서 비용의 절감은 조직의 목적을 이행하는 것과 일치하며 시설 관리자가 비즈니스 중심적인 관리자라를 것을 보여줄 수 있기 때문이다(Cotts, 2010).

환경친화적인 역할을 수행하기 위해 시설 관리자는 일상적으로 수행하여야 하는 작업을 명시하게 되는데 이는 공공서비스(전기, 수도), 폐기물 관련 데이터, 하도급업자와 서비스 제공자 관리, 건설 및 개조 프로젝트에서 환경적 기준들에 대한 평가이다. 다양한 수준의 정보와 세부사항을 제공하는 데 있어서 중요한 것은 커뮤니케이션과 경영

관리(management control)이다. 커뮤니케이션과 경영관리는 시설관리에 참여하는 팀 구성원 전체가 정보를 수집하고 이를 검토하는 이유를 이해하는 데 도움을 준다.

시설 관리자가 책임지고 관리하여야 할 환경적인 위험과 관련된 주요 사항은 다음과 같다(Shah, 2007).

- 계약자와 공급자들이 환경관련 법률을 이해하고 이를 해당 건물에 적용할 수 있도록 관리. 이것은 주요 목표를 이루기 위하여 이루어지는 작업을 관찰하고 측정함으로써 프로젝트 초기단계에 계약자 및 공급자들과 커뮤니케이션을 하고 이를 훈련시키는 것을 포함한다.
- 각 서비스 공급(예: 청소, 음식물 제공, 전기 공조 서비스)과 관련된 환

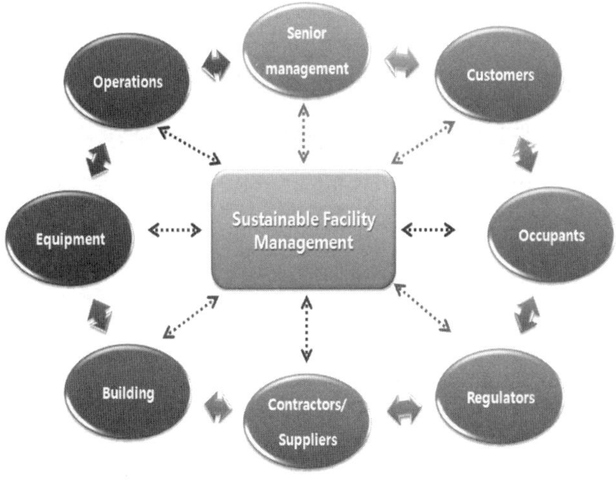

출처: Cotts, D., Roper, K. & Payant, R.(2009), The Facility Management Hand-book, p. 195.

〈그림 2-4〉 지속가능한 FM 총괄도

경적 이슈(공장관리, 화학물질 사용, 건물관리 시스템)

- 건설과 마감변경 프로젝트(재료 선택, 폐기물 처리, 일상적 관리)
- 수명주기분석의 일부분으로 환경적 기준에 부합되는 냉각기 교체와 같은 대규모 자산 지출 프로젝트
- 폐기물과 유틸리티 관리(특히 소비 감소 및 조절, 그린 에너지 구매, 일상적 관리(day-to-day management), 재활용, 법 준수 점검)
- 환경적 기준에 부합되도록 다양한 소비재와 특정 장비를 위한 물품구매 조달과 유통관리
- 의무 이행과 함께 보험 및 법적 요건을 충족시키는 건물의 임대 및 구매

3) 지속가능한 개발을 위한 문제점 및 향후 과제

지속가능한 개발의 원칙이 물리적 환경과 사회적, 경제적 환경에 빠르게 적용되고 있는 실정이다. 이러한 변화 가운데서 우리 사회가 지속가능한 개발을 지속적으로 실현해 가는 데 당면한 문제점과 향후 과제로는 무엇이 있는지 살펴보고자 한다. 건축된 물리적 환경에 국한하지 않고 일반적으로 지속가능한 개발을 해나가는 데 있어서의 문제점을 살펴보면 다음과 같다.

(1) 지속가능한 개발을 위한 문제점

첫째, 지속가능성이나 환경친화적이라는 개념을 어떻게 정의할 것인가에 있다. 즉 지속가능하다는 것을 무엇으로 정의하며 어느 정도 지속가능하다는 것을 어떻게 측정할 것인가 하는 문제이다. 이는 그

개념이 종종 너무 모호하거나 불분명하기 때문이다. 환경적, 경제적, 사회적 개발이 어떻게 이루어져야만 하는지를 정확하게 제시하고 있지 않으며 하위영역에서 어떻게 정의해야 하는지 일관되지 않기 때문이다. 예를 들면 사회적 범주 안이라 하더라도 경우에 따라 문화적, 지역적, 정치적 형평성 문제들이 포함될 경우도 있으며 그렇지 않은 경우도 있기 때문이다. 이러한 비평에도 불구하고 지속가능한 비전 등은 미래로 나아가야 할 방향성을 제시하고 있다.

둘째, 지속가능한 개발은 경험적 과정(heuristic process)이라는 것이다. 지속가능한 개발이나 계획은 여러 가지 상충되는 문제들 간에 끊임없는 조율과정이 필요하다. 환경, 경제, 사회는 때로 너무 복잡하고 역동적인 관계 속에서 존재하기 때문에 각 이해집단 간의 이해가 서로 상충할 수 있으며 일관적인 중앙계획에 의해 해결되기 보다는 각 이해집단과 견해 간에 서로 조율하고 협상하는 과정이 필요하다는 것이다. 지속가능한 개발의 비전은 나아가야 할 모든 단계에 대한 세세한 지침을 전달할 수 없으며 협상과정을 통해서 조금씩 드러나게 된다. 따라서 이는 어떤 결정론적인 입장보다는 체험적인(heuristic) 접근을 통해서 이루어질 수 있다.

셋째, 지속가능한 개발은 서로 다른 관계 안에서 상호적인 관계를 맺고 있으며 가장 크게는 범세계적인 관계 안에서 존재한다. 즉 지속가능성의 또 다른 문제는 지속가능한 개발은 어느 한정된 지역에만 해당되는 것이 아닌 세계적인(global) 문제라는 것이다. 어느 한 사회도 다른 한 사회와 완전히 단절될 수 없으며 사회적 상호관계 속에서 존재하기 때문이다. 해결해야 할 문제들은 일반적이지만 각기 다른 차원의 책임감이 요구된다. 따라서 지속가능한 개발은 전 세계적 차원에서, 즉 장소, 지역, 국가, 국제사회 수준에서 기여가 이루어져야 하며 이러한 노력은 일관된 방식으로 이루어질 필요가 있다.

넷째, 지속가능성을 이루기 위한 다른 문제점은 어떻게 지속가능성을 측정할 것인가에 있다. 지속가능성이 추상적인 사회정치적인 개념이 아니라 정치적인 측면이나 기술적 측면에서 구현 가능한 목적이 있다면 반드시 측정가능하고 수량화할 수 있는 목적이어야 한다(Ayres, 1996). 대부분의 문헌에서 지속가능한 개념은 측정 가능하지 않기 때문에 입증할 수도 없다. 이러한 이유로 지속가능한 정책이나 실행이 종종 상충되고, 부정확하거나 의도적으로 잘못된 해석에 이르게 되기도 한다. 개인, 회사, 지역, 국가가 얼마나 지속가능한지, 얼마만큼의 기간 동안 지속가능성이 어느 정도의 성과를 거두었는지를 정확하게 측정할 수 있는 지표를 명확히 하는 것은 매우 중요한 문제이다. 효과적인 지표는 복잡한 현상에 관한 방대한 자료를 한눈에 보여주고 방법론을 통하여 분석을 가능하게 해주며 단순하지만 의미 있는 수량적 정보를 제공할 수 있다(Hammond, Adriaanse, Rodenburg, Bryant & Woodward, 1995). 측정도구들이 개발되고 있지만 아직도 많은 부분에서 이러한 작업이 필요하다. 국내의 경우도 환경 건축물 인증제도가 시행되고 있지만 여전히 친환경에 대한 정의를 단정하기 어려우며 건축물의 종합적 환경평가에 있어 중요시되는 환경항목이 전문영역이나 전공에 따라 크게 다르기 때문에 친환경 건축물의 종합평가를 위한 가중치 설정은 항상 논란의 대상이 된다(건설교통부, 2004).

마지막으로 지속가능성에 동의한다 하여도 무엇을 우선으로 할 것인가의 문제가 있다. 목적을 향해 나아가는 데 있어 실제 실행방법이나 실천에 있어서 서로 다른 의견이 있을 수 있다. 서로 다른 요소들은 다른 의견이 있을 수 있다. 지속가능성을 얻기 위한 아이디어는 지속적으로 발전되어야 한다는 것이다.

지속가능성의 개념은 다양한 사람들의 요구, 현재와 미래의 요구 환경과 이를 구성하는 모든 인류의 요구들 간의 균형을 맞추어 나아가는 과정으로 볼 수 있다. 따라서 지속가능한 개발을 위해서는 환경적, 경제적, 사회적 목적을 이루기 위한 끊임없는 없는 조율과정이 요구된다.

(2) 향후 과제

미래의 안전하고 친환경적인 접근을 위해서는 전문가 협회를 통한 인증절차 등이 매우 중요한 것으로 보이며 다학제적인 노력이 필요하다. 다양한 분야의 지식과 경험을 공유하기 위한 노력과 학습이 중요시될 것이며 이는 기술의 발달과 더불어 각 분야의 전문가 간의 연대와 관계를 통한 새로운 경험과 지식, 자료 등의 지속적인 보완이 필요하다. 방대한 양의 정보와 이들 정보 사용의 복잡성은 계속 증가할 것이며 미래에 대한 불확실성은 언제나 있기 때문에 과학적 방법과 절차를 통한 전문적인 판단이 중요할 것이다.

지속가능한 환경구축을 위해서 필요한 노력[7]은 다양한 전문가 집단 간의 정보공유이다. 각 분야에서 지속가능한 환경구축을 위한 노력은 다음과 같다.

① 과학(Science)

미래에는 과학자, 엔지니어, 건축가들이 디자인 해결책에 대한 이해와 영감을 자연에서 찾고자 하는 경향이 가속화될 것이다. 그리고

---

7) 지속가능한 환경 구축을 위한 미래 부분(Vallero, D. Brasier, C., 2008, pp. 304-308)을 기초하여 보완 작성하였음.

나노 기술은 현재의 문제들에 대한 많은 해결책을 제시할 것이다. 그러나 우리가 전에 다루어 본 적이 없는 문제에 대해서는 새로운 도전의 여지를 제공한다.

② 전문가(Professions)

건축과 엔지니어링 영역은 지속가능성에 대한 생각과 재생디자인의 효율성과 고성능에 대한 근본적인 집중으로부터 발달되어야만 한다. 한 예로써, '건축 2030'은 비영리적, 비당파적, 독립 조직이며 빌딩 부문이 현재의 지구온난화의 주범에서 온난화 위기를 해결할 수 있는 중요한 역할을 수행하도록 전환하고자하는 집단이다. 건축 2030의 목표는 2030년까지 이산화탄소를 방출하는 화석연료 사용을 자제하여서 탄소를 배출하지 않는 빌딩을 만드는 것이다.

③ 정부(Government)

정부 차원의 노력은 빌딩 성능을 위한 새로운 기준을 만들고 실행하는 방법을 통하여 환경위기에 대응할 수 있다. 미국의 캘리포니아주[8]의 경우 에너지 소비를 감소시키기 위한 기준을 만들었는데 이는 사법적 장치와 보상을 통하여 환경위기를 줄이고자 한 경우이다. 보상은 인센티브와 같은 방식으로 작용할 것이며 금융적 보상은 세금감면, 환급, 승인, 대출의 형태로 존재할 수 있으며 비금융적 방법으로는 행정 절차의 신속함이나 용이한 승인과 같은 방식이 있을 수 있다. 미국의 워싱턴주[9]는 최상의 관리와 지속가능한 개발, 그린빌딩

---

8) 캘리포니아 효율성 기준 24장(California's Title 24 Efficiency Standard, 1978)은 새로운 혁신기술과 방법을 통합하기 위해 정기적으로 갱신되고 있으며 최근 2008년에 새로운 기준을 계획.

〈표 2-2〉 지방공공단체의 종합환경성능평가 시스템(CASBEE)을 활용한 노력

지방공공 단체명	나고야/NAGOYA	오사카/OSAKA	요코하마/YOKOHANA
제도명	건축물 환경 배려제도	건축물 종합환경 평가제도	건축물 환경 배려제도
시행일	2004년 4월 1일	2004년 10월 1일	2005년 7월 1일
근 거	시민의 건강과 안전을 확보하는 환경보전에 관한 조례(2003년 3월 공시)	지도요강(2004년 5월)	생활환경의 안전 등에 관한 조례(2002년 12월)
대 상	연면적 2,000m^{2}초과 건물의 신축·증축	연면적 5,000m^{2}초과 건물의 신축·증축 (※특기참조)	연면적 2,000m^{2}초과 건물의 신축·증개축
업무내용	◦공사 착수 예정일 21일 전까지 계획서 제출 의무 ◦변경 시의 변경계획 제출 의무 ◦공사완료 시의 완료계 제출 의무	◦공사 착수 예정일 21일 전까지 계획서 제출 의무 ◦변경 시의 변경계획 제출 의무 ◦공사완료 시의 완료계 제출 의무	◦공사 착수 예정일 21일 전까지 계획서 제출 의무 ◦변경 시의 변경계획 제출 의무 ◦공사완료 시의 완료계 제출 의무
정보공개	나고야의 홈페이지상에 정보공개	오사카 주택국 건축지도부의 홈페이지상에 정보공개	요코하마 지역사회개발조절국 지도부 건축지도과의 홈페이지상에 정보공개
특 기	종합설계제도에서 환경배려 평가가 S등급인 건축물에는 유리한 용적률 할증을 설정	◦용적률 할증 등을 실시하는 종합설계제도를 이용하는 경우에는 부지면적 1,000m^2 이상에 적용 ◦평가결과가 5단계 중 3단계 이상일 것을 종합설계제도에서의 허가조건으로 설정	지구온난화 대책, 히트아일랜드 대책, 건축물의 장수명화 대책, 가로·경관 배려의 4항목을 중요 항목으로 설정

출처: How to Design Advanced Sustainable Buildings, 무라카미 슈조(2010.10), p. 20.

실천을 장려하는 기타서비스의 담당자와 실행을 위한 경비 할인, 프로젝트 매니저, 무료 기술상담, 비용 공유 등과 함께 맞춤형 조사 일정

9) 환경사업 및 개발(Development and Environmental Service) 부서에서는 Green track이라고 하는 프로그램을 개발.

을 제공한다. 또한 정책은 다양한 정보제공을 의무화시킴으로써 디자이너와 사용자들이 제품 및 재료 선택에 있어서 정보를 확인할 수 있도록 하여 환경친화적인 제품과 재료사용을 권장할 수 있도록 하였다.

일본의 경우, 환경성능 평가 제도를 활용하여 점차 지방공공단체의 건축행정에서도 건축주에게 건축물 종합 환경성능 평가를 요구하는 움직임이 일고 있다. 일정 규모 이상의 건축물을 건축 시 평가 결과를 제출할 것이 조례 및 요강에 의해 정해져 있고 평가 결과의 개요를 인터넷에 공개하고 이를 통해 지속가능한 건축물을 짓도록 촉진하고 있다. 지방공공단체에서는 각각의 지역적 특성을 고려하여 기본 건축물 종합 환경성능 평가 시스템(CASBEE: Comprehensive Assessment System Building Environmental Efficiency)을(예를 들면 "CASBEE_나고야"와 같이) 각 지역의 평가도구로 사용하고 있다. 오사카의 경우는 CASBEE 평가에 의한 일정 이상의 평가치를 요구하고 있으며, 이것은 건축행정에서의 시가지환경 향상을 위한 CASBEE의 선도적인 노력으로 주목되고 있다(〈표 2-2〉참조).

④ 교육(Education)

대학 및 고등교육기관에서 지속가능한 디자인과 엔지니어링에 관한 원칙을 교육함으로써 학생들은 미래 세대가 직면하게 될 문제를 인식하고 현장에서 당면한 긴급한 문제들을 어떻게 해결해 나갈 수 있는지에 관한 기초적인 지식을 학습할 수 있다. 교육과정은 학위 교과과정 동안 지속가능성에 대한 교육을 강화하고 지속가능한 환경을 실현할 수 있는 관련 자료, 홈페이지 등을 통하여 학생들이 필요한 자원과 안내를 받을 수 있도록 지속가능한 개발의 원칙을 다루어야 할 필요가 있다.

다른 한편, 현업에 종사하는 실무가들이 지속가능성에 대한 탐구와 개발이 가능하도록 전문협회기관이나 교육기관을 통한 전문적인 재교육이 필요하다. 또한 전문직종 관련 자격시험 등을 통하여 지속가능성의 적용 사례를 시도하거나 탐색하는 방법도 시도해 볼 필요가 있다.

⑤ 에너지(Energy)

에너지 문제에 접근하는 데 있어서는 현재의 시스템이 화석연료에 의존하는 탄소에 기초한 경제라는 것을 인식하고 지속가능한 에너지 자원, 즉 바람, 광전변환공학, 생물원료, 수소, 조수간만을 이용한 터빈과 같은 혁신적인 에너지원으로의 전환이 필요하다.

⑥ 경제(Economics)

성능을 측정하는 방법의 변화는 경제적 이익을 보는 관점의 변화를 가져오며 때문에 보다 장기적인 관점에서의 경제성을 강조해야 한다. 이를 위해서 생애주기 동안의 비용-편익 분석(cost-benefit analysis) 등을 통한 지속가능한 개발과 디자인의 효용성을 부각시킬 필요가 있다.

⑦ 지속가능한 디자인에서 재생디자인까지

자연에서 볼 수 있는 지속적이고 재생적인 과정이나 순환의 개념을 통하여 물적 자원을 효율적으로 사용하고 환경에 대한 영향을 최소화하는 방법을 찾는 방식으로 공생의 해결책을 찾을 수 있어야 하며, 디자인에 대한 전체적 시스템과 통합된 접근을 채택할 필요가 있다. 맥도너와 브라운가르트(McDonough, Braungart)는 『요람에서 요람으로』에서 쓰레기가 곧 식량이 될 수 있다는 영양 흐름과 물질대사가 이루어지는 자연의 순환을 강조한 새로운 패러다임을 제시하였고 디자이너들에게 자신들이 살고 있는 장소의 환경적 체계에 대한 이해를 가지도록 강조하였다. 다양한 분야에 대한 이해는 공생적 디자인 해결책을 위한 선행요건이기 때문이다.

⑧ 대량 생산에서 대량 맞춤화

재조립 건축(Refabrication)에서 저자인 스테판 키어랜과 제임스 팀벌레이크는 "우리는 건축에 정통할 수 있다. 건축가, 건설업자, 재료과학자 그리고 제품엔지니어들의 지식을 정보 집합체를 통합시킴으로써 건축에서 수공예를 재정립할 수 있다. 비록 우리의 주된 관심은 제조와 전달과정에 관한 것이지만 지식과 정보의 집합체와의 통합은 지속가능한 디자인 해결책으로 이끌어 가는 디자인 과정의 여러 측면을 고려할 수 있는 대량 맞춤화를 제공한다. 이것은 디자인과 지식, 정보를 순전히 직선적 과정으로 분리하고 수세기 동안 비교적 변하지 않은 채로 남아 있는 건설의 전통적인 과정에 대해 기초적인 재검토를 필요로 한다."

⑨ 새로운 방법의 적용

재생산 모델 적용은 지능형 디자인, 재생적 관점에서 지구를 공유하는 다른 조직체와 인간 사이에 공생적 관계를 추구하는 방식으로 우리의 환경을 계획하고 만들어 나가는 것을 목표로 하고 있다. 만약 디자이너들이 이 목표를 향해 나아간다면, 그들은 공동작업 과정에서 도출된 다양한 전문적인 지식들로부터 혁신적인 해결책들을 종합해야 한다.

지능형 객체정보 설계도구(BIM: Building information modeling)는 디

자인의 가상모델을 만들기 위해 컴퓨터 기술을 사용하고 문서를 작성하는 데 사용할 뿐만 아니라 대체 시나리오를 시험하고 재료 사용에서 에너지 소비까지 여러 개의 벤치마크를 대상으로 각 시나리오를 측정하기 위한 도구로 사용된다. 이 도구는 문서를 작성하는 도구로서의 컴퓨터의 전통적인 처리과정을 모든 빌딩 시스템을 통합적 방식으로 분석하는 도구로 전환하였다. 더욱 지능적으로 행동하는 이 도구의 잠재성은 디자인 팀에게 디자인 과정 중에 가상의 시나리오를 테스트 할 수 있는 능력을 제공하며 관리자에게 물질의 구성과 특성에 관한 보다 견고한 데이터베이스의 개발을 가능하게 함으로써 통합적인 정보의 접근과 수정, 관리를 용이하게 해준다. 제조, 전달, 설치 과정을 통해 추출의 시점으로부터 구체적인 에너지소비량 측정과 대체물질을 통합함에 따라 환경친화적인 재료를 사용할 수 있다.

2. 공공시설과 환경친화성(지속가능성)

지속가능한 디자인은 건물과 시설이 속한 생태환경과 인간이 건축한 환경을 통합하는 것이며 지역사회에 속한 에너지와 자원을 함께 고려하는 것이다.

공공의 정책은 해당 지역에 종사하는 많은 실무자와 학자들에 의해 받아들여지는 믿음이나 이론과 같은 총체적인 가치에 의해 영향을 받으며 이러한 가치체계를 패러다임으로 볼 수 있다. 환경친화성, 지속가능성과 같은 개념은 패러다임의 변화로 볼 수 있으며 환경친화적인 접근을 취한다는 것은 환경친화적인 정책의 변화가 그 지역 내의 자연자원, 재생에너지, 해당 지역의 지식기반 전반에 걸쳐 지대한 영향을 미칠 수 있다는 것이다. 특히 지속가능한 접근, 환경친화적인 접근의 특성은 좀 더 넓은 관점, 좀 더 긴 시간적인 관점에서 정책, 개발, 건물 및 환경디자인이 거주자들의 개별적인 삶의 방식, 해당 지역사회, 지방, 국가 등 보다 광범위한 스케일의 환경에 미치는 영향을 다각적으로 고려하는 것이다. 따라서 환경친화적인 접근은 반드시 인접 지역사회의 시스템과 환경을 고려해야 한다. 정책을 통한 정부나 공공의 역할은 해당 지역의 기준을 설정하는 것이고 이는 지역주민의 삶의 질과 밀접한 관련이 있다.

환경친화적인 접근을 할 때 세 가지 요소를 반드시 고려해야 하는데(Williams, 2007) 첫 번째, 연결성(connectivity)으로 프로젝트를 수행하는 데 있어 해당 부지, 지역사회, 그리고 이를 둘러싼 생태환경 간의 관계를 강화하는 방향으로 되어야 한다는 것이다. 두 번째는 토착성(indigenous)으로 환경친화적인 접근은 해당 지역에 수세기 동안 존재하여 왔던 거주자와 생태 시스템을 위한 방향으로 이루어져야 하며, 세 번째는 장기적이고 융통성 있는 접근(long life, loose fit)으로 과거 세대와 동시에 미래 세대를 위한 디자인을 해야 한다는 것이다.

환경친화적인 접근을 통해 지역사회를 고려한다는 것은 지역주민 참여의 변화를 유도하기도 한다. 그리고 환경친화적인 패러다임을 통해 지역시민들이 공공의 정책이나 개발에 참여함으로써 좀 더 긴 시간의 관점에서 그들이 거주하는 지역에 미치는 다각적인 영향을 인지하고 포괄적인 시스템 안에서의 가치를 알게 해준다. 이를 통해 지역시민들에게 중요한 것이 무엇이며 지역 거주민의 삶의 질에 영향을 미칠 수 있는 환경적 가치에 대하여 이해하고 인식할 수 있다.

1) 공공시설의 정의와 공공성

공공시설은 주민들의 생활 편의를 도모함과 동시에 공공의 복지증진을 위한 시설이다(한표환, 1996). 공공시설은 협의의 의미로는 국가, 지방자치단체 또는 이에 준하는 공공단체의 재원에 의해 주민의 편의와 복지를 증진시킬 목적으로 건립하는 시설을 의미한다. 그러나 광의의 의미로 보면 공공 부문에 의해 제공되지 않았어도 다수의 주민이 일정비용을 지불하면서 이용할 수 있는 민간시설을 포함한다. 공공시설은 수익성을 우선하는 민간 부문이 자율적으로 공급하기 어려운 시설로서 공공재(public goods)적 성격이 강하므로 정부가 직접 설치하거나 민간이 정부의 지원을 받아 설치하는 것이 보편적이다(이춘희 · 이주형, 2007).

공공시설의 특성을 살펴보면 공공서비스는 일반적 공공재의 범주에 포함되지만 지방 혹은 도시라는 공간적 개념이 포함될 경우 자체적 속성이나 입지 배분 등의 파급효과로 인해 다음과 같은 행정적 · 지리적 부수현상이 수반되게 된다(한표환, 1996). 첫째, 행정구역에 의한 분할현상(jurisdictional partitioning)이다. 지방자치단체가 공급하는 공공서비스는 해당 자치단체의 정치, 경제, 사회, 행정적 이유로 그 양과 질에서 서로 상이하며, 결과적으로 각 개인이 향유하는 공공서비스의 양은 거주하는 행정구역에 따라 달라진다. 이 때문에 공공시설의 입지가 지역적으로 불균형하게 분포할 경우에는 공공서비스 공급의 지역 간 형평성 문제가 제기될 수 있다. 두 번째, 거리조락(tapering) 혹은 근린(neighbourhood)효과로서 일반적으로 특정 시설을 이용하는데 드는 시간, 노력, 비용 등은 이용 거리가 멀수록 증가하고 수요는 그에 따라 감소한다. 시간과 비용이 일정한 경우 공공서비스시설의 이용량과 이용 빈도는 시설 이용 거리가 증가함에 따라 감소한다. 따라서 공공서비스시설은 시설 규모와 주변 여건에 따라 일정한 권역 내에 있는 지역주민들에게만 서비스를 제공하게 되는 것이다. 세 번째는 지리적 외부성(externalities)으로 시설이 위치한 지역에 파급효과(side effects)가 발생하게 되고 이러한 효과는 해당 시설의 성격과 기능에 따라 부정적 또는 긍정적 측면의 편익이나 비용을 발생시킨다. 특히 부정적인 외부효과를 발생시키는 시설은 혐오시설로 취급된다. 끝으로 위계와 계층구조(hierarchy)이다. 공간적 혹은 지리적 측면에서 볼 때 공공시설은 그 규모와 포괄하는 서비스 제공 혹은 영향권역에 따라 공공시설 간 위계와 계층구조가 존재하며 생활권의 범위에 따라 그 기능과 역할을 달리 한다. 따라서 각각의 공공시설은 공급되는 서비스의 특성에 따라 최소인구규모(population threshold)를 가지면서 일정한 이용권역 혹은 유효서비스반경(effective service radius)을 지닌다.

공공서비스시설은 민간서비스 시설과 달리 투자자가 없으며 납세자, 공공 직원, 사용자 등의 다양한 이해 집단만이 존재한다. 이런 복잡성으로 인해 종종 언론매체에 나타난 공공서비스시설은 이윤을 창출하지 못하고 막대한 관리운영비가 소요되어 국민의 세금을 낭비하는 시설로 보도되기도 한다. 그러나 공공서비스를 제공하는 기관의 효율성은 이윤 창출보다는 공공 주민이 원하는 범위의 다양한 서비스를 제공하면서 동시에 효율적인 운영을 통하여 공공서비스를 제공하는 데 소요되는 세금부담을 어떻게 최소화할 것인가에 달려 있다. 즉 공공 서비스를 제공하는 시설의 경우 이해집단의 만족도가 그 시설이 지속적으로 존재해야 할 이유가 되는 것이다(Haskerver, Render, Russel & Murdick, 2000).

각 시설에 투입되는 비용은 최소화하면서 개별 시설 간 시너지 효과를 창출해 시설투자효과를 극대화할 수 있는 방안으로 시설의 복합화를 들 수 있다. 이춘희와 이주형(2007)은 공공시설의 복합화를 물리적 차원과 기능적 차원 두 가지로 구분하여 설명하였다. 물리적 차원의 복합화란 동일 부지 또는 동일 건물 내에 다양한 공공시설을 설치하여 지역주민에게 가능한 한 동일 장소에서 필요한 공공서비스를 제공하는 것을 의미한다. 이는 분산되어 있는 서비스로 인한 시간적 비용과 경제적 비용을 최소화하고, 주민의 편익을 극대화하며 토지의 효율적 이용을 도모하는 장점이 있다. 기능적 차원의 복합화는 장소와는 상관없이 지역주민이 필요로 하는 공공서비스를 관련 시설과 유기적으로 연계하여 효과적으로 제공하는 것으로 제공하는 공공서비스의 통합성(integrated), 연속성(continuity)을 유지하여 결과적으로 서비스의 질을 향상시킨다는 장점이 있다.

2) 공공시설의 종류와 서비스 특성

공공시설이란 주민의 복지를 증진할 목적으로 주민들이 이용할 수 있도록 지방자치단체가 설치·운영하는 인적 요소가 결합된 물리적 시설이다. 공공재의 성격이 강하므로 공공 구성원 모두가 혜택을 누릴 수 있는 재화 또는 서비스를 제공하며 비경합성과 비배제성을 그 특징으로 하며 비용을 부담하지 않았더라도 이용에서 배제시킬 수 없는 특성이 있으며 무임승차의 문제가 발생하기도 한다. 공공시설의 예를 들면 도시공원, 상하수도, 공공하수도, 학교, 박물관, 병원, 보호시설 등이 포함된다. 물리적 환경이 실체가 되지만 서비스 제공이 수반되는 특징이 있다.

공공시설이 제공하는 서비스는 이익을 추구하는 민간 기업이나 개인

〈표 2-3〉 사회적 기능에 의한 도시공공서비스의 분류

구 분	정 의	종 류	특 징
일상적 서비스 (routine services)	모든 사람들에게 일상적으로 이용되는 서비스	상하수도, 쓰레기 수거・처리, 도로와 교통 등	사용료를 통해 서비스 이용의 제한이 가능
보호적 서비스 (protective services)	생명과 재산을 보호하며, 공공의 질서를 유지하는 서비스	경찰, 소방, 법집행, 재난통제, 법원행정 등	사건의 예방적 기능과 사후수습 및 구제를 위한 기능이 있음
발전적 서비스 (developmental services)	개인의 육체적・지적・정신적 잠재력 향상을 목적으로 하는 서비스	교육, 도서관, 공원, 위락시설 등의 서비스	원칙적으로 모든 사람을 대상으로 제공되지만, 서비스의 사회적 기능은 개인마다 다르게 나타나며, 시설 입지에 따라 지역적 편차가 존재함
사회적 최저수준 보장 서비스 (social minimum services)	중앙정부 차원에서 제공되는 서비스	공적부조, 병원・공중보건, 식량보조, 거택보호, 직업훈련, 공공주택 프로그램	다른 방법으로는 서비스를 제공받을 수 없는 사람들에게 최소한의 기본적 사회 서비스가 제공되어야 함

출처: 서울시정개발연구원(1995).

이 제공할 수 없는 공공 서비스를 제공하는데 여기에는 일상적인 생활을 지원하는 서비스와 생명과 재산을 보호하는 보호적 서비스, 삶의 질을 향상하는 데 기여하는 발전적 서비스, 인권을 보장하는 차원에서의 사회복지 서비스 등이 포함된다. 공공시설이 제공하는 서비스 특성에 다른 유형과 시설의 종류를 살펴보면 〈표 2-3〉과 같다.

공공시설의 특성별 유형을 사회적 기능, 서비스 수혜 범위, 공익성과 서비스가 필수적인지 혜택적인지의 여부, 서비스 수혜 대상에 따라 살펴보면 〈표 2-4〉와 같다.

광의적 차원에서 공공시설의 기능과 주요 역할에 따른 유형을 구분하면 ① 관공서, 즉, 중앙・지방국가시설(관청, 군청, 재판소 등), 지자체 시설(시청, 구청, 경찰서, 소방서 등), ② 문교시설 즉, 교육(학교 등), 연구

〈표 2-4〉 공공서비스의 특성별 유형과 시설

기 준	유 형	내 용	해당 서비스 예
사회적 기능	일상서비스	이용자요금・수익자부담에 의한 개별적 제공	상・하수도, 쓰레기 수거, 도로・교통 등
	보호서비스	사람의 재산의 보호, 공공질서 유지 기능	경찰, 소방, 법집행, 홍수, 방제, 위생검사 등
	발전서비스	개인의 육체적・지적・정신적 잠재력의 향상 도모 기능	교육, 도서관, 공원, 문화 위락시설 등
	사회최저수준 보장서비스	최저수준의 시민생활 보호	공공부조, 병원, 공중보건, 생계유지, 직업훈련 등
서비스 수혜 범위	연결재	도시활동 및 도시기능 연결	도로, 상수도, 경찰 등
	혜택제	선별적 혜택과 개인편익증진 도모 기능	학교, 병원, 도서관, 박물관, 사회복지서비스 등
공익성과 필요성	공익적・필수적 서비스	조세를 통한 공공 부문의 공급	소방, 경찰, 도로교통, 공원, 의무교육 등
	사익적・필수적 서비스	공공 부문, 공기업, 공사 등 다양한 주체	보육소, 공공주택, 의료, 장애인 복지 등
	공익적・혜택적 서비스	준공공 부문 공급	시민회관, 아동관, 노인정, 광장 등
	사익적・혜택적 서비스	민간 부문 공급	주차장, 수영장, 시민휴게실, 스포츠교실 등
서비스 배분	저소득층지향 서비스	사회적・보장적 서비스	공공주택, 영세민 보호, 생계비 보조 등
	중상층 이상 지향 서비스	문화적 생활과 여가제공 서비스	도서관, 문화위락시설 등
	일반서비스	보호적 서비스, 일반생활 관련 서비스	도서관, 문화위락시설 등

출처: 이재원(1995), 지방공공서비스공급의 광역화에 관한 연구, p. 34.

(시험소, 기상대 등), 문화(박물관, 도서관, 동식물원, 음악당 등), ③ 후생시설 즉, 의료시설(병원 등), 운동시설(체육관, 경기장, 공원 등), 사회보건시설(탁아소, 양로원 등), ④ 도시운영시설 즉, 통신시설(우체국, 전화국, 방송국 등), 공급시설(가스공장, 전기 및 수도영업소 등), ⑤ 기타(중앙시장, 화장장, 진개소각장 등)로 나눌 수 있다.

〈표 2-5〉 도시 공공시설 특성별 분류

서비스 특성	시설 분류	
기본성	기본적 시설(basic service)	쓰레기처리시설, 도로
	쾌적서비스시설(amenity service)	도서관, 공원
의무성	의무적 시설(mandatory)	소방서, 경찰서
	선택적 시설(optional)	운동장, 유원지
물리적 배치구조	점형시설(point pattern)	우체국, 도서관, 시장
	망형시설(network pattern)	상·하수도, 전기, 가스
전달체계	다수기점 소수종점	학교, 병원, 문화시설
	소수기점 다수종점	쓰레기 수거, 우편물 배달
	구역·연결망단위 전달	공해통제소, 하수처리장
이용·소비의 배제성·경합성	순수집합재	도로, 방재
	요금재	전기·가스시설
자치단체 간의 조정	광역적 처리	소방·치안
	독자적 운영	공원, 쓰레기 수거
외부효과	혐오시설	공동묘지, 분뇨처리장
	비혐오시설	병원, 공원, 학교

출처: 지방행정연구원, 도시혐오시설의 관리방안, 서울: 한국지방행정연구원, 1898, pp. 6-7.

공공시설의 설치로 인하여 그 파급효과가 매우 큰 경우 규모의 적정성을 검토할 필요가 있다. 광역적이면서 규모의 경제가 큰 공공시설들은 각 시설별로 일정 규모의 서비스면적(sphere of influence)과 한계인구(threshold population)를 갖기 마련인데 서비스면적 또는 한계인구가 입지지역의 인구 또는 면적을 훨씬 초과하는 경우 이들은 공동설치·관리의 대상 시설이라고 간주 혹은 분류할 수 있다.

또한 공공시설 자체가 물리적으로 지역 간의 연결성을 유지하지 않으면 서비스를 제공할 수 없는 경우로서 지역연결형 공공시설이라고 한다. 도로, 철도, 상수도, 하수도, 공동구 등과 같은 공공시설은 여러 지역을 연결하여 연결망을 형성하여야만 고유 기능을 수행할 수 있다. 공공시설을 물리적, 기능적 특성에 따라 살펴보면 〈표 2-6〉과

〈표 2-6〉 물리적, 기능적 특성에 의한 공동시설유형

유 형	공동시설
주변 요소의 존형	하수도(하수처리장), 저수지, 유수지
지역연결형	도로, 철도, 삭도, 고속철도, 하천, 운하, 상수도(상수도관로), 하수도(하수도관로), 공동구, 전기공급설비(전기노선), 가스공급설비(가스관), 유류저장 및 송유설비(송유관)
기능의 지역연결형	자동차정류장, 항만, 공항, 시장, 유통업무설비
입지제한형	공동묘지, 화장장, 쓰레기 및 오물처리장(분뇨처리시설, 쓰레기처리시설, 산업폐기물처리시설), 상수도(취수장), 유원지
기반규모 의존형	운동장(종합운동장), 학교(대학), 공용의 청사, 도서관, 도축장, 연구시설, 문화시설, 종합의료시설, 사회보지시설, 통신시설, 자동차검사시설, 상수도(정수장,배수장), 공공직업훈련시설

같다.

주변 지역에 나쁜 영향을 초래하는 형태에 따라 혐오성, 위험성, 순수공익성의 기준으로 유형화할 수 있다. 이들 기준을 중심으로 특성별 공공시설의 유형을 혐오시설, 위험시설, 공익시설로 구분하여 공동설치 · 관리가 가능한 대표적 시설을 살펴보면 〈표 2-7〉과 같다.

공공시설은 주민들의 서비스 수요에 대한 대응성과 적시성을 확보하고 설치, 운영, 관리 측면에서 효율성을 확보하여야 하므로 공공시설의 설치 · 운영을 판단할 수 있는 준거 내지 기준이 필요하다.

① 규모 차원으로 공공시설이 제공하는 서비스가 동일한 질을 유지하면서도 비용의 효과를 극대화할 수 있는 적정 규모를 말한다. 공공시설의 규모를 크게 함으로써 기술, 인력, 정보, 물자를 효율적으로 활용하고 이로 인해 비용을 절감할 수 있다. 공공서비스를 수혜 받고자 하는 수요가 시간적으로 균등하지 않기 때문에 비효율적일 수 있음으로 서비스를 통합 공급함으로써 이용의 효율화를 꾀할 수 있다.

② 지리적 외부효과로 공공시설에 제공하는 편익이 지리적으로

〈표 2-7〉 부정적인 영향형태별 공동시설유형

구 분	대표적 공공시설
혐오시설	쓰레기 및 오물처리장, 분뇨처리장, 공동묘지, 화장장, 도살장, 하수종말처리장 등
위험시설	유류저장 및 송유설비, 가스공급설비, 전기공급설비, 폐기물처리장, 군사시설, 교도소, 구치소 등
공익시설	도로, 철도, 고속철도, 운하, 통신시설, 수도시설, 특수병원(전염, 결핵, 정신병원 등), 양로원, 아동복지시설

출처: "_"의 내용은 도시계획법에 의한 도시계획시설로 규정되어 있지 않은 시설임.

얼마나 파급효과를 가지는지로 판단할 수 있다.

③ 서비스 수혜의 형평성으로 공공서비스시설이 특정 지역에 한정되게 되면 주민들이 공공서비스를 제공받기 위해서 이동이 필요하며 이는 전체 지역주민과 인접 지역주민 간의 형평성의 문제가 제기되므로 이를 평가할 수 있다.

④ 지방재정의 부담능력을 공공시설의 경우 대규모 투자재원과 설치기간이 소요되는 경우가 많기 때문에 재정력이 취약한 지방자치단체의 경우 관할구역 안에 독자적으로 설치하는 것이 기술적으로 어려울 뿐만 아니라 건설기간의 장기소요에 따라 인구규모의 변동, 서비스 수요의 고급화 등을 위시한 수요 가변성으로 인하여 적절한 수요대응력을 확보하지 못할 우려가 높다.

공공시설의 평가는 여러 측면에서 이루어질 수 있겠지만 주요 이해당사자들이 공공시설에 대한 투자 결정을 내리는 데 있어서 사회경제적 효율성 측면을 고려한 종합적이면서도 체계적인 평가를 내릴 필요가 있다(김태윤 · 김상봉, 2004).

공공시설의 입지는 지역주민들의 접근성(accessibility), 공간적 효율성(locational efficiency), 서비스 배분의 형평성(equity) 등의 관점에서 판단되어야 한다. 아울러 공간적 측면에서 도시시설은 그 규모와 포괄

〈표 2-8〉 공공사업의 종합적 · 체계적 평가의 기본적 체계

평가항목	각 평가 항목에 대한 기본 사고
수요 분석	공공투자 사업에 의해 직접적으로 효과를 얻는 주체 등의 규모(인적 · 물적 수요의 미래 동향과 추이 분석
재무 분석	공공투자 사업에 대한 수요 분석, 필요한 건설비, 유지개량비, 재투자 등 비용 및 자금 계획에 기초한 사업자의 수입과 지출을 산정하고 사업자에 있어서 사업 실시의 타당성을 검토하는 분석(이용자, 공급자, 지역경제 효과 등을 포함)
비용효과 분석	공공투자 사업에 필요한 건설비, 유지개량비, 재투자 등에 대한 편익 · 효과를 사회 경제적 효율성에 의해 분석
지역주민과의 조정	지역주민과의 조정상황의 검토 결과 사업의 실현 가능성을 평가
지역개발전략과의 정합성	기존 시설과의 정합성, 상위계획, 관련 계획과의 정합성, 지역 간 형평성이라고 하는 평가항목

출처: 김태윤 · 김상봉(2004), 비용편익분석의 이론과 실제, p. 72.

하는 서비스권역에 따라 시설 간 위계와 계층구조(hierarchy)가 존재하며 생활권의 범위에 따라 그 기능과 역할을 달리하기 때문에 각각의 도시시설은 공급되는 서비스의 특성에 따라 최소인구규모(threshold population)를 가지면서 일정한 범위의 이용권역을 갖게 된다(한표환, 1996).

공공시설은 전부가 도시계획시설에 해당됨과 동시에 주차장, 항만, 공공 공지를 제외한 11개 시설이 광역시설에 해당되기 때문에 자치단체 간 공동설치 · 이용이 가능하게끔 최소한의 제도적인 장치가 마련되어 있다고 볼 수 있다.

공공시설은 설치에 따른 공공서비스의 제공이 수반되며 지역사회에 제공되는 공공서비스를 평가하는 주요 요소로는 능률성, 효과성, 형평성을 들 수 있다(송광태, 2004). 능률성은 투입에 대한 산출의 비율을 말한다. 산출을 고정시킬 때 투입의 최소화가 능률성을 높인다. 가장 능률적인 대안은 투입 단위당 산출을 가장 크게 하는 것을 말한다. 공공시설의 경우에도 인력, 재원 등의 투입을 능률적으로 운영하고 시설활용을 극대화할 필요가 있는 것은 당연하다. 공공시설의

능률성을 평가할 수 있는 대표적인 지표로는 운영 수지와 시설의 활용도 및 경쟁성의 도입 정도를 들 수 있으며 관리운영의 방식을 어떻게 하는가에 따라 달라질 수 있다.

효과성은 목표의 달성도를 말한다. 도시정부가 제공하는 공공서비스의 목표는 시민들의 요구를 가장 만족스럽게 충족시켜 주는 정도로 표현할 수 있다. 즉, 효과성은 특정 공공서비스에 대한 시민들의 요구를 충족시켜 만족도를 높이면서 불만을 낮추는 정도가 될 것이다.

형평성은 서비스를 얼마나 공평하게 분배하였는가에 관한 것으로 동등한 기회(equal opportunity), 시장형평성(market equity), 동등한 결과(equal results), 동등한 참여 또는 동등한 접근(equal access)으로 구성된다(Levy et al., 1974: 16-17). 동등한 기회 또는 기회의 균등성은 개별 시민의 요구나 납세액의 차이에 관계없이 동등한 서비스를 받을 수 있는 기회를 말한다. 이는 사용 요금의 수준, 시설 접근의 균등성과 집단 간 시설이용의 균등성으로 나눌 수 있다. 시장형평성은 시민들이 지불하는 사용료의 정도에 따라 유사한 서비스가 공급되는 것을 말한다. 동등한 결과는 서비스가 제공되고 난 후에 시민들에게 자원이 거의 동등하게 배분되었는지를 의미한다. 또한 여기에는 자원의 지역적 배분뿐만 아니라 남녀노소 또는 지체장애인 등 사회적 약자에 대한 서비스 배분도 세부요소로 포함된다.

3. 환경친화적인 공공시설과 지역주민의 삶

환경친화적인 공공시설의 계획과 관리가 주는 이점은 공공주체 측면으로는 운영비용의 감소나 공공기관의 이미지 상승 등을 가져오고 공공시설의 사용자에게는 좀 더 쾌적하고 건강한 환경을 제공한다. 환경친화적인 공공시설이 속한 지역과 지역주민의 측면에서 볼 때, 환경친화적인 공공시설이 가져오는 이점은 공공시설의 편익적 측면과 이로 인한 지역사회의 정서적 측면을 들 수 있다.

공공시설의 설치에 따른 편익성은 공공시설에 제공하는 서비스 특성으로 볼 수 있다. 서비스 혜택의 형평성의 문제와 혐오시설, 위험시설, 공익시설의 경우 공공시설 설치에 따른 위험부담과 이의 제거 및 완화가 지역사회의 중요한 문제가 될 수 있다.

공공시설 설치에 따른 정서적인 측면에서 긍정적인 면을 살펴보면 장소에 대한 애착감을 들 수 있다. 지역주민들의 해당 지역에 대한 '애착심'은 지역 발전에 있어 매우 중요한 변수로서(박동균 · 이은석, 2007). Stokols와 Shumaker(1981)는 '환경과 인간 사이에서 지각되는 장소에 대한 귀속'으로 정의하였으며, Altman(1992)은 '인간이 환경에 대해 가지는 생각(thought), 신념(belief), 지식(knowledge)과 같은 인지적 요소가 행동(action/behavior)과 통합되어 나타나는 반응'으로 정의하였다.

환경친화적인 공공시설은 지역사회 주민들에 의해 지지되고 지역사회에 대한 애착감을 높이는 데 기여하여 지역주민의 삶의 질을 향상시키는 데 기여할 수 있다. 환경친화적인 공공시설의 계획을 통하여 지역사회에 다양한 긍정적인 영향을 가져올 수 있으며, 이를 위해 살기 좋은 지역사회를 위한 원칙10)을 살펴보면 다음과 같다.

① 인간 스케일에 부합되는 환경을 조성: 거주자들이 쇼핑을 하고 공공서비스를 제공받으며 문화적인 혜택을 누릴 수 있고 출퇴근

10) The AIA principles for Livable Communities.

으로 인한 교통 혼잡을 줄일 수 있게 한다. 또한 보행자에게 편리하고 적합한 커뮤니티를 조성하여 지역주민 건강에 도움을 주고 커뮤니티 연대감을 제공한다.

② 다양한 선택권을 부여: 사람들은 주택, 쇼핑, 여가장소, 교통, 취업 등에 있어 다양성을 원한다. 다양성은 활기찬 지역연대감을 만들고 생애주기의 삶을 지원한다.

③ 복합개발(mix use development)을 장려: 다양한 대지 사용과 빌딩 유형은 활기차고 보행자에게 친화적인 환경을 조성한다.

④ 도심을 보존: 도심지역을 활성화시키고 재생함으로써 기존에 존재하던 거리, 서비스 건물들의 장점을 이용하여 새로운 기반시설의 필요성을 줄인다. 무질서한 도시의 확장을 막고 도시에 지역사회의 안정성을 부여할 수 있다.

⑤ 교통수단의 다양성을 제공: 사람들이 보행하거나, 자전거를 타거나 공공 교통수단을 이용할 수 있도록 다양한 선택권을 제공함으로써 교통 체증을 줄이고 환경을 보호하고 다양한 신체적 활동을 권장할 수 있다.

⑥ 활기찬 공공 공간을 조성: 시민들이 공공 예술이나 공동 행사를 하기 위해 대면하거나 참여를 장려할 수 있다.

⑦ 지역 정체성을 창조: 장소성은 지역사회에 독특한 특성을 부여하고 지역사회에 자부심을 만들어 준다.

⑧ 환경자원을 보호: 자연환경과 개발 간에 균형을 이루어 하천과 같은 수로를 오염으로부터 보호하고 공기오염을 줄이는 등 자연 시스템을 보호하여 지역자산의 가치를 보호한다.

⑨ 랜드스케이프를 보존: 개방공간, 농장, 야생동물 거주지는 환경, 여가, 문화적 차원에서 필요한 기본적인 요소이다.

⑩ 디자인 요소: 우수한 디자인은 성공적이고 건강한 커뮤니티 조성에 근본이 되는 요소이다.

살기 좋은 지역사회를 위한 원칙을 실현한 사례를 살펴보면 최근에 개발된 뉴욕의 하이라인 공원을 들 수 있다. 30년간 버려졌던 철로를 생태공원으로 조성한 예로 뉴욕 지역의 주민의 산책로가 되면서 동시에 관광장소로 각광을 받고 있다. 하이라인 공원의 개발로 인하여 주변의 레스토랑, 카페, 미술관 등이 활성화되고 있으며 인간 스케일에 부합되는 디자인을 통하여 보행자에게 편리하고 도심에 녹지를 제공하여 건강한 환경을 조성하고 있다. 또한 하이라인 주변의 복합개발을 통해 도심을 보존하고 재생하여 활기찬 공공장소를 제공하고 이는 지역 커뮤니티에 연대감을 제공하며 상업문화지구로의 확장 가능성을 제시하면서 뉴욕의 지역 정체성을 만들어 가는 데 기여한 성공적 사례이다.

제3장 환경친화적 공공시설 사례

1. 지역주민을 위한 공공서비스시설
2. 공공업무시설
3. 공공협오시설 및 위험시설

제3장 환경친화적 공공시설 사례

공공시설에서 건축되어 구축된 디자인 요소는 건물의 형태와 구조, 그리고 운영하는 여러 시스템을 결정짓는다. 이러한 건물의 형태, 구조, 시스템은 건물의 용도와 사용자의 행위를 지원하는 기능을 수행하게 되는데 건물의 유지관리 행위와 그 시설 내에서 이루어지는 서비스를 관할하는 운영관리는 디자인 시 계획된 요소와 불가분의 관계를 맺게 된다. 환경친화적인 건물이 아니어도 운영관리를 하는 데 있어 환경친화적 자원 구입 및 폐기물관리 등과 같은 접근을 취할 수 있겠지만 근본적으로 시설을 운영 관리하는 데 있어 지속가능한 방식으로 하기에는 한계가 있다. 환경친화적으로 디자인된 건물은 부지, 에너지, 수자원, 공기질, 재료, 폐기물 처리에 이르는 시스템과 깊게 관여되고 건물을 사용하는 방식에도 많은 영향을 끼치지 때문에 이러한 요소는 시설의 운영관리 행위와 긴밀한 관계를 갖는다.

본 장에서는 환경친화적 공공시설 사례로서 지역주민에게 문화 및 여가 등의 공공서비스를 제공하는 시설과 공공업무를 수행하는 시설, 종종 혐오시설로서 인지되는 공공기반시설 사례를 통하여 각 공공시설의 유형별 환경친화적인 디자인 요소 및 운영관리의 특성을 살펴보고자 한다.

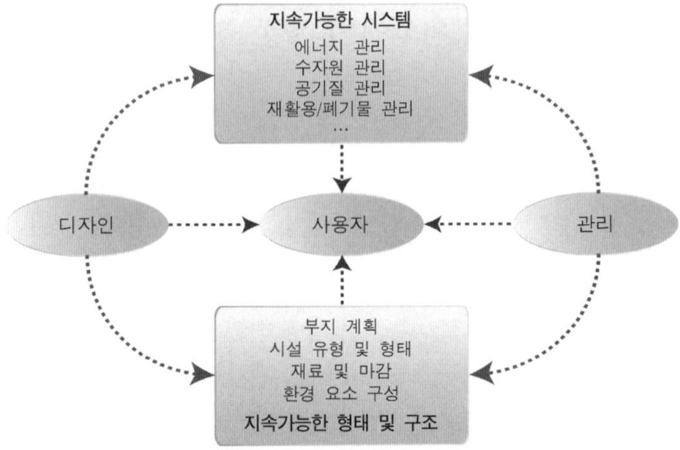

〈그림 3-1〉 환경친화적 디자인과 관리 간의 상호 관계

1. 지역주민을 위한 공공서비스시설

1) 발라드 도서관 및 지역서비스센터(Ballard Branch Library and Neighborhood Service center), 시애틀, 워싱턴주

(1) 개요

Ballard 도서관 및 지역서비스센터는 워싱턴주 시애틀에 위치한 시설로서 신발라드 마스터플랜의 첫 번째 대규모 건물공사이다. 대지면적은 3,080m^2로 도서관과 지역서비스센터, 주차장으로 구성되어 있으며 2005년에 완공되었다.

젊고 다양한 인종으로 구성된 지역사회의 미래에 초점을 맞추어서 계획하였지만 지역 특성을 살리도록 스칸디나비아와 바다의 특징적인

출처: Bohlin Cywinski Jackson Architects/Ballard Library, 2008 EDRA/Places Awards with Metropolis Design retrieved from http://designobserver.com/media/pdf/Ballard_Librar_97.pdf

〈그림 3-2〉 발라드 도서관 및 지역서비스센터 캐노피 옥상과 전경

요소들을 포함하고 있다. 건물 디자인은 발라드시의 도시적 특성이 표면적으로 강하고 주 출입구는 도로로부터 약간 뒤로 물러나 있어서 깊숙한 현관 형태를 띠며 녹화된 지붕과 곡선으로 굽은 형태의 캐노피가 도서관과 서비스센터를 연결시키고 있다.

이 프로젝트는 적절한 예산 한도 안에서 환경친화적인 건물을 건축하는 것이 가능하다는 것을 입증하였으며 친환경적 요소와 건축물이 결합되었을 때 얻을 수 있는 이점을 보여주는 좋은 예이다. 또한 건물 자체가 친환경적인 디자인과 환경에 대한 인식을 새롭게 하는 교육적 도구로 사용되도록 하였다.

이 프로젝트의 난제는 부지를 복원시키는 방식으로 재개발하는 것이었다. 이전 부지는 표면 전체가 포장된 상태였으나 프로젝트를 마친 후에는 지붕과 식재로 인해 전체의 80%가 녹화되었고 20%만이 포장되었다.

최초에 관여하기로 한 은행이 개발에서 손을 떼는 바람에 부족한 재정을 지원하기 위해 대지의 한쪽에 복합용도의 건물을 지어 그 매매

비용으로 재정을 충당하였다. 전체 프로젝트 비용은 6,500만 달러가 사용되었다.

(2) 친환경적 요소

① 부지 및 수자원 관리 및 사용

주위 환경에 끼치는 영향을 최소화하기 위해 주차공간을 제한하였으며 지역의 토착식물을 경관 식재로 이용하고 건물 지붕도 녹화하였다. 지붕은 경사 정도와 방향에 따라서 물 함유에 차이가 있어 6개의 미기후 상태가 만들어 진다. 지붕에서 경사가 가파른 곳은 물 보유량은 적으나 증발을 잘 시키고, 경사가 낮은 곳은 물을 더 많이 보유할 수 있고 바람으로부터 잘 보호받을 수 있다. 그리고 가뭄에 잘 견딜 수 있는 식물 종류를 선택하여서 관개의 필요성을 최소화하고 유출수(runoff)는 지붕 녹화를 이용해 감소시키도록 디자인했다. 외부의 물 사용은 컴퓨터 제어 관개시스템을 이용해서 효율적이며 능률적으로 사용량을 조절하고 내부의 물 사용은 센서와 타이머로 조절하는 저수량기기(low-flow fixture) 및 압력을 이용한 소변기를 사용해서 사용량을 줄였다.

② 에너지

도서관과 서비스센터는 별개의 개체로 되어 있어 기계적, 전기적 요구 및 사용을 달리하고 있다. 두 개의 건물에 사용되는 기계적 유니트가 구분되어 있어 배관 사용을 단순화하고 전체 사용량도 감소시켰다. 단순화된 배관의 배치는 요구되는 에너지양을 줄이고 손실되는 에너지양도 줄이는 효과를 가져다준다.

지붕 위에 태양열 판을 설치해서 발생된 전기를 사용하고 아트리움과 높은 천장, 큰 외부창을 이용해서 자연광을 실내 깊숙이 끌어들이도록 하여 설계해서 전기조명의 필요성을 최소화하였다. 이 밖에도 많은 자연광을 실내로 유입시키기 위해 오픈플랜으로 계획하였다. 커튼월의 유리창에는 태양열 필름을 입힌 태양열 유리창을 사용하였고 태양열 유리창은 쉐이딩이 설치되어 서비스센터 로비로 들어오는 뜨거운 태양열을 막아 기계적 냉방기의 사용을 감소시키는 역할을 한다. 이 밖에도 광전지, 재실감지 센서를 사용해서 불필요한 전기의 낭비를 막도록 계획하였다.

③ 재료 및 자원

현장에서 필요한 가구 및 물품들은 재활용 재료를 사용하였으며 현장제작 및 조립에 걸리는 시간을 제한하고 제작폐기물의 재활용 과정을 단순화하였다. 단순하고 내구성이 큰 재료를 사용해서 마감의 필요성을 감소시켰다. 도서관과 센터에서 사용하는 가구는 일정한 크기의 합판을 조임쇠를 사용하지 않고 틈과 탭을 이용해서 연결하는 방식으로 사용하였다. 이러한 방식은 가구 수송 시에 편편한 합판의 상태로 현장에 조달하기 때문에 단위 차량에 실을 수 있는 적재량을 증가시켜 운송 횟수를 감소시킴으로써 에너지 사용과 이산화탄소의 배출도 감소시킬 수 있었다.

건물의 중요한 구성요소들도 내구성이 크고 재활용이 가능한 재료들을 사용했으며 무엇보다도 중요한 것은 미래의 사용에 대비해서 해체가 용이하고 재사용할 수 있는 재료를 사용했다는 것이다. 알루미늄 커튼월은 형태 변형이 가능하고 나사못을 이용해서 연결한 목재와 도금된 금속 사이딩은 해체가 매우 쉬워 미래에 다른 용도로 사용하기가 쉽다.

(3) 유지관리

정기적으로 유리창과 지붕 위의 태양열 판넬을 청소해줄 필요가 있으나 관개의 필요성이 적은 식물로 지붕을 녹화하여서 관리의 필요성을 감소시켰다. 지역사회의 관심 있는 구성원 집단들은 수량 측정기기(water-monitoring device)를 지붕에 설치하는 데 협력하였다. 건물이 사용되는 기간 동안 지붕녹화의 성능을 평가하기 위해 자료수집이 이루어진다.

방문객 수를 살펴보면 주당 1,028명이 방문하며 4시간 정도를 보내는 것으로 나타났다.

무엇보다 이 프로젝트의 의뢰인과 시민들이 적극적인 관심을 가지고 동업자 관계를 맺었다는 점은 매우 중요하다. 이와 같은 관계는 환경친화적인 디자인의 어려움을 제거하고 실천을 위한 기술과 시스템을 가능하도록 하였다. 프로젝트 진행에 시민들이 적극적으로 참여함에 따라 결과적으로 시민들은 지역 커뮤니티 시설에 대해 보다 더 강한 소유의식을 가질 수 있게 되었다. 이 시설은 지역시민들에게 그린디자인의 가능성과 이익을 교육할 기회를 제공하였으며 적은 예산으로도 사용자의 요구에 대응하는 환경친화적인 시설의 건설이 가능하다는 것을 보여준다.

2) 포르톨라 밸리 타운센터(Portola Valley Town Center)

(1) 개요

포르톨라 밸리 타운센터는 캘리포니아 포르톨라 밸리에 위치한 공공시설로서 2008년에 완공되었다. 대지면적은 1,850m^2이고 센터는 타운홀, 커뮤니티홀, 도서관으로 구성되었다. 새로운 프로젝트는 공립학교 부지에 지어지고 과거의 부지는 공원과 놀이터로 바뀌었다.

도서관은 독서실, 어린이 공간, 직원 사무실, 지역 사무실과 그 지역 유산에 헌정된 실로 구성되어 있다. 그리고 타운홀은 행정실과 응급 운영 센터로 구성되고 커뮤니티 홀은 분리할 수 있는 다목적실과 두 개의 활동실(activity room), 창고와 부엌으로 구성되었다. 포르톨라 센터는 참나무 산림지대와 운동장, 새 건물을 종합해서 자연경관의 아름다움을 가장 환경친화적인 방식으로 만들고자 하는 그 지역의 목적을 충족시키는 시민의 공간으로 만들어졌다.

지역주민들은 프로젝트 디자인 과정에 깊게 관여하였고 추진팀은 지방행정부, 시민, 디자인 팀이 디자인안에 대해서 평가를 내릴 수 있도록 6개의 목적을 명시하였다. 그 목적은 첫째, 개방된 공간을 유지하면서 아름다운 대지의 장점을 활용한다. 둘째, 모든 연령층의 사람들이 사용할 수 있는 여가 공간과 시민을 위한 공간을 만든다. 셋째, 해당 시의 시민의 요구, 응급 상황 요구, 유지 관리에 대한 요구를 충족시킨다. 넷째, 자연스런 모임과 만남을 유도하는 친근하고 서비스 중심적인 장소를 만든다. 다섯째, 자연경관을 돋보이게 하는 지역적인 디자인 특성을 강화한다. 여섯째, 센터가 마을 주민의 절제된 거주지의 연장선이 될 수 있도록 하고 마을의 거실이 되도록 한다.

본 프로젝트에 소요되는 비용은 과거의 타운센터의 1년 예산의 5배가 필요했다. 재정적인 면에서 볼 때 새로운 타운센터를 설립하는 것은 어려웠으나 그 지역 시민들이 환경친화적인 건축물의 중요성에 대해서 모두 공감하고 있는 상황이었으므로 필요한 재정지원을 위해 모금을 담당하는 시민단체가 조직되었다. 이와 같은 모금활동을 통해서 환경친화적인 타운센터 프로젝트 비용의 80%를 모을 수 있었다. 이 비용의 대부분은 친환경적인 장치들을 설치하는 데 사용되었다. 또한 세심한 관리와 자원봉사자들의 노력으로 예산의 7%를 감소시킬 수 있었다. 따라서 시당국은 프로젝트 비용을 충당하기 위해 세금을 인상할 필요도 없었으며 빚을 질 필요도 없었다. 전체 프로젝트 비용은 대지비용을 제외하고 1,500만 달러가 소요되었다.

(2) 친환경적 요소

① 수자원 관리 및 사용

이단수세 절수변기(이중 물내림 장치), 물을 사용하지 않는 소변기, 부엌, 욕실에 절수 수도꼭지(시간당 배출하는 물의 양이 적은 수도꼭지 사용) 및 샤워기 등을 설치해서 물 사용량의 53%를 줄이고 오수는 하수로 흘려 보내는 대신에 현장의 오수정화조에서 처리시켜 수질오염을 방지하도록 했다. 비상운영센터(Emergency operation center)에는 2000갤런의 물이 필요한데 별도의 물 저장탱크를 설치하기보다는 지름 24인치의 파이프를 설치해서 파이프 시스템에 직접적으로 연결함으로써 탱크에 필요한 별도의 처리들을 제외시킬 수 있었다.

경관계획은 가뭄에 잘 견딜 수 있는 식물과 토착식물 종을 주로 심고, 급수는 스프링클러와 드립시스템(점적관수장치)을 결합해서 사용하도록 했다. 토착식물은 타운센터 건설 중에만 급수하였다. 결과적으로 현장의 급수는 전체적으로 85%가 감소되었다. 지붕유출수(roof runoff)는 지하배수로에 모아서 관개용으로 사용하였다.

② 에너지

포르톨라 밸리 타운센터는 기후에 대응하고 냉난방 및 환기의 필요성을 최소화하도록 설계하였다. 그리고 날씨와 건물 사용에 따라 자연형과 설비형 시스템을 모두 사용할 수 있도록 계획하였다. 도서관과 타운홀은 동서 축으로 건물을 배치하고 차양과 외부의 루버는 더운 계절에 그늘을 제공하도록 계획하고 맞통풍이 가능하도록 양쪽 오르내리창과 고측창은 마주보도록 배치하였다. 목재프레임 건물은 고밀 섬유소 단열재를 사용해서 단열효과를 높이고 지열 슬래브(ground-coupled slab)를 사용해 축열체로 사용하였다.

㉠ 태양열 냉방부하를 조절하기 위해 건물의 동쪽과 서쪽에 태양열획득계수가 낮은 창을 설치하고, 남쪽창에는 차양과 창외부에 루버, 해가리개를 설치하고 태양열획득계수가 낮은 창을 사용하였다.

㉡ 에너지의 효율적 사용을 위해 자연광을 이용하였다. 자연광을 최대한 유입하기 위해 큰 외부 창과 높은 천장을 계획하고 빌딩 요소를 이용해서 자연광의 방향을 돌려서 사용하고 눈부심을 방지하고 남/북 지붕 모니터와 고측창을 이용해서 자연광을 유입하였다.

㉢ 태양광 외 냉방부하(non-solar cooling loads)는 오픈플랜으로 평면을 계획하고 바람을 잘 끌어들일 수 있는 곳에 개구부를 내며

조절이 쉬운 창문을 설치하고 고축열체 건물을(high internal thermal mass) 계획하였다. 그리고 천장에 선풍기를 설치하여서 건물을 패시브 모드로 설정하였을 때 환기를 하며 쾌적성을 높이도록 하였다.

㉣ 냉방시스템은 고효율 등급의 에어컨을 사용하고 공간의 규모에 맞는 적절한 크기의 냉방시스템을 설치하였다.

㉤ 현장에서 태양광발전시스템을 사용해서 얻은 전기를 사용하였고 지붕에 설치된 57kw 태양열시스템은 1년에 이산화탄소 33톤을 감소시키는 효과가 있다.

㉥ 고성능(high performance) 창문과 문을 사용하며 창문은 U-factor[1]가 0.32 이하인 것을 사용해서 열전도율이 낮아 단열성이 높은 것을 적용하였다

㉦ 열회수 환기시스템(heat recovery ventilation)을 사용해서 에너지 손실을 줄였다.

㉧ 조명 제어는 광전자 주광센서를 부착해서 인공조명 사용을 최대한 줄여 필요 없는 전기의 소비를 줄이도록 계획하였다.

이러한 장치들은 사용하여서 센터는 미국환경보호국(EPA; Environmental Protection Agency)의 기준치보다 34% 더 효율적이고 47.8%의 비용을 감소시킬 수 있으며 건물의 냉난방시스템은 일반 건물의 기준치보다 57% 더 효율적이다.

1) 창의 에너지 효율성을 보여주는 열전도성 측정치로서 일반적으로 1.2에서 0.2사이이며 낮을수록 효율성이 높은 것이다.

③ 재료

해체한 기존의 건물에서 나온 재료를 재활용해서 사용하였으며 공간 내에서 발생할 수 있는 다양한 기능들을 수용할 수 있는 재료를 사용함으로써 여러 종류의 재료를 사용할 필요성을 감소시켰다. 또한 30%의 시멘트를 플라이애쉬를 사용한 콘크리트로 대체함으로써 온실가스 배출을 감소시켰다. 목재제품은 버려진 목재들을 많이 사용하였고 가능한 한 재료의 이동거리를 줄이기 위해 그 지역에서 생산되고 제조된 재료들을 사용하였다. 전체적으로 내구성이 좋고 유지관리의 필요성이 낮은 마감재를 사용하였다. 유해물질 사용을 줄여서 VOC[2]를 배출하지 않거나 매우 낮게 발생하는 페인트, 카펫을 사용하고 포름알데히드 접착제를 사용한 목재제품은 사용하지 않아 실내공기 오염원을 감소시킴으로써 실내환경을 쾌적하게 유지하였다.

(3) 유지관리

유지관리의 필요성이 낮은 마감재를 사용하고 토착식물은 타운센터 건설 중에만 급수하고 급수의 필요성을 배제시킴으로써 유지관리에 매우 용이하도록 계획하였다.

2) 휘발성 유기화합물(Volatile organic compound): 대표적인 휘발성 유기 화합물은 벤젠, 톨루엔, 자일렌, 에질벤젠, 포름알데히드 등으로 가정에서는 페인트, 바니쉬, 왁스, 세척제, 소독제, 화장품, 탈유제, 방향제 등에 포함되었으며 새 건축물의 도료와 페인트 등 마감재에 많이 포함되어 있고 자동차 유기용제 등에도 많이 포함되어 있다.

3) 베이 교육센터(Bay Education Center)

(1) 개요

베이 교육센터는 나라간세트 만(Narragansett Bay)에 위치한 최초의 비영리 교육시설로서 경제적 배경에 따른 차별 없이 모든 어린이들이 만의 아름다움과 즐거움에 접근할 수 있도록 계획된 프로젝트이다. 센터의 핵심목표는 만에 대한 접근성과 해안 생태계의 건강 및 지속가능성에 영향을 미치는 문제에 대한 인식을 고양시킬 수 있는 교육적 프로그램을 접목시키는 것이다. 이 프로젝트는 로드아일랜드의 많은 청소년들에게 자신들의 지역이 갖고 있는 위대한 자연자산과의 강한 연계를 만들어 주었다.

이 센터는 2005년 6월에 버려진 매립지를 일부 포함하는 부지에 세워졌다. 공간 구성은 리셉션 공간, 관찰로비, 교실 2개, 실험실, 대규모 미팅룸, 'Save the bay'의 행정실과 미팅룸, 고정된 교각과 부두가 딸린 보트창고로 이루어져 있다. 면적은 1,397m^2이며, 철골구조로서 재료는 석조와 천연목재 외장재, 유리와 금속재를 외부재료로 사용하였으며 내부는 페인트칠한 건식벽체, 세라믹 타일과 카펫을 사용하였다.

(2) 친환경요소

① 부지 및 수자원 관리 및 사용

이 부지는 과거에 건설폐기물을 처리한 매립지로 사용되었기 때문에 재활용이나 재사용이 가능한 많은 원자재를 보유하고 있다. 이 프로젝트에서 재사용된 사례를 살펴보면 부순 콘크리트 슬래브를 새로운 슬래브의 아래에 구조물 채움용으로 사용하였고 Providence의 도심에서 가져온 낡은 화강암 연석은 시설 외부에 설치된 원형극장의 의자로 사용하였다.

베이 센터 건물의 규모는 대지의 형태와 토양이 수용할 수 있는 용량을 고려하여 규모를 최소화한 1층짜리 단독 건물이다. 건물 레이아웃과 제방보강공사는 이 시설을 부지와 강한 연결성을 갖는 무장애 건물로 만들어 주었다. 건물의 주 출입구로 들어서면 전면에 전망이 펼쳐지고 바닥에는 3가지 색으로 이루어진 만 전체의 지도가 있어서 학생들과 방문자들에게 로드아일랜드의 위치와 해안선의 규모 등 시각적인 정보를 제공해 준다. 북쪽 부속 건물은 행정기능을 담당하는 공간들로서 개방형 공간(open space)으로 계획되어 있고 외부로부터 자연광의 유입이 적절하게 이루어져 있다. 남쪽 부속 건물의 내부 및 주위에는 교실, 실험실, 외부 원형극장, 보트창고, 도크 등이 위치해 있어 교육을 제공할 수 있도록 되어 있다. 범람한 우수를 만으로 흘러들어가기 전에 정화시키기 위해 현장에 생물학적 교정 연못을 설치, 풀의 유형에 관한 조사를 늪지대 복원 프로젝트에 포함시켰다.

해안선을 따라 길게 뻗은 4인치 깊이의 경사진 녹화 지붕은(옥상녹화) 건물이 주위환경과 어울려 마치 자연의 일부인 것 같은 독특한 느낌을 준다. 녹색의 지붕은 대략 24시간 동안 5톤 갤런의 물을 보유할 수 있어서 이 부지에서 우수(雨水)에 대한 요구를 감소시키는 역할을 한다. 뿐만 아니라 녹화지붕과 함께 연결된 레인 가든(rain garden)은 5년간의 폭우와 맞먹는 양의 우수를 관리할 수 있는 능력이 있으며 이것은 만의 생태계를 보호하는 데 도움을 준다. 녹화지붕은 여름철에는 단열의 효과가 있어 관리비를 절감시키고 지붕의 막재료가 자외선으로부터 노후화되는 것을 막아 결과적으로 지붕의 수명을 연장시킨다. 공기와 물의 질을 향상시키고 태양 복사열을 흡수해서 열섬 현상을 감소시키고 녹지를 제공하며 야생동물의 서식처가 되기도 한다.

② 에너지

가스 연료를 이용하는 냉난방 시스템은 다른 시스템을 사용할 때보다 최고에너지 부하량을 73% 감소시키고, 질소화합물의 발생을 65%, 황화합물(산성비)의 발생을 68% 감소시켰으며 이산화탄소의 배출량은 51% 감소시켰다. 지붕에 설치된 20kw의 태양광 발전 설비는 건물의 조명시스템이 필요로 하는 연간 전기량을 생산한다.

③ 재료 및 자원

건물의 외피는 에너지 효율성을 극대화하고 강한 해안의 환경에 대응할 수 있도록 계획되었다. 삼나무를 사용한 외장재와 프리케스트 스톤은 거친 외피의 느낌을 제공하고 재활용 재료를 이용해서 고효율의 단열재를 제공하였다. 고성능 유리 사용으로 대규모의 태양광과 전망을 제공하고 이로 인해 전체 에너지 소비는 10% 정도 감소되었다. 이 유리의 사용은 센터의 효율적인 에너지 사용이라는 목표를 충족시키는 데 일조하였다.

북쪽 로비의 지붕에 설치된 재활용한 강철 지붕(steel standing seam roof)은 전통적인 아스팔트 싱글지붕과 기타 석유화학 관련 재료로 된 지붕들이 우수에 의해 탄화수소 입자를 배출해서 환경에 유해한 것과 달리 지붕에서 흘러내리는 우수를 오염시키지 않으며 그 수명도 50년에 이른다. 그 밖에 사용된 지붕재료도(EPDM[3]) 친환경적이고 태양열

---

3) 합성고무 종류: Ethylene propylene diene monomer(M-class) rubber.

흡수를 감소시키며 따라서 열섬현상의 발생을 감소시킨다.

(3) 유지관리

베이 교육센터는 고성능의 지속가능한 디자인에 대한 LEED 인증을 지원하지 않았다. 그 이유로 첫 번째는 LEED 프로그램은 건물 중심적인 것에 중점을 두는 것에 반해 이 프로젝트는 부지 중심의 성격을 갖고 있었으며 두 번째는 인증의 절차는 비용이 많이 들고 기간도 많이 소요되지만 비영리적 단체인 경우 기금의 적절한 사용에 대한 절박한 요구가 있기 때문에 비용과 기간을 수용하기에는 무리가 있었기 때문이다.

- 650m^2의 녹화지붕(옥상녹화)은 24시간 동안 5000갤런(18,927liter) 정도를 함유할 수 있다.
- 물을 사용하지 않는 화장실, 이중내림 장치의 화장실, 저수량 기기 등을 이용하여 물의 소비를 1/3 감소시킨다.

4) 포코노 환경교육센터(Pocono Environmental Education/Visitor Activity Center), Dingmans Ferry, Pennsylvania

(1) 개요

포코노 환경교육센터는 설계 및 건설과정 등 시작부터 지속가능한 전략을 세우는 것으로 출발하였으며 디자이너와 의뢰인의 긴밀한 협조 속에서 진행되었다. 이것은 프로젝트의 진행과 재료 선택 등에 많은 영향을 미쳤으며 교육은 프로젝트가 지속가능성에 대해 수행해야 할

임무의 일부분이 되었다. 디자인 과정에서 학생 및 방문자와 직원들의 협동적인 참여로 인해 지역 학생들의 그림들이 에칭 기법으로 건물 벽을 장식하였으며 최종 디자인에 참여하게 된 자신의 작품을 봄으로써 이 프로젝트에 참여한 것을 직접적으로 느끼게 해주었다.

건설과정에서는 다양한 야생동물의 서식처를 보호하기 위해 부지의 나무를 자르는 시기에 대해서 철저히 검토하고 조심스럽게 진행하였다. 그리고 버려진 자동차 타이어를 교육센터의 북쪽 벽에 싱글로 사용하였다. 타이어는 다양한 경로를 통해서 수집하고 현장에서 잘라 사용했다. 방문자들이 환경친화적인 결정사항들을 볼 수 있게 만들어 환경적 책임을 강화시키고자 노력한 것이다.

포코노 환경교육센터는 Delaware Water Gap 국립휴양 지역에 위치하고 있으며, 2005년 오크나무, 침엽수, 하층목들이 주를 이루고 있는 숲 가운데 빈터에 세워졌다. 면적은 720m^{2}이며, 디자인은 적층의 방법을 사용(Layered solution)하여 방문객은 숲을 지나고 습지를 지나서 북쪽 벽에 계획된 출입문으로 들어가 서비스 공간을 통과해서 밝고 태양이 가득한 주 공간으로 들어가도록 계획되었다. 주 공간의 기능은 식사, 만남, 강의, 기타 환경학습 등이며, 회의장소, 지역 환경단체와 지역주민을 위한 공공장소로 사용되어 수입을 창출하고 센터의 임무와 환경보호 책임 공유에 대해 지역공동체의 인식을 고취시키는데 이용되었다. 또한 주 공간은 남쪽을 향하도록 계획되어 따뜻한 태양열과 시원한 산바람의 유입이 쉽고 풍부한 자연광이 들어오며 동시에 숲으로의 전망을 제공한다.

(2) 친환경요소

① 부지 및 수자원 관리 및 사용

환경친화적인 요소로서 환경교육센터의 배치 방향과 규모는 자연형 태양열과 자연환기의 사용을 극대화할 수 있도록 계획하였다. 남쪽을 향하는 배치는 겨울철에 태양열 획득을 쉽게 하고 주 공간의 바닥 슬래브는 태양열을 저장할 수 있는 장소로 계획함으로써 인공난방 사용의 필요성을 감소시켰다. 한쪽으로 기울어진 지붕은 태양열의 복사를 극대화하고 북쪽에서 불어오는 바람의 방향을 바꾸어 찬기운의 접근 가능성을 감소시키며 태양열 사용을 용이하게 하였다. 동쪽과 서쪽의 그늘진 현관(porch)로부터의 서늘한 공기와 남쪽에 면한 높은 창문의 따뜻한 공기는 자연환기를 유발시킨다. 그리고 특별한 경우에 자연환기를 극대화하기 위해서는 남쪽에 면한 주 공간의 슬라이딩 도어를 활용할 수 있다.

② 에너지

자연형 태양열 방식의 냉방 및 환기 시스템을 사용하고, DOE-2 에너지 모델링[4])을 적극적으로 사용하였다.

③ 재료 및 자원

유지관리 필요성이 적고 수명이 긴 재료를 사용하였으며 자연광을 사용하고 모션센서를 부착한 인공광을 추가적으로 사용하였다. 재사용, 재활용 재료(재활용한 고무 바닥재료, 재활용 포르셀린 타일)를 적극적

4) 영국 디자인빌더사에서 개발한 Energyplus계산 엔진을 이용한 에너지시뮬레이션.

으로 사용하였으며 VOC 발생량이 적거나 없는 제품과 마감재(실리케이트를 이용한 무기질 페인트, 수성 착색제, 라텍스 페인트)를 사용하였다.

합성목재 제품을 적극적으로 사용하였고, 폐타이어를 이용한 고무 쉥글, 시멘트 보드 외장재(siding)와, 역청이 든 지붕 재료, 열전도가 낮은 창문/커튼월(low-E 아르곤을 채운 단열 유리 이용), 슬레이트 월 패널, 색 콘크리트 슬래브, 흰 단풍나무 문을 사용하였다.

(3) 유지관리

디자인 과정에서는 모든 사용자 그룹에 대한 접근성을 높일 뿐만 아니라 디자인의 적절함을 시험하기 위해 분석적이고 기술적인 연구를 사용하였다. 이 연구는 효율성을 극대화하고 면적을 최소화하는 건물의 '적절한 규모'에 대한 내용을 포함하고 있다. 또한 디자인 과정에서 가장 적절하고 비용 효율적이며 능률적으로 사용할 수 있는 재료를 선택하였다.

교육센터가 문을 연 이래로 유지관리가 거의 필요하지 않았다. 프로젝트의 일부분으로 개발된 주위 경관은 유지비가 필요하지 않았고 고무 쉥글, 실리케이트 무기질 페인트로 칠해진 시멘트 보드 외장, 자연 콘크리트 블록 벽은 유지 관리가 필요 없었다. 내부에 사용된 재료들도 세심한 재료선택으로 인해서 청소나 관리의 필요성이 별로 없었다. 자연광, 자연환기, 자연형 태양열의 사용도 효율적인 것으로 나타났으며 대부분의 경우에도 추가적인 조명이나 기술적인 시스템이 사용되지 않았다. '가르침을 위한 도구'로서의 건물의 역할은 이 부지의 문화를 표현하는 필수적인 부분이 되었다. 폐타이어를 이용한 쉥글은 방문객들에게 폐기물 관리와 재사용에 대해 가르치고 창문을 이용한 환기를 통해서 에너지 보존과 자연의 힘에 대해 알려주고 있다.

5) 마리온 예술/환경센터(Marion Arts and Environmental Center at Lowe Park), Marion, Iowa

(1) 개요

마리온 센터는 지역 사업가였던 Lower가 마리온 시 당국에 예술 및 환경교육을 위한 공원 조성을 위해 부지를 기부함으로써 이루어졌다. 센터는 아이오와의 중동부 지역의 복원된 초원지역 내에 중간 규모의 예산으로 단순한 구조로 지어졌다. 센터 건물은 모임 공간, 작은 갤러리와 미술 스튜디오, 마리온 파크 레크리에이션 사무실, 다목적실, 지역 고령자를 위한 음식제공을 위한 식당 등으로 구성되었다.

마리온 센터는 2006년 5월에 완공되었으며, 부지는 40에이커의 아이오와의 초원지역 복원을 포함하는 180에이커의 공원 개발이 이루어졌다. 면적은 1068m^2이고, 집성재 지붕구조시스템을 가지며 SIPs[5] 패널로 밀의 폐기물로 만들었다. 구성은 예술 및 환경센터와 연관된 놀이공간, 지역공원으로 이루어졌다. 예술 및 환경센터는 단순한 농장 구조(아이오와 중동부의 작은 시의 교외지역), 단순한 목재 구조로 이루어졌고 야간에는 내부로부터 전등 빛이 환하게 빛나는 것을 외부에서 볼 수 있도록 계획하고, 주간에는 내부에서 외부의 아이오와의 초원을 조망할 수 있도록 계획하였다. 건물은 지속가능한 전략들을 보여줄 수 있도록 계획하였고, LEED 인증 기준에 따라 디자인하였다. 프로젝트는 본래의 아이오와 농장처럼 건물과 대지의 불가분의 관련성

5) Structural insulated panels or structural insulating panels.

에 대해 고려하였다.

(2) 친환경 요소

① 부지 및 수자원 관리 및 사용

건물은 남향으로 배치되어 자연환기를 촉진시키고 자연광과의 관계를 극대화시켰다. 자연환기를 극대화하기 위한 방법은 첫째, 건물 평면의 폭을 좁게 만들어 전・후면 간의 환기를 원활하게 하고 둘째, 자연환기가 어려운 코어나 내부 실들은 최소화하도록 계획했다. 그리고 남쪽으로는 낮은 개구부를 통해 공기를 유입시키고 북쪽으로는 높은 개구부로 공기가 유출되도록 했다. 센터 건물에서 자연광은 에너지 보존을 위한 주요한 전략으로서 공간 내에서는 가능한 한 창문들을 높게 배치하여 자연광을 실내 깊숙이 유입할 수 있도록 계획하였다. 또한 창문에는 차양을 설치해서 자연광의 양을 조절할 수 있도록 했다. 중앙 모임장소는 외부 초원과의 연관성을 높여 자연과의 교감을 극대화하기 위해 보다 많은 유리창을 설치하였다.

하수 처리는 습지 정화 시스템을 사용하는 자연적인 하수 처리방법을 택하고 있으며 건물 내의 화장실은 최소한도로 사용하고 건물 거주자에게만 허용된다. 우수는 수집하여서 관개시설에 사용하고 습지정화시스템 처리 및 조경에도 사용하며 특히 조경에는 우수 외에 별도의 물이 필요하지 않다. 건물 동쪽의 모든 물은 어린이들의 놀이 공간에 있는 인공폭포(연못)로 흘러들어 간다. 이와 같은 적절한 수자원의 이용은 건기를 포함해서 연중 물 사용 상태가 풍족하게 만들고 현장을 방문하는 사람들에게 물 사용에 대해 좋은 사례를 보여줄 수 있다. 또한 이러한 디자인 결정들은 공원 환경을 유지 및 관리하는 비용을 감소시켰다.

Lowe Park 프로젝트는 지역주민과 아이오와 전체에게 고비용, 고기술의 친환경적 해결방법보다 단순하고 지역적인 측면을 고려한 실질적이고 평범한 결정에 의해 실현된 지속가능성을 전시하는 데 중점을 두고자 한 것이다. 건물을 위해서 부지 내에 최소한의 필요 면적만을 개발하였으며 우수를 이용해서 자연정화시스템과 어린이들의 놀이공간의 물을 이용한 요소에 사용하였다. 부지의 대부분이 복원된 초원 지역이므로 물을 흡수하고 범람된 것은 제거할 수 있어서 이 지역의 고질적인 범람문제를 해결할 수 있었다.

② 에너지

건물은 아이오와의 법규에 따라 동일한 유형의 건물들이 필요로 하는 에너지량의 40－50%를 절약할 수 있도록 계획했다. 이 계획을 달성하기 위해서 건물의 외피는 단열이 잘 되도록 계획하고 에너지 효율적인 창문을 사용했다. 따라서 건물은 기밀성을 높여 아이오아의 외부 기후에 대비할 수 있도록 계획했다. 자연광을 최대로 이용하고 광전지를 이용한 센서와 공간 사용 여부에 따라 인공조명을 조절함으로써 에너지를 최대한 절약할 수 있도록 하였다. 건물의 냉난방은 지열 히트 펌프(토양의 온도를 사용)를 사용하고 천연가스나 석유를 사용하지 않아 환경에 대한 영향을 최소화하고 있다. 겨울철에 추가적으로 난방이 필요할 경우에는 옥수수를 재료로 하는 난로를 이용해서 주 모임공간을 난방하도록 계획했다.

③ 재료 및 자원

지속가능한 디자인을 달성하기 위해 건설과정에서 디자인 전략 및 재료 선택 등 다양한 접근을 시도하였다. 대표적인 것으로 집성목재를 이용해서 지붕을 만들고, 지붕 데크는 밀의 폐기물로 만든 단열 판넬(SIPs)을 사용하였다. 목재는 VOC 발생량이 낮은 콩 착색제로 착색하고 SIPs는 마감을 하지 않았다. 페인트는 거의 사용하지 않았으며 건물에 사용한 돌은 근처에서 생산된 것을 과도하게 광택을 내지 않고 사용하였다. 카펫은 건물 내의 사무실에만 사용하고 그 밖의 공간은 플라이 애쉬를 첨가물로 사용한 콘크리트를 바닥 재료로 사용하였다. 모든 수납장은 제작하였고 포름알데히드 접착제는 사용하지 않았다. 가능한 한 자연적인 재료를 사용하고 인공적, 화학적 유해물질은 배제하도록 계획하였다.

6) 세계 조류센터(World Birding Center), Mission, Texas

(1) 개요

Texas Park and Wildlife는 주립공원 내에 세계 각지에서 조류 관찰객을 끌어들일 수 있는 방문자 센터를 원했다. 텍사스 공원과 Wildlife 부서와 지역 커뮤니티의 공동된 노력으로 조류 및 야생 거주지 보존과 이해를 증진시키는 곳으로 세계 조류센터가 설립되었다. 세계 조류센터는 방문객을 유인함으로써 단순히 농지 개발의 가치를 넘어서 경제적 가치를 창조하였으며 전체 프로젝트 비용으로는 350만 달러가 소요되었다. 건물의 구조를 단순한 직사각형으로 하여 비용을 절감하고 부지사용을 줄일 수 있었다.

세계 조류센터는 방문자들에게 자연과 일체가 된 경험을 제공하고자 계획되었다. 방문객과 외부 공간의 연결은 유리를 이용하여 실내

〈그림 3-3〉 세계 조류센터 전경

공간에서도 계속 시도되었다.

서식지를 복원하고자 하는 것은 조경의 가장 중요한 목적이었다. 센터 구내에는 범람 정원(flooded garden)이 조성되었는데 이것은 리오그란데의 강을 본떠서 우각호를 흉내낸 것이다. 우각호는 조류들에게 많은 먹이를 제공해 줄 수 있어서 새들을 모으기에 매우 적절하다. 때문에 주기적으로 현장의 물탱크를 방류시켜 호수의 물을 범람시키고 기능을 활성화하였다. 이와 같이 인간이 만든 우각호는 수백 종류의 조류들에게 먹이를 제공함으로써 조류를 끌어들이는 결과를 야기한다. 조류센터 단지는 지역의 생태계를 구성하고 경제적인 재료를 사용하였으며 지속가능한 디자인에 부합한다.

부지는 농지와 수로로 구성되었고, 수로는 리오그란데 강으로부터 퍼 올린 관개용수를 보유하고, 비옥한 토양으로 이루어졌다. 2004년도에 완공된 방문센터는 두 구성요소의 전이 공간에 배치되었다. 방문센터 주위로는 새의 서식지를 복원시키고자 하였고, 건물은 단순한 배경 및 지원적인 역할을 담당하였다. 실내 기능을 위한 공간을 내부에 계획하고 외부 정원과 자유롭고 편안한 상호작용이 가능하도록 계획하였으며, 그늘진 현관이 정원을 향하도록 개방하였다. 면적은 1208m^{2}이며, 볼트로 연결하고 아연도금을 한 강철이 구조시스템으로 사용되었다. 바닥에는 플라이 애쉬 함유율이 높은 콘크리트를, 지붕에는 고효율 아치형 강철판을 이용한 쉘 루프 시스템(Shell roof system)을 사용하였고, 칸막이로 재생 목재와 지역 점토 블록 벽을 사용하였다.

(2) 친환경 요소

① 부지 및 수자원 요소

농촌 지역의 주어진 경관 속에 여러 건물들이 조용한 장소를 만들어 내도록 계획하였으며 리오그란데 강의 근처에, 마지막으로 남아 있는 천연의 서식지에, 1,208m^2 면적의 좁고 긴 구조물을 세웠다. 세 개의 건물은 동서방향으로 배치되어 있고(남향을 향함) 조류 관찰자들을 돕는 행정실과 방문센터를 포함하고 있다. 공간 분할에서 불필요한 공간을 찾아내어 보다 융통성 있게 사용할 수 있는 공간을 계획하였다. 이러한 노력은 프로젝트의 부지를 20,000ft^{2}에서 13,000ft^2(1,208m^2) 감소시킴으로써 여러 가지 측면에서 비용을 절약하게 되었다.

② 에너지

자연형 태양광 디자인(passive solar design)을 사용하여 에너지 절감을 하였고 자연형 환기시설(passive ventilation)로 디자인하였다.

③ 재료 및 자원

그 지역에서 생산되는 재료를 사용하고 고효율의 기계시스템을 도입하고자 했다. 초기부터 디자인 접근방법은 '더 적은 것으로 더 많은 것'을 하고자 하는 것이었다. 지붕 재료로서 파형강판, 플라이 애쉬 콘크리트, 재활용한 강철 프레임, 점토벽돌, 버려진 사이프러스 목재, 알루미늄 창 등의 단순한 재료들을 사용하였다.

재료 및 시스템의 효율을 극대화하기 위해 퀀세트(Quonset) 스타일의 파형 강철판으로 지붕을 계획하였다. 이 지붕은 9.75m의 기둥 없는 폭을 제공하고 외부 복도에는 그늘을 제공해준다. 강철판 지붕은 아연도금을 해서 열을 반사시키고 부식되는 것을 방지할 수 있었다. 건물들의 구조적 요소들은 현장에서 조립한 것이기 때문에 요구나 용도가 변화되면 언제든지 분해할 수 있고 다른 용도에 따라 재조립할 수 있도록 되어 있다. 건물 기초 및 구조에 사용된 콘크리트는 플라이 애쉬를 첨가해서 만들었는데(30%포함) 플라이 애쉬는 콘크리트를 매우 강하고 가볍게 만드는 특성이 있으나 오늘날 별로 많이 쓰이지 않고 매년 수백만 톤이 매립지에서 버려진다.

남부 텍사스와 같은 거친 기후에서는 유지 관리에 별 어려움이 없는 재료를 사용하는 것이 비용을 감소시키고 환경에 대한 영향도 감소시킬 수 있다. 이 프로젝트에서 내구성이 강한 재료들로는 페인트칠이 필요 없는 도금된 강철, 노출 콘크리트, 사이프러스 외장재, 그 지역에서 생산되는 점토벽돌 등이 사용되었다.

효율적 구조 디자인(전통적 프레임보다 강철 사용 46% 감소)을 사용하였으며 알루미늄 창문과 루버를 사용하고 75%의 재활용 알루미늄 프레임과 이중단열 고효율 유리를 사용하였다. 산림청 인증/집성목재 제품을 적극적으로 사용하였으며 쉬딩(sheathing, 외장재, 판상재)은 100% 재활용 성분이며 복사열의 방어막 역할을 한다.

내부는 VOC 발생량이 적거나 없는 페인트, 밀폐제를 사용하였고 포름알데히드를 함유하지 않으면서 100% 재활용한 MDF 수납장과 버려지는 사이프러스목과 천연 메스키트로 벤치를 설치하였다.

(3) 유지관리

관리의 노력이 덜 필요한 토착 조경(범람된 서식지를 포함)을 이용하였으며 다양한 속도조절의 기계적 설비, 물 사용 난방기, 고효율 조명기기와 같은 효율적 시스템 사용으로 유지관리에 필요한 노력과 비용을 절감하였다. 또한 적극적 수자원 관리 및 재사용 프로그램을 활용하였으며 실내 재실자들이 실내 온도를 조절할 수 있고 유지관리 노력이 적게 들어가는 마감재가 사용되었다. 건물을 20,000평방미터에서 13,000평방미터로 적정 규모로 줄여서 건설함으로써 초기 비용, 에너지 재료, 유지관리 비용을 35%(140만 달러) 절감하였다.

2. 공공업무시설

건물이 환경에 미치는 영향을 살펴보면 건물의 건설, 개조 및 운영관리에 17%의 물, 33%의 에너지, 40%의 채취된 원자재, 50%의 클로로플루오르카본(CFC's), 66%의 전기가 소비되고 직·간접적으로 49%의 이산화황(SO_2), 40%의 매립 폐기물, 33%의 이산화탄소(CO_2), 10%의 배기 분진이 생산된다. 또한 현대인은 90%의 시간을 실내에서 보내며 사무직 근로자 중 20−30%가 빌딩증후군에 영향을 받고 있으며, 실내 공기오염은 EPA에서 명시한 환경 건강 위험의 상위

5가지 요인 중에 하나로, 실내 공기오염 수준이 실외보다 2배에서 5배 정도 높은 것으로 나타났다.

따라서 업무공간에서도 환경친화적인 조성에 대한 관심이 증대되고 있으며 지속가능한 업무환경의 구축을 위해서는 보편적이고 지속가능한 특징을 따를 필요가 있다. 미국 연방정부(GSA)에서는 공공 사무환경의 총체적 계획의 중요성을 인지하고 지속가능한 업무환경을 계획하고 관리하여 업무 성능을 높이고 불필요한 자원과 인력의 낭비를 막고자 하였다. 이를 위해 업무 성능 측정을 실시하고 지속가능한 공공업무공간을 구축하기 위한 안내와 지역의 공공업무공간 계획에 필요한 정보를 제공하고 있다.

1) 환경친화적 업무시설[6)]

지속가능한 업무환경을 조성하기 위한 세 단계를 살펴보면, 첫 번째 단계는 지속가능한 업무환경의 계획, 디자인과 건설이다. 환경위험요소와 독소를 제거하고 폐기물을 최소화하거나 제거하여, 우연히 발생하는 부담을 줄이고 안전과 능숙함을 증가시키며, 장기적인 측면에서의 가치를 창조한다. 두 번째 단계는 지속가능한 업무환경의 수선과 변경으로 인해 발생하는 독성 물질을 줄여 반복적으로 발생하는 기회를 이용하고, 이동 비용(chrun costs)을 줄여 더욱 건강한 환경을 제공한다. 마지막 단계는 지속가능한 업무환경을 운영하고 유지·관리하는 단계이다. 거주자의 건강과 안전을 향상시키고, 건물 마감과 시스템의 수명을 연장시키고, 건강에 도움이 되는 친환경적인 제품과

6) 미국 연방정부의 지속가능한 업무환경을 조성하기 위한 교육 홍보용안내서인 GSA Sustaianble Workplace 자료의 일부를 발췌, 번역함.

절차를 이용한다.

지속가능한 업무환경 시설의 질은 여러 가지 요인에 의해 가늠될 수 있다. 지속가능한 시설의 질은 통합된 디자인 프로세스, 건강한 환경, 적합한 사용과 유지관리, 융통성 있는(flexible) 시스템, 거주자의 조절, 대안적인 업무 전략, 쾌적한 편의시설(amenities) 제공 여부 등에 의해 좌우된다.

미국 공공 정부의 사무실 전략은 혁신적인 업무공간의 필요성을 인지하고 이를 개발하고 장려하며 특히 지속가능한 개발, 텔레워크[7], 성과 측정, 통합된 업무공간을 그 주안점으로 삼고 있다. 스마트업무공간은 지속가능한 환경을 구축하는 데 크게 기여하고 있다. 예를 들면 거주지 인근에 구축된 시설을 이용하는 스마트워크센터 근무, 스마트 기기와 유클라우드 기반을 활용하여 공간적 제약 없이 업무하는 이동근무, 자택에서 업무를 수행하는 재택근무, 상시 대화 채널과 소셜네트워크 등을 활용하여 협업하는 근무 등은 직장 출근이나 회의를 위해 거리에서 이동하는 불필요함을 줄이고 전자문서와 스마트 기기

〈표 3-1〉 통합된 업무공간의 계획, 실행, 관리 단계

계획 단계	실행 단계	관리 단계
1. 적합한 전문가의 의견을 얻음 2. 사업 계획과 미션을 고려하고 요구사항을 분석 3. 정보를 수집하고 기술적인 도구를 조사하여 적합한 업무 전략을 탐색 4. 통합된 디자인 접근을 사용 5. 생애 비용을 고려하고 미래의 변화를 위한 공간의 융통성을 반영	1. 범주를 정하고 벤치마크 2. 변화관리(change management)와 교육 요구를 확인 3. 목적과 기준에 따라 디자인 4. 절차에 따라 시공	1. 오리엔테이션과 사용자 교육을 실시 2. 거주 후 평가 실행 3. 업무공간 성능을 측정 4. 필요한 변화를 확인하고 실행

7) telework: 대안적인 사무공간 개념의 하나로 근로자가 거주지와 근거리에 있는

를 이용한 소통방식을 통해 자원의 낭비를 줄여 지속가능한 업무환경을 구축하고 있다.

통합된 업무공간의 특징은, 효율적인 업무공간을 위한 전략을 기초로 하여 사람(people)과 장소(place)와 도구(tool)를 통합하여 접근한다. 그 원칙으로 실제 자산과 비즈니스 전략을 결합하고, 협력적이고 다학제적 업무 실행과 전략에 근거하여, 필요한 공간과 도구를 확인하며, 경제적 변화를 수용하는 것을 삼고 있다. 생산적인 업무공간의 특징은 공간적인 형평성, 건강, 융통성, 편안함, 기술적 연결성, 신뢰성, 장소성을 제공하고 즐거움을 줄 수 있어야 한다.

지속가능한 업무공간은 지속가능한 개발과 통합된 업무공간 개념을 통합하여 직원들의 건강과 업무 성과를 향상시키고, 환경을 존중하며, 자산의 가치를 최대화하고, 효율적으로 조직을 지원하며, 주어진 자원을 최상으로 사용하도록 한다. 또한 지속가능한 디자인의 기본 원칙을 반영하여 건강하고 생산적일 뿐만 아니라 인간의 정신을

〈표 3-2〉 지속가능한 업무공간이 조직에 가져오는 이점

계획 단계	실행 단계
인적 자원의 Leveraging	쾌적함과 만족도 증가, 건강 향상, 성과 향상, 직원들의 상호작용 향상, 직원 채용과 유지 향상, 업무와 생활의 더 나은 조화, 결근율 감소
비즈니스 목적을 지원	사업성과, 고객 서비스, 최종 결과(the bottom line)
포트폴리오 가치 향상	시설의 융통성, 효율적인 공간 활용, 효과적인 운영과 유지관리, 더 많은 임대 옵션
빌딩 전문가를 위한 이점	고객의 요구에 더 나은 반응, 더욱 경쟁력이 있음, 부가적인 고객 서비스 제공, 디자인 향상; 시설 유지관리비용의 절감, 장기간 서비스를 위한 가능성

---

telework center로 출근하거나 자신의 집 또는 이동 중에 업무를 볼 수 있도록 지원하고 있으며 이는 통근에 소요되는 시간과 비용을 줄이고 업무 효율을 높이는 대안으로 채택되고 있다.

고무시키는 장소를 제공한다. 전제는 간단하다. 건강하고 행복한 사람이 더욱 생산적이고 업무와 조직에 더욱 열중할 수 있다는 것이다.

지속가능한 업무공간이 조직에 가져오는 이점은 인적 자원을 더 잘 활용할 수 있다는 점과 비즈니스의 목적을 지원하고 건물의 자산가치(포트폴리오 가치)를 향상시킨다는 점이다.

2) 웨인 법원 청사(Wayne L. Morse Unite States Courthouse)

(1) 개요

웨인 법원 청사는 오리건 주 유진시에 위치한 공공건물로 2006년에 완공되었다. 단일 5층 건물로 지하 1층, 지상 4층으로 구성되었으며 면적은 24,800m^{2}이고 6개의 법정과 판사사무실, 방문판사 사무실, 두 개의 도서관으로 구성되어 있다.

법의 집행기관으로서 폭파, 생물, 화학적 위험과 침해에 대비하여 엄중하고 복잡한 안전유지가 절실히 필요하였다. 이러한 어려운 상황에도 불구하고 웨인 법원청사는 건강하고 인간적인 규모의 건축적 표현을 실현시켰다.

프로젝트의 사전회의에서 전체 건물에 공사를 시행하는 경우 환기 및 냉난방 시스템에서 상당한 비용을 절약할 수 있다는 것을 알게 되었으며 그 밖의 건물 부분 성능 개선과 기계적인 업그레이드를 위해서 기금을 마련하기로 하였다. 설계과정에서 발생하는 샵드로잉의 변경을 감소시켜서 추가 비용이 발생하지 않도록 유의하였고 지역 유틸리티 회사 및 오리건 에너지 담당 부서로부터 인센티브를 받고 법원청사에 자연광 제어장치를 설치하는 것에 대해 기금을 지원받았다.

기계적 시스템의 성능을 개선하느라 비용이 들었지만 매년 에너지 비용의 절감 부분과 인센티브로 인해서 4년 안에 비용을 회수할 수 있을 것으로 예측되었다. 전체 프로젝트 비용은 7,500만 달러가 소요되었다.

(2) 친환경적 요소

① 부지 및 수자원 관리 및 사용

과거에 이 프로젝트 부지에는 금속지붕의 식품가공 시설이 있어 열섬현상과 폭우(우수) 범람이 발생했다. 때문에 프로젝트의 경관계획은 침투율 회복에 중점을 두고 실행되었으며 우수 침투율을 대략 37% 정도 회복시켰다. 토착종과 가뭄에 잘 견디는 식물을 식재해서 과거에 비해 60% 정도의 용수 소비를 감소시키고 관개시설에 rain shut-off와 습기센서를 달아서 추가적으로 용수를 절약하였다. 또한 경관계획 시에 곤충 및 병원균을 통제하는 화학약품 사용을 줄여 지하수의 오염을 방지하였다. 이 밖에도 물을 사용하지 않은 소변기, 저수량 변기 및 세면대, 샤워기를 설치하고 공공의 장소에 센서를 부착해서 물 소비를 절감하도록 계획하여 유사한 프로젝트와 비교했을 때 물 소비를 40% 정도 감소시켰다.

② 에너지

법원청사 프로젝트는 효율적으로 에너지를 사용하도록 계획하였으며 다른 유사한 프로젝트와 비교했을 때 약 40% 정도의 에너지를 절약할 수 있었다. 각 법정에 고층 창을 달아서 태양광을 적극적으로 사용하고 인공조명에 대한 의존도를 감소시키고 이와 더불어 조명시설 제어를 위해 자동 밝기조절 형광등과 재실감지 센서를 설치해서 필요 없는 에너지의 낭비를 막도록 하였다. 내부공간의 냉방을 위해서는 밤 시간에 모든 실내공기를 제거하고 차가운 밤공기로 교체해서 인공 냉방기의 사용을 감소시키고자 했다. 효율성을 최적화하기 위해 최고부하량 대신에 평균부하량에 맞추었다. 복사난방 바닥시스템을 이용해서 공간을 난방하였는데 이것은 천장이 높은 건물에 유리한 방법이다. 고성능 유리는 열손실을 감소시키고 건물 외부의 차양은 필요 없는 태양열의 유입을 차단하였다. 공조 설비시스템은 고효율 펌프와 모터를 사용해서 에너지를 효율적으로 사용하도록 계획하였다.

③ 재료

재활용 물질로 만든 재료를 적극적으로 사용하는 것이 특징이고 비용 면에서 볼 때 20%의 재료비를 감소시킬 수 있었다. 다용도 공간에 사용되는 재료는 공간에서 발생하는 다양한 기능을 모두 수용할 수 있는 재료를 사용해서 여러 종류의 재료 사용 가능성을 감소시켰다. 재활용 재료의 다수는 철강과 알루미늄을 포함하는 제품들이다.

실내공기의 질적 향상을 위해서 법정의 바닥 재료로는 마감한 콘크리트를 선택했고 이 재료는 유해물질 배출 가능성, 왁스칠의 필요성, 기타 유지관리를 위한 필요성을 감소시켜주었다. 액세스 플로어(access floor)를 설치해서 전선들의 관리가 용이하도록 하고 미래의 공간사용변화에 대해서 신축적으로 대응할 수 있도록 하였다. 실내 페인트는 VOC 배출량이 낮은 것을 사용하고 실내 차양, 건설용 접착제 등도 환경 및 인체에 유해하지 않은 제품을 사용하였다. 또한 지역에서 생산되는 재료를 적극적으로 이용함으로써 재료의 운송으로 인해서 발생하는 환경적 영향을 감소시키고 비용도 절약하였다.

(3) 유지관리

본 프로젝트에서는 건물 운영담당자가 디자인의 모든 과정에 관여하면서 운영, 조정 전략, 설비의 효율성과 수명 등에 대한 조언과 정보를 제공하였다. 건설 단계에는 건물운영에 경험이 많은 기술자가 현장에 투입되었다. 그리고 운영과 관리를 위한 계약은 건물이 완성되기 전에 이루어졌다.

3) 그레이트 리버 에너지 본사(Great River Energy Head-quarters)

(1) 개요

그레이트 리버 본사는 비영리적인 전기공급 회사로서 미네소타에 위치하고 있다. 건물의 유형은 상업건물이고 4층으로 된 콘크리트 구조의 커튼월 건물이다. 교외에 위치한 이 건물의 면적은 15,400m^{2}으로 2008년에 완공되었다. 그레이트 리버사는 본 프로젝트를 통해 작업환경의 생산성을 높이고 효율적인 에너지 사용을 통해 기술과 협력의 문화를 보여주고자 한 것이었다. 특히 고객에게로 전환될 수 있는, 에너지를 효율적으로 사용할 수 있는 기술을 전시하고 화석연료에 근거한 전기 생산을 감소시키고자 하였다.

'공간의 크기보다 공간의 질'이라는 건설 원칙에 근거하여 공간 면적을 8.5% 감소시킴으로써 연관된 자산비용 감소, 에너지, 재료, 토지 비용 등이 감소되었다. 그러나 재생에너지를 생산할 수 있는 고성능 기기들을 설치한 결과 전체적인 자산비용은 1-4.5% 증가하게 되었지만 추후의 에너지 절감과 생산성의 향상, 지역주민의 지원 및 외부

효과 등을 고려하면 2년 이내에 투자비용을 회수할 수 있을 것으로 추정되었다. 이 밖에 GRE(Great River Energy)는 황산화물(SO_2) 배출권을 팔아서 프로젝트 실행 비용을 조달하였으며 전체 프로젝트 경비는 5,700만 달러가 소요되었다.

(2) 친환경적 요소

① 부지 및 수자원 관리 및 사용

GRE 부지의 황폐해진 땅 일부분을 녹지 면적으로 확장하고 부지 식물의 과반수 이상은 토착식물과 생태적으로 미네소타 지역에 적합한 식물을 심고 식수가 끝난 후 관개 필요성이 없도록 계획하였다. 또한 주위 지역의 동물과 회사 직원, 지역주민들을 위해 부지에 유실수를 심고 도시의 자전거 길과 산책실을 본사 부지로 연결시켰다.

주차장 면적 감소, 녹지 면적은 확대와 지붕재료(reflective white poluyolefin)를 사용해서 도시의 열섬현상을 감소시키고, 부지 내에 우수저류녹지시설(bio-detension, infiltration swale)을 이용해서 우수의 양과 질을 조절하였다.

GRE 프로젝트의 중요한 목표는 수자원 관리의 모범을 보여주는 것이다. 생활용수(portable water) 사용은 지붕 우수 수집, 효율적인 기기, 토착적인 경관계획을 통해서 89% 감소되었으며 매년 200만 갤런의 식수를 줄일 수 있다. 지붕막을 이용해서 2만 갤런의 물탱크에 우수를 모으고 모인 물은 친환경적인 수질처리 과정을 통해서 정화시켜 사용한다. 우수와 생활하수는 화장실과 소변기에 사용되고 이중 물내림 장치, 저수량 수도꼭지는 생활용수의 사용을 감소시켰다. 이와 같은 모든 장치는 건물에 사용하는 물의 양을 줄이고 도시의 물

공급과 폐수시스템에 대한 부담을 감소시킨다.

② 에너지

에너지 전략은 조명 제어장치와 함께 자연광 수집을 최적화하고, 수열원열펌프(water-source heat pump)와 바닥치환 환기시스템(Under floor replacement ventilation)을 결합한 고효율 기계시스템 등을 포함한다. 이 프로젝트에서는 냉난방을 위해서 지열을 이용한 열펌프(ground-source heat pump)를 사용하고 밝은 색채의 외벽과 지붕을 사용해서 태양열 냉방부하를 감소시켰다.

부지의 재생 가능한 에너지원은 건물운영에 필요한 에너지의 14%를 제공한다. 10%는 풍력으로부터 3-5%는 태양열 수집판으로부터 얻는다. 풍력터빈은 최고로 200kw를, 태양열 발전은 72kw가 최고 생산량이며 이것은 매년 50가구가 쓸 수 있는 용량이다. 이러한 에너지원과 부지 외부의 풍력발전시설로부터 구매하는 green power와 결합하면 건물 전기사용의 100%가 재생산 가능한 전기로 충당될 수 있다.

미네소타 메이플 그로브 지역의 사계절이 뚜렷하고 춥고 건조한 겨울과 덥고 습한 여름의 기후적 특성 때문에 건물은 다양한 기후적 특성을 수용할 수 있어야 한다. 이러한 상황에서는 조절할 수 있는 창문은 효율성이 떨어진다고 볼 수 있으며 건물의 기밀성이 중요시된다. 그러나 이는 실내공기의 오염 문제를 야기할 수 있다. 따라서 GRE 팀은 신선한 실내공기 공급 및 쾌적함을 최대화하기 위해 건물 외피 디자인과 효율적인 전기적, 기계적, 배관시스템에 초점을 맞추었다. 그 결과 신선한 공기가 30% 증가되었다. 건물의 방향과 아트리움을 계획, 오픈플랜과 큰 외부창과 높은 천장 계획은 열 성능과 자연광을 최적화하도록 계획하였다.

③ 재료 및 자원

GRE 건물에 사용한 콘크리트는 플라이애쉬(Flyash)를 이용한 것으로 콘크리트 제조과정에 필요한 에너지 요구를 감소시키는 역할을 한다. GRE 본사 건축에서 87%를 삼림관리협회(FSC)가 인증한 목재를 사용하고, 지역에서 조달한 목재가 23%, 재활용한 목재가 18.5%인 것으로 나타났으며 건설폐기물의 96%는 매립되지 않고 다른 용도로 사용되었다.

(3) 유지관리

장기적인 운영 및 관리에 있어서 재료 및 시스템 선택은 매우 중요한 문제이다. GRE 본사는 주기적으로 부품을 교체하면서 100년 수명을 갖는 건물로 계획되었다. 따라서 내외부에 사용된 재료는 내구성이 높고 관리에 대한 요구가 낮은 것으로 선택되었고 기계적 시스템과 조명시스템은 사용자 중심적인 인터페이스에 근거해서 설치되었다.

재료의 재활용에 중점을 두었고 그 실천방법은 다음과 같다. 건설기간 동안에 도급업자는 재활용 재료 및 제품 수집을 위한 통을 제공하고 건설 노동자들에게도 폐기물 처리에 관한 교육을 시키고 폐기물과 재활용을 점검하는 담당자를 정해 두었다. 하도급업자에게도 폐기물에 관한 교육을 제공하였다. 그리고 종이, 유리, 플라스틱, 금속 등을 수집하기 위해서 건물의 곳곳에 수집통을 두고 유기농 폐기물 수집통은 식당, 식료품 저장실 등에 배치하였다.

미래의 변화된 상황에도 적응할 수 있도록 공간을 계획하는 것은 결과적으로 많은 재료와 자원을 절약할 수 있다. 이 프로젝트는 미래의 사용에 적응하기 위한 디자인으로서 규격화된 사무실 공간 계획, 조명 디자인, 액세스 플로어 등을 계획해서 공간의 융통성 있는 사용을 꾀하고 있다. 특히 액세스 플로어(Raised access floor) 시스템은 배관, 전기선, 기계시스템을 위한 공간을 제공하기 때문에 언제나 개조가 용이하다. 전체적으로 부지와 건물시스템은 유지관리가 쉽고 확장하기가 용이하고 100년은 지속될 수 있도록 설계하였으며 다양한 용도 변경에도 대응할 수 있도록 계획하였다.

4) 샌프란시스코 GSA 연방 사무실 빌딩(U.S. General Services Administration San Francisco Federal Building)

(1) 개요

샌프란시스코 연방 사무실 빌딩은 최고의 성능 기준과 미적인 완전함을 만족시키기 위해서 디자인되었다. 세 가지 주요한 목표를 살펴보면 첫 번째, 진보적인 디자인 전략을 따르는 너비 18m, 길이 108m, 높이 71m의 반투명의 물결모양 외피(skin)로 둘러싸인 건물은 샌프란시스코 시의 새로운 랜드마크로서의 역할을 하도록 계획되었다. 두 번째, 건물의 실내는 업무공간 모델이 되도록 계획되었다. 자연 통풍, 혁신적인 공용 공간, 융통성 있는 평면 계획은 건강과 생산성, 창의성을 증진시킨다. 세 번째, 건물은 천연자원의 지적인 사용을 위한 벤치마크로서 계획되었다. 전문적인 디자인 팀의 협동 작업을 통해서 놀라운 에너지 절감이 달성되었다. 빌딩은 로비와 스카이 가든, 3층마다 열리는 엘리베이터와 전 층에 접근 가능한 엘리베이터, 아트리움이 있는 18층의 사무소 건물과 공공 사무실, 데이케어, 카페가 있는

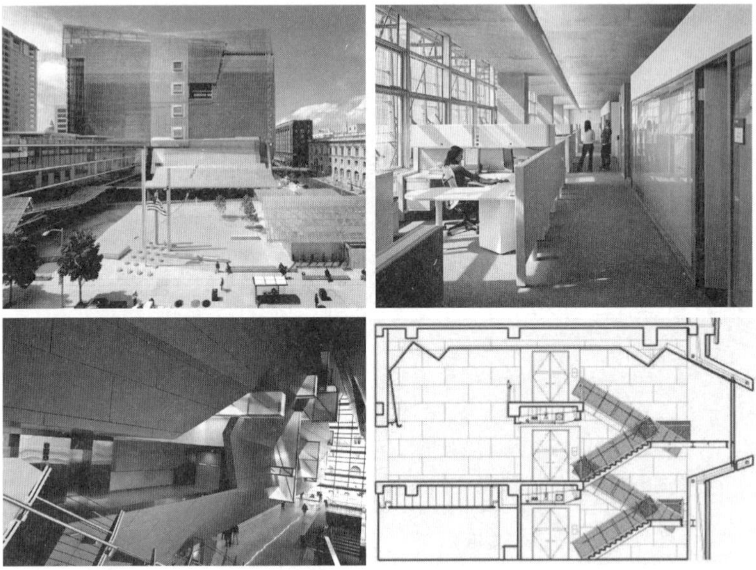

출처: Sustainability matters, GSA, 2008. p. 20.

〈그림 3-4〉 샌프란시스코 빌딩 내부

저층부 그리고 대규모의 공공 광장으로 구성된다.

샌프란시스코 연방 사무실 빌딩은 원래 계획되었던 Platinum이 아닌 신축을 위한 LEED v.2.2 실버로 승인되어 2007년 완공되었다. 총 면적은 56,200m^2로 초기 예산의 두 배에 달하는 1억 4,400만 달러의 프로젝트 비용이 들었으며, 연간 50만 달러의 에너지 비용 절감을 예상하였다. 37k Btu/sq.ft./yr(120kWh/ sq.m./yr)의 에너지 사용을 예상하고, 6−18층에서는 28k Btu/sq.ft./yr(88kWh/ sq.m./yr)의 에너지 사용을 예상하고, Zone 3(3200 HDD, 70 CDD)의 DOE 기후 지역이다.

그러나 한편 이 건물은 건축가 의도와 달리 사용자 측면에서 3층마다 서는 엘리베이터를 이용하여 운동하는 대신 전 층에 서는 엘리베이터로 편중하여 이용하거나 창문에 의한 자연환기로 균일한 온열

환경을 제공하지 못한다는 점, 카페테리아가 없다는 점 등으로 비판받고 있기도 하다.

(2) 친환경요소

① 부지

건축가 Thom Mayne은 환경적인 측면과 문화적인 측면에서 지속가능성을 촉진하기 위하여 연방 빌딩을 계획하였다.

건물은 블록의 중심에서 73m가 최대 높이이고 도로 쪽으로 향하면서 낮아져야 하는데 프로젝트 팀은 고층부 타워가 전체 길이에 따라서 최대의 높이를 유지할 수 있도록 허락해 달라고 시에 청원을 했다. 이렇게 해서 적은 면적에서 남쪽에 면하는 대중광장을 만들 수 있었다. 동시에 좁은 타워를 남서쪽에서 북동쪽으로 배치함으로써 바람과 태양을 적극적으로 사용할 수 있게 하고 건물의 전반적인 자원 효율성을 향상시켰다.

연방 빌딩의 저층부는 이국적인 소규모의 2-3층 건물들 사이에서 요새와 같은 모습을 보여준다. 고층의 타워는 부지의 뒤로 물러나고 저층 빌딩은 보행자 수준의 거리 풍경을 만든다. 저층부는 길 건너편의 1905년에 지어진 Beaus Arts 미국 항소 법원의 높이와 조화를 이루었다. 연방 빌딩은 눈에 띄지만 도시의 이웃을 압도하지는 않는다. 대신에 도시의 자원에 최소한으로 영향을 미치기 위해 자연적으로 이용 가능한 자원을 최대한 활용하여 문화적으로 도시에 기여하였다.

② 에너지

연방정부의 대지 소유와 자산관리 기관인 GSA는 샌프란시스코 연방 빌딩의 전 생애주기 동안 운영할 것이다. 건물의 70% 정도가 자연적으로 환기되는데 건설비용에서 대략 1,100만 달러를 절감한다. 자연환기 시스템은 매년 50만 달러를 절감하도록 예상되어지고 86%의 냉방비용을 줄인다. 건설비용과 운영비용의 절감, 자연환기, 자연광, 그 외의 빌딩 편의시설들은 근무자의 생산성 향상과 장기적인 비용 절감을 가져올 것으로 기대된다. 오픈 오피스 계획은 종업원들의 상호작용을 촉진하고 부서 간 업무공간의 필요에 따라 적은 비용으로 변화를 수용할 수 있는 융통성을 제공한다. 연방 빌딩은 미적으로도 그린디자인 전략이 두드러지고 비용면에서도 효율적이며 높은 질의 빌딩을 창조하는 통합된 전략이라는 것을 보여주는 예이다.

GSA는 신축빌딩의 경우 제곱 피트당 55k Btu보다 더 적은 에너지를 사용하도록 요구하는데 일반적인 건물의 경우 평균 69k Btu의 에너지를 사용한다. 샌프란시스코 연방 빌딩은 37k Btu만 사용할 것으로 예상된다. 이러한 에너지 절감은 연간 50만 달러의 운영비용 절감을 가져온다. 또한 건물에서 기계적인 냉방시스템을 없앰으로써 건설비용에서 1,100만 달러를 절약하였다. 이러한 비용 절감은 남동쪽 파사드의 구멍 뚫린 금속막에 대한 투자를 가능하게 했다. 두 번째의 금속 피부는 건물의 에너지 효율성을 위해서 꼭 필요할 뿐만 아니라 외부의 미적인 측면을 완성한다.

③ 재료

시각적인 불투명함과 재료의 불투과성을 암시하는 "건물의 외피"라는 용어를 사용하는 대신에 연방 빌딩의 디자인 팀은 건물의 둘레를 "살아있는 피부"라고 사용하기도 하였다. 건물의 벽은 외부의 상태와 상호작용하고 외부의 상태에 따라 빛과 공기를 수용하면서 조절한다. 북서쪽과 남동쪽의 글래스 커튼월에 있는 천막 창문은 타워의 교차적인 통풍을 촉진해서 건물의 70%가 자연적으로 환기된다. 남동쪽 파사드는 구멍이 뚫린 금속막이 특징인데 이것이 글래스 커튼월에 그늘을 지게 해서 불필요한 태양열의 증가를 제한한다. 동시에 남동쪽에 면한 금속막은 흡수한 열을 금속과 글래스월 사이의 공간으로 방출한다. 이 더운 공기가 올라가면서 사무실 공간을 수동적으로 환기시키기 위해 북서쪽의 미풍을 도와주면서 그늘진 북서쪽 파사드로부터 건물을 통해 차가운 공기를 끌어당긴다. 게다가 건물의 계단실은 건물의 남서쪽과 북동쪽의 끝에 위치하는데 이것은 아침과 저녁의 태양의 각도에 의한 열 증가 효과를 가져오고 부정적인 채광을 차단한다. 수동적이고 거주자가 조절하는 전략 외에도 빌딩에는 건물 벽에 있는 층별 배출구를 작동하는 감시 시스템이 있다. 이 시스템은 낮 시간 동안 쾌적한 온도를 유지하고 주간의 열 증가를 상쇄하기 위해 밤에 건물의 열을 낮출 수 있다.

샌프란시스코의 일평균 기온은 섭씨 9−18도이기 때문에 1년에 9개월은 자연환기를 통해 조절할 수 있다. 4월 중순에서 10월 중순까지는 자연환기 시스템에 의해 건물이 시원하게 유지되고 3월과 11월에는 창문을 닫고 충분히 따뜻한 실내 온도를 유지할 수 있다. 12월 1월, 2월에는 창문에 창살 시스템과 통합되어 있는 선형의 증기 공급 대류식 난방기가 온열적인 편안함을 유지시켜줄 것이다. 이처럼 융통성 있는 개방된 실내는 건강과 창의력을 촉진한다. 프로젝트 팀은 혁신적이고 높은 질의 사무실 공간의 좋은 예를 보여주기 위해 연방 빌딩을 디자인하였다. 사무실에서 공간 변화의 요구를 수용하기 위한 디자인의 융통성이 주요한 목표였다. 천장 높이의 벽 대신에 워크스테이션은 132cm의 모듈화된 파티션으로 구획되었다. 이러한 낮은 벽은 쉽게 변경할 수 있고 종업원 사이의 커뮤니케이션과 협동작업을 쉽게 하며 환기를 위한 공기의 흐름을 방해하지 않는다. 융통성은 건물 전체의 전기와 통신 서비스를 바닥에 장치함으로써 촉진되었다. 이러한 바닥에 장치하는 시스템은 자연환기가 불가능한 저층부와 같은 곳에서 에너지가 많이 소모되지 않으면서 기계적인 환기 시스템을 통합한다.

연방 빌딩에는 코너 사무실이나 창문이 있는 사무실이 없다. 대신에 신선한 공기, 자연광, 전망에의 접근은 민주적으로 모든 공간에 제공된다. 회의실과 폐쇄된 사무실은 건물 실내의 한 구획 안에 위치한다. 반투명의 또는 투명의 벽은 오픈 오피스 공간으로부터 투과되어 자연광이 들어오게 한다. 또한 중앙의 사무실 벽은 공기의 흐름을 막지 않고 패시브 환기를 효율적으로 돕기 위하여 천장까지 닿지 않는다.

18층의 고층 타워에서 바닥과 바닥 사이의 거리는 4m이다. 높은 천장은 자연환기를 촉진하고 자연광이 깊숙이 투과되도록 도와주며 사무실 공간에 공간감을 준다. 건물의 4/5가 자연적으로 조명되어지고 광센서에 의해 조절되는 천장조명과 작업조명에 의해 보조적으로 조명되어 진다. 자연광이 조명 에너지 소비를 26% 가량 줄일 것으로 예상되어지며 건물 전체의 조명의 질을 향상시킬 것이다.

건강과 생산성을 위한 디자이너의 의도는 건물 전체의 공간 디자인을 통해서 나타난다. 엘리베이터는 매 3층마다 "스카이 로비"를 향해 개방되어 있다. 스카이 로비에서 근무자들은 자신의 사무실에 가기 위해서 계단을 통해 올라가거나 내려간다. 이러한 간헐적으로 멈추는 엘리베이터는 다른 층에 근무하는 종업원들 사이의 상호작용을 촉진하고 근무자들이 운동을 하는 기회를 제공한다. 게다가 11층에 있는 "스카이 가든"은 종업원들이 대화나 브레인스토밍 등을 위한 풀이

우거진 자연의 공간을 제공한다. 타워의 중간에 3층 높이의 정원은 12층과 13층에 있는 다리에서 볼 수 있으며 도시를 조망할 수 있다. 스카이 가든, 스카이 로비 그리고 사무실 공간은 생산성과 건강, 창의력을 고무시킬 수 있는 훌륭한 업무공간을 창조한다.

(3) 유지관리

이 건물의 컴퓨터화된 시스템(BAS: building automated system)은 내부 환경과 조명을 관리한다. 온도를 조절하기 위해서 시스템은 창문과 선스크린을 닫거나 연다. 서북쪽과 남동쪽의 벽을 통해 자연환기도 가능하게 한다.

에너지 보존 목표를 달성하기 위하여 세 개의 개별적인 시스템이 사용되고 있다. GSA Energy Center에 의하여 에너지 사용량이 측정되고 있으며 지속가능성을 입증하기 위해 LEED 프로그램에 등록되어 있다. 프로젝트 팀과 GSA의 Office of Applied Science 팀은 업무 생산성 전략을 입증하기 위해 공동 연구를 수행한다.

바닥면 아래 데이터와 전기선을 배치함으로써 넓고 융통적인 평면계획은 사무 공간의 재배치를 용이하게 하고 동시에 리모델링 시 비용을 줄여 준다.

오픈 플라자, 외부 식사가 가능한 카페, 컨퍼런스 센터와 어린이집과 같은 시설을 연방직원뿐만 아니라 지역주민들이 이용하도록 하고 있다. 샌프란시스코 연방빌딩은 일하기에 지속가능하고 생산적인 환경을 창조하기 위하여 바람, 태양, 빛과 같은 부지 내 장점을 살리기 위한 노력뿐만 아니라 지역사회에 독특한 특징을 부여하여 지역사회를 활성화하기 위한 노력을 함께 추구하였다.

5) 지속가능한 업무환경 개발 사례: Vulcan House

(1) 개요

Vulcan House는 영국 이민관리국(UK Border Agency)의 5개 임대 사무실을 하나의 새로운 시설로 통합하기 위해 계획된 순 면적 18,000m^{2}의 도심재개발 프로젝트이다. 프로젝트 시작 5년 후인 2008년 4월과 8월에 Vulcan House를 구성하는 두 개 빌딩인 Steel과 Iron으로의 최종 입주가 완료되었다. 15년 동안 쉐필드의 5개 지역에 산재된 기존 임대 건물을 사용할 때와 비교해서 발생하는 생애비용 절감을 분석함으로써 비즈니스 사례의 타당성을 검증하였다. 모든 임시 건물의 임대 기간이 정확하게 끝났고 철거가 일정 대로 완료되어 점유 비용이 두 배가 드는 것을 피할 수 있었다. 낮은 점유 비용, 서비스의 효율, 유리한 시장의 힘, BREEAM[8] Excellent 디자인 등급, 쉐필드 시민을 위한 도시의 위엄 향상이 변화를 위한 비즈니스 사례의 중요한 요소들이다. 프로젝트의 지속가능성의 목표는 생태적인 영향을 최소화하고 건설, 운영, 폐기 과정에서 발생하는 이산화탄소의 양을 줄이는 것이다.

2003년에서 2009년은 중요한 변화의 시기였고 영국 이민관리국의 비즈니스 요구사항은 프로젝트 기간 동안에 여러 차례 바뀌었다. 지역화라는 새로운 기관의 지위와 정책의 소개가 변화를 가다. 비즈니스

8) Building Research Establishment Environmental Assessment Method는 영국에서 지속가능한 개발을 가장 효과적으로 실행하기 위한 지침이 되는, 가장 오래전에 만들어지고 가장 광범위하게 사용되는 방법이다. BREEAM Excellent는 현재 국가가 소유한 부동산의 모든 신축과 주요 개조 작업에서 정부가 요구하는 정부전문가 세미나(SOGE) 요구사항이다.

〈그림 3-5〉 Vulcan House 전경과 실내 사무실 전경

사례는 이 기간 동안 위원회의 승인을 얻기 위해 수정된 안에 따라 발전되었다. 2004년에 계획한 초기 비즈니스 사례의 개요는 1,960개의 워크스테이션을 수용하는 단일 건물이었는데, 2007년에 완성된 비즈니스 사례는 다리로 연결된 2개의 신축 건물로 1,740개의 워크스테이션을 요구했다. 2008년 8월 사업 확장으로 인해 Vulcan House에 입주를 완료하면서 9개의 책상을 11명이 공유하여 사용하게 되었다. 2009년 3월 기준으로 이곳에는 2,000명이 약간 넘는 직원이 근무하고 있다.

기존의 5개 부지의 처분 시 중고 가구를 재활용하였다. 가구 공급자와의 교섭에 의해 재사용 범위를 벗어난 잉여 아이템은 공급자가 재구입하고 영국 이민관리국은 불필요한 아이템을 지역의 사무실에서 재활용하였다. 지역의 철거 업체는 영국 이민관리국의 처분 정책에 따라 모든 백색 가전제품을 처분하였다.

영국 이민관리국의 임차 계약에 따라서 기존 5개의 건물이 Vulcan House로 단계적으로 입주하였고 만기 날짜와 그와 관련된 벌금에 대해 합의가 이루어졌다. 또한 직원들이 두 번 이사하는 것을 최소화하기 위해서 세심하게 계획된 재배치 전략이 실행되었다.

디자인과 건설 과정에서는 미래에 발생할 수 있는 Vulcan House의 철거를 고려하여 재활용이 가능한 볼트로 조여서 분해할 수 있는 스틸 프레임을 사용하였다.

(2) 친환경 요소

Vulcan House는 쉐필드 최초의 BREEAM Excellent를 받은 빌딩이자 2006년 영국 사무소 건물 중 두 번째로 높은 BREEAM 점수를 받은 건물이다. 그러나 언뜻 보아서는 바이오매스 보일러나 태양열 전지판, 지열 열펌프와 같이 재생 가능한 에너지 자원을 사용하지 않아서 한눈에 보기에 Vulcan House의 지속가능성을 증명해주는 것은 없다. Vulcan House의 BREEAM Excellent 등급의 비밀은 외피에 있다.

지속가능한 사무소 건물을 디자인하는 과정의 첫 번째 단계에서 초기 건물의 형태와 에너지 보존, 효율성의 요소를 컴퓨터화 된 모델에 넣고 디자이너들은 최적의 에너지 흐름을 위한 해결책이 발견될 때까지 생각을 수정하였다. 그래서 태양열을 최소로 받아들여 사무실 냉방에 필요한 에너지를 절감할 수 있도록 북쪽과 동쪽을 향하여 오픈 플랜 워크스테이션을 배치한 단순한 입방체 모양의 건물이 만들어졌다. 일반적으로 옥상에 기계실을 두고 각층으로 긴 덕트를 연결해서 공기를 분배하는데 이에 소비되는 에너지를 줄이기 위해서 각층의

〈표 3-3〉 BREEAM 평가

건물	평가 연도	디자인 단계	건설 후
Steel	2005	77.79	79.77
Iron	2006	73.54	73.99

파사드를 따라서 공기의 흡입 및 방출구를 배치하였다. 열 모델링은 겨울 동안에는 열에너지를 재생시켜 조화된 에너지 흐름의 효과를 볼 수 있게 하였다. 또한 방출되는 공기에 포함된 열을 재활용하여 들어오는 신선한 공기를 따뜻하게 덥혀준다. Vulcan House는 22±2℃의 표준 온도를 유지하고 12l/s/인의 신선한 공기가 완벽하게 조절된다. 디자인 단계에서 에너지 벤치마크의 목표는 UK의 공기 조절 우수 사례 사무실보다 더 낮추고, 자연적으로 환기되는 사무실의 일반적 수준보다 더 낮추는 것이었다. 창문의 크기, 유리와 커튼월의 종류, 단열 두께, 공기 조절장치와 실의 배치를 포함하는 11개의 디자인 요소를 분석해서 디자인 팀은 빌딩 규제 요구사항의 범위를 넘어서 23%까지 에너지를 절감할 수 있었다.

디자이너들은 열 모델링뿐만 아니라 건물의 장기적인 지속가능성을 위해 BREEAM 평가 도구를 사용하였다. BREEAM 표제는 디자인 과정에서 나타나는 상세한 지속가능성의 범주를 보여준다.

① 유지관리

BSRIA/CIBSE[9] 가이드라인을 따르고 초기 연도에 부가적인 계절별 계약을 포함하는 빌딩 서비스 계약과 건물 사용자 가이드라인 제공 그리고 신중한 건설사 계획이 이루어져야 한다. 예를 들면 계약자

9) BSRIA: Building Services Research and Information Association; CIBSE: The Chartered Institution of Building Services Engineers.

가 95%의 현장 폐기물을 재활용하고 5%를 매립지로 보내는 것과 같이 40점 중 33점을 획득해야 한다.

② 건강과 웰빙

사용자가 쾌적한 수준을 유지하기 위해 영역별로 조절할 수 있는 열 조닝과 열 쾌적성 모델링 우수 사례에 근거한 HVAC 시스템 설계 그리고 눈부심을 조절하기 위해 블라인드를 설치하고 자연채광과 조망을 오피스 전체에 걸쳐 최대화해야 한다. 또한 자동 감지 센서에 의한 인공조명이 있다.

③ 에너지

잠재적인 다중 사용자를 위한 각층의 조명, 전력 등의 에너지 하위 측정과 계획된 이산화탄소 방출, 모델링 결과에 따라 10점 중에 8점을 획득해야 한다.

④ 교통

교통 범주에서 최대 점수 획득, 예를 들면 대중교통 서비스와 인접해서 위치하거나 자전거 보관소와 그에 연계된 샤워 및 탈의시설 설치가 있다.

⑤ 물

화장실 물이 저속으로 흐르도록 하는 장치(low flow and low flush water fittings)와 물 소비 계획, 예를 들면 3420l/인/년과 우수의 획득과 중수의 재활용을 통한 화장실 물 공급을 한다.

⑥ 자재

환경영향에서 4점 중에 1점을 획득한 재활용률이 높은 자재 시방과 2점 중 2점을 얻은 FSC 또는 PEFC목재[10]의 사용, 재활용되거나 지역에서 생산된 강철 프레임 사용을 한다.

⑦ 토지사용과 자연환경

토지의 재사용(재개발)과 부지의 생물 다양성에 부정적인 영향을 막기 위한 절차로서 수행된 부지의 생태적 향상, 세덤류와 야생초를 식재한 녹색 지붕 설계를 한다.

⑧ 오염

계획된 질소 화합물의 방출과 암모니아(주사무실 층)와 펜탄 하이드로카본(GWP 3)을 사용하는 직접구동냉각(GWP 0), 이산화탄소보다 온실가스 배출이 1,900배 정도 큰 수소불화탄소의 냉각제 사용에 대한 산업 표준 요구사항은 없다. 하지만 페인트는 휘발성 유기 화합물의 발생이 없거나 낮은 것으로 사용하였고 모든 단열 자재는 팽창 추진체를, 냉각장치는 GWP<5의 냉각제를 사용하였다.

Valcan House는 건축물 규제안에 새로운 2006년 Part L이 소개되기 전에 디자인되었지만 연료와 전력의 절약을 다루기 위해 다음과 같은 사항을 염두에 두었다.

㉠ 건축물의 방위 확정, 태양열 가리개(solar shading), 기계적인 통풍과 공기 조절을 포함한 열 모델링(thermal modelling)을 통해서

10) 산림인증제도(FSC: Forest Stewardship Council/PEFC: Programme for the Endorsement of Forest Certification).

패시브 디자인의 여러 측면을 통합한 에너지 전략

ⓛ 내부와 외부의 압력이 50파스칼 차이가 있게 하기 위해서 7.2 m^3/hr/m^2로 실험된 기밀유지(air tightness), 다시 말하면 Part L에서 28% 감소

ⓒ Part L2A에서 15% 향상된 열관류율 값(U value)[11] 계획

ⓔ 건물 운영시간에 대한 Econ 19의 이론상의 가정을 사용한 180 kwh/m^2/year의 에너지 소비 계획[12]

프로젝트에 사용된 가구는 환경 관리를 위한 UKBA의 ISO 14001을 준수하기 위하여 공장에서 선택되었다(factory selected).

(3) 조달과 건설(Procurement and Construction)

건설 및 운영 과정에서 건축물의 지속가능성을 획득하는 데 있어서 이민관리국에 가능한 선택 사항을 조사하기 위해 컨설턴트를 고용하였다. 이를 통해 빌딩규제 Part L 2006의 소개 전에 그리고 지속가능한 개발을 위한 2004년에 가능한 성공 사례의 범주를 확립하였다. 이의 결과로서 이민관리국은 EU의 조달 규제안에서 지속가능성의 목표를 계속해서 명백하게 보여줄 수 있었다. 이것이 입찰자들이 계약을 얻기 위해서 일반적인 비용, 질 그리고 시간 요소와 더불어 지속가능성을 중요한 범주로 두게끔 하였다. 프로젝트는 적은 자본지출과 BREEAM Excellent 등급, 생애점유 비용의 절감을 포함하는

11) 단열효과를 측정하는 척도인 열관류율 값은 건물의 구조물을 통해서 발생하는 열 손실이나 열 투과를 측정한다. 디자인 단RP에서 건축 재료의 세심한 시방은 열 투과와 건물의 열 손실을 줄일 수 있다(BRE).

12) 실제 측정된 에너지 사용 데이터는 p. 12 참고.

도전적인 요소를 이행해야만 했다.

성공적인 에너지 절약을 나타낼 수 있는 계획을 선택하는 것이 중요했고 쉐필드의 1년 중 가장 악조건의 기상 데이터에서 실험된 열 모델링을 사용한 전반적인 건축물 성능을 보여주도록 모든 입찰자들에게 요구되었다.

경쟁적인 조달 단계 동안 이민관리국과 그 팀의 성과시방서를 받아서 합격한 입찰자들은 Home Office 특별 요구사항을 목표로 하는 계획을 만들었는데 이것은 다음의 사항을 포함한다.

㉠ 재임차나 식당, 자동판매기 공간, 휴식 공간, multi-faith room, 전문가들을 위한 공간을 위해 영역 관리를 수정할 수 있는 융통성 있는 M&E 솔루션

㉡ 건물의 운영이나 외관상에 무리를 주지 않는 건물과 건물의 전자 보완시스템 내에 통합된 보안 요구사항

㉢ 하역장, 우편물 처리, 폐기물 재활용시설, 물 처리 탱크와 작업장과 같은 운영적인 특징

(4) 지속가능성 관리 계획(Sustainability Management Plan)

상세한 지속가능성 관리 계획이 체계적으로 만들어졌고 이러한 절차는 현장 활동과 건설 교통에서 발생하는 이산화탄소의 발생을 감시하고 보고할 수 있게 하였다. 월간 지속가능성 보고서에 물 소비와 폐기물 생산과 재활용을 기록하였고, 성공 사례나 합의한 벤치마크와 대조해서 모든 측정된 요소에 대해서 목표가 정해졌다. 폐기물 관리와 함께 건설 산업을 통한 주요한 문제인 다른 종류의 폐기물 분리는

폐기물의 재활용을 활성화하기 위해서 필수적이다. 공간적 제한 때문에 폐기물의 분리는 계약된 시설에서 실행되었으며, 공급자들은 현장에 다음 배달의 포장에 사용하기 위해 원래 공간으로 포장을 다시 가져가도록 장려되었다.

이 프로젝트는 영국에서 건설현장 활동의 탄소배출 총량(Plotting the Carbon Foot-Print)을 조사한 최초의 프로젝트 중 하나로 최종적으로 이산화탄소가 650,000kg 발생했으며, 계약기간 동안의 총 누적량이 제시되었다. 이 자료는 향후 정부나 민간의 오피스 프로젝트의 환경적 성능을 위한 기준이 될 수 있다. 자료를 자세히 살펴보면 75%의 탄소가 건설 자체에서 발생하는 것이 아니라 자재와 현장의 운영에서 발생하는 것을 알 수 있다. 즉, 새로운 건물을 짓는 데 소비되는 에너지가 1년 동안 같은 빌딩을 운영하는 데 소비되는 에너지와 비슷하다고 할 수 있다.

(5) 부동산 및 시설관리(Estates & Facilities Management)

시장 지향적인 맞춤 임대 구조에 의해서 이민관리국은 15년 동안 융통성을 제공받으면서 임대인이 하드 FM 서비스를 제공하고 이민관리국의 지역 FM 제공자가 임대 공간의 소프트 FM을 담당한다. 하드 FM은 계획적인 관리나 요구에 의한 관리, 자산의 수선이나 관리, 전력과 물의 공급, 환경적인 통제, 조경 관리를 포함한다. 임대인의 FM 서비스에는 다수의 소프트 FM 서비스가 포함되는데 예를 들면, 공용 공간의 청소와 리셉션 서비스와 같은 것이다. 향후 15년 동안 하드 FM 서비스 제공자는 다음의 영역에서 환경적 영향을 관리할 책임이 있다.

㉠ 핵 원료를 포함하는 에너지의 사용과 조달
㉡ 환경적인 방출
㉢ 물 소비
㉣ 화석연료와 화학 세정제의 조달, 저장 및 사용
㉤ 사무실 자료의 사용
㉥ 교통과 통근

(6) 점유와 사용(Occupancy and Use)

2008년 이후 건물의 운영 시간이 주말과 야간 업무를 위해 연장되었다. Steel 건물의 1개 층과 Iron 건물의 2개 층이 매일 9시까지 개방되었다. 주말과 야간의 연장 근무시간에 근무하는 직원들은 건물의 몇 개의 영역에서 근무하게 하였다. 이를 위해 Vulcan House의 사무공간 계획은 업무와 조직에 가능한 변화를 가져오지 않도록 하였다. 이미 이민관리국의 변화하는 점유와 사용 형태에 대응하고 있었는데 다음과 같은 사항을 포함한다.

–새로운 팀과 절차를 수용하는 직원들의 인사 이동
–우편실을 부가적인 예비 업무를 위한 창고로 전환
–초기 점유 계획보다 80명의 직원을 더 수용
–운영과 지원팀을 같이 배치함으로써 업무공간 혁신
–새로운 지역 담당자와 팀의 수용
–Public Enquiry Office에 생채인식 기능 도입

건물의 계획과 점유 전략에 대한 직원들의 참여는 다음 사항을 포함한다.

–팀 대표의 자문
–프로젝트 팀과 외부 전문가의 프레젠테이션
–팀에 이전 진행자의 배치
–신규 건물 시찰
–사무실 가구 및 마감재의 전시 및 시험 사용
–좌석 공유제의 실험 실시
–건물의 디자인과 운영을 설명하기 위한 지속가능성 가이드 발행
–각 부서의 대표자로 구성된 사후 평가 위원회 설립

이민관리국의 이전 팀과 Vulcan House 사용자 사이의 계획된 밀착 업무를 통해 다음과 같은 이점을 얻었다.
–각각의 이전 상담자의 도움과 조언
–사내의 훈련된 이전 진행자에 의해 지원된 업무 팀
–불필요한 종이 자료의 처분을 위한 정기적인 창고 검사를 통해 많은 양의 문구류들이 지역의 학교와 자선단체에 인도됨
–기존의 IT Kit을 Vulcan House에 재사용하기 위해 이전하기 위한 도움과 조언

1,800명의 직원이 11:10의 비율로 좌석을 공유하도록 계획된 사무실은 워크스테이션당 순 내부면적이 11.56m^{2}이고 인당 순 내부면적은 10.1m^{2}로 OGC의 정부 사무소 건물에 신축 시 요구되는 공간 효율 기준에 정확하게 일치한다. 이전 후에 2,001명으로 직원의 수가 증가하여 이 비율을 초과하였고 인당 순 내부 면적이 9m^{2}로 감소하였다. 아래 표는 이민관리국의 바닥면적의 전후를 비교한다. 인당 평균 바닥 면적은 2009년 3월 기준이다. 기존의 몇몇 지역에서 만성

〈표 3-4〉 이전 전후 바닥면적 비교

	이전 전(5개 지역)	이전 후(Vulcan House)
순 내부면적	14450	18083
직원 수	1782	2001
인당 면적	8.1	9.0

적인 회의 공간의 부족은 여기서 인당 공간의 평균이 낮은 것으로 나타난다.

Vulcan House에서 순 내부면적 $9m^2$의 평균 수치는 11:10에서 11:9로 좌석 공유 정책을 바꿈으로써 가능했는데 이것은 다음 사항에 의해서 지원되었다.

—융통성 있는 가구의 사용
—Clear desk 정책
—IT에 의한 회의 공간
—식당 내에 인터넷에 의한 touchdown 업무공간
—Follow-me 전화통신(Telephony)

회의, 대면 접촉, 사회적 상호작용의 증가는 다음 사항을 통해 가능하였다.

—다양한 크기의 예약 가능한 실
—필요할 때 임시로 이용 가능한 작은 회의실
—편안한 휴식 공간
—짧은 시간의 비공식적인 대화를 위한 업무공간 내에 있는 “Learning Post”
—건물 내에 전략적인 위치에 배치된 LCD 스크린

–식당과 외부 테라스
–차 마시는 공간
–외부의 정원
–오픈 플랜 공간
–중심의 채광창을 통한 모든 사무실과 식당 층의 높은 가시성

Vulcan House로의 지속가능한 통근을 위한 이민관리국의 변화 계획은 다음 사항을 포함한다.

–잘 계획된 자전거 시설의 설치
–49%의 자동차 운행 감소 예상
–대중교통 사용 장려로 인해 127%의 시가 전차 이용 증가
–대중교통 이용권의 할인, 대량 구매 및 직원 판매
–쉐필드 시의 'Bike Doctor'와 'Pedal Ready' 계획의 지원 및 프로모션

(7) 건물 성능(Building Performance)

Vulcan House의 지속가능한 BREEAM Excellent 빌딩으로서의 사회경제적 이점을 평가하기 위해 거주 후 평가를 실시한다. 3년간의 연구는 에너지와 물, 폐기물, 운영비용, 새로운 건물에 대한 거주자의 반응을 조사할 것이다. 건물 이전 전에 모든 직원이 설문조사를 하였고 그것은 이전 후에 실시된 설문조사의 결과와 비교되고 조사 기간에 걸쳐서 분기별로 반복될 것이다. 또한 직원 인터뷰를 통해 직원들의 새 건물이나 업무, 통근 습관, 지속가능한 업무공간이 업무를 제외한 지속가능한 생활방식에 영향을 준 정도 등의 사항도 조사될 것이다.

이전 후 초기 조사 결과 대다수의 직원들이 이전 건물과 비교했을 때 만족하는 것으로 나타났다. 하지만 다른 신축 건물에서와 마찬가지로 초기에 발생하는 작은 문제들이 해결되어야 했다. 대부분이 온도의 안정성(암모니아 냉각소의 시운전에서 주로 발생하는 문제), 식음료 공간(tea-points)의 크기(너무 작음), 화장실 수도꼭지 설치의 질(너무 약함), 완전히 재개발되지 않은 지역 내에 있는 건물의 위치(쉐필드 도시 위원회는 Vulcan House와 새로운 시민광장이 있는 도시의 강변 지역을 중심지역으로 만들려는 마스터플랜을 가지고 있음)에 집중되었다. 이민관리국의 중간 관리자와 FM 공급자로 구성된 건물 사용자 위원회에서 이러한 문제를 제기하였다. 지금까지 직원들은 새로운 건물이 밝고 생기 있고 바람이 잘 통하여 이전의 건물보다 많이 좋아졌다고 보고한다.

① 에너지 사용(Energy Use)

Steel 건물에서 지금까지 실제 측정된 에너지 사용을 살펴보면 제곱미터당 에너지 사용과 그에 따른 이산화탄소 방출에서 상당한 절감을 보여준다(〈표 3-5〉 참조). 기존 건물의 경우 5개 건물 중 3개에 대한 데이터만이 제공된다.

〈표 3-5〉 에너지 사용 비교

	기존건물 A 2007－2008	기존건물 B+C 2007－2008	Vulcan House Steel 2008－2009	디자인 목표
전 력	173	150	124	102
가 스	197	100	69	88
총 kwhrs/sqm/yr	370	258	193	189
CO_2/sqm/yr	132	101	81	73

* 건물 A, B, C의 총 순 실내면적은 8,399m^2이고 사용 인원은 958명이며, Steel 건물의 순 실내면적은 11,067m^2이고 약 1,200명을 수용한다.

② 물 사용

재활용한 중수와 우수를 활용하여 화장실 물을 공급함으로써 기존과 비교했을 때 물 사용량을 현저하게 절감하였다(〈표 3-6〉 참조). UKBA (United Kingdom Border Agency)는 정부 SOGE의 목표를 초과 달성했다.

〈표 3-6〉 물소비량 사용 비교

	UKBA 2003/04	Vulcan House 2008/09	SOGE target
인당 물 소비량(ℓ)	12,000	2,400	3,000

(8) 편익(Benefit Realisation)

지금까지 증거들이 이민관리국이 쉐필드의 5개 건물을 Vulcan House로 통합한 것이 충분한 가치가 있는 것이라는 것을 보여준다. 지속가능성을 위한 정부의 목표를 달성하고, 디자인의 질을 유지하면서, 이민관리국의 정체성을 향상시키는 것이 목표였다. Vulcan House로 이주 후의 많은 비즈니스 사례들은 이미 〈표 3-7〉에 제시된 것과 같은 이득을 보여주고 있다.

주요한 이득은 유틸리티 사용의 절감과 절감된 자산으로 인한 재배치와 유지관리인데 모두 기존 시설에서의 비용과 비교에 의해서 사전 차이가 측정되어질 수 있다. 신축 건물의 디자인과 시방 및 시설관리 서비스 계약의 세밀한 관리는 이러한 이득을 실현하는 데 있어서 필요하다. 완벽한 경제적 이득 계산은 건물이 가장 효율적으로 운영되기까지 약 1년 정도 걸리기 때문에 점유 24개월 후인 2010년 8월에 가능하다.

지속가능한 건물에서 일하는 것의 중요한 이득은 종업원의 웰빙 향상이다. 지속가능한 건물이 사용자에게 미치는 영향에 대한 계속적

〈표 3-7〉 에너지 사용 비교

경제적인 비즈니스 사례와 관련된 주요 이득	2009년 1월 현재 상태
15년 동안 부동산 생애비용 감소로 인해 경제적인 절감	점유를 통해 인식되었고 예상된 절감과 일치
11:10 비율의 팀 워크스테이션을 공유하는 업무공간 전략으로 인한 경제적인 절감	예상된 점감과 일치하거나 초과
에너지와 물 소비 및 서비스 요금 절감	이익이 실현되어가는 과정에 있음
하드 FM 서비스 비용 절감	이익이 실현되어가는 과정에 있음
소프트 FM 서비스에 의한 더 효율적이고 비용 면에서 효과적인 지원 서비스 직원	2008년 11월에 이익 실현됨
IT 통합에 의한 경제적 절감	이익이 실현되어가는 과정에 있음
잦은 이동에 의해 발생하는 비용 절감	이익이 실현되어가는 과정에 있음 2009년 9월에 재검토
화상 및 원격회의시설 사용으로 Croydon, London, Liverpool로의 출장 필요 절감	이익이 실현되어가는 과정에 있음 2009년 9월에 재검토

인 연구가 쉐필드 대학의 도움을 받아서 진행 중이다. 2007년 3월, 2008년 11월, 그리고 2009년 6월에 예정된 설문조사 결과 업무공간에 대한 직원들의 관점이 변화하고 있음을 보여준다.

6) SC 존슨 시설(SC Johnson facility, Racine)

SC 존슨의 새로운 시설은 기업의 조직의 필요를 만족시키고 환경적으로 책임이 있는 빌딩의 새로운 표준을 만들기 위해 계획되었다. 디자인 팀은 처음에 환경적인 목표를 세움으로써 프로젝트에서 지속가능성을 통합하였다. 건물의 시설비용은 약 $130/SF로 미국의 전통적인 사무실이나 연구실 건물보다 평균 10−15% 적게 들었다.

이 시설에는 유지관리 비용을 적게 하기 위한 부지 계획이 적용되었다. 부지의 지하를 조사하여 방출하기 전에 오염된 물을 정화하기 위해서 이미 건설된 연못과 습지대를 사용하였다. 대초원의 풀이나 야생화와 같은 토착의 식물과 가뭄에 잘 견디는 식물을 부지에 심어서 연간 유지비용이 에이커당 2,000달러 절약되었다.

건설과정에서 금속, 유리, 나무, 판지, 콘크리트, 건식벽체를 포함한 86톤의 자재 폐기물이 재활용되었다. 자재 공급자들은 자재의 깔판과 포장을 다시 가져가야 했고 지역 주민들이 토막난 나무를 사용할 수 있도록 하였다.

빌딩의 모양에 가장 중요하게 영향을 준 것은 자연광을 최대한으로 활용하는 것이었다. 사무실 공간의 천장고를 14피트로 확보하면서 실험실의 파이프와 덕트 작업을 위한 공간을 허용하기 위해서 바닥과 바닥 사이의 높이를 17피트로 하였다. 건물의 남쪽에 자연광을 사무실로 끌어들이기 위해 채광 선반이 있는 커다란 창문을 만들었고, 중앙 아트리움 천장의 채광창을 통해서도 자연광이 비춘다.

빌딩의 높혀진 바닥은 Johnson Controls의 "Personal Environ-mental Module"을 통해 각각의 워크스테이션에 공기를 공급하기 위한 "충전된 충만한 공간"으로서, 개인 워크스테이션에서 냉방과 난방을 개별적으로 조절할 수 있다. 센서가 있어서 사람이 없으면 시스템을 차단한다. HVAC 용량 요구가 적은 시스템을 사용하고 배관 작업을 줄임으로써 상당한 원가 절감이 현실화되었다.

에너지 사용은 비슷한 빌딩의 평균보다 60% 낮고 예상되는 총 연간 에너지 소비가 73,000BTU/SF보다 더 적다. 이러한 에너지 소비의 절감은 연간 10만 달러를 절약할 수 있다.

3. 공공혐오시설 및 위험시설

공공혐오시설 설치는 환경정의와 밀접한 연관성이 있다. 환경정의는 환경법, 규정 및 정책의 개발, 시행 및 집행과 관련해서 인종, 피부색, 출신국가, 소득과 무관하게 모든 국민들이 공정하게 처우받고 의미 있게 참여하는 것이다. 여기서 공정한 처우는 어떤 집단도 산업체, 정부 및 영리기관의 운영이나 정책으로부터 발생하는 부정적인 환경적 결과의 불균등한 몫을 감수해서는 안 된다는 것을 말한다.[13] 의미 있는 참여란 ① 국민들은 그들의 환경과 건강에 영향을 미칠지도 모르는 활동에 대한 의사결정에 참여할 수 있는 기회를 갖는다는 것, ② 공중의 기여는 규제기관의 결정에 영향을 미칠 수 있다는 것, ③ 의사결정 과정에서 공중의 관심이 고려된다는 것, ④ 의사결정권자는 잠재적으로 영향을 받는 사람들의 참여를 요구하고 촉진해야 한다는 것[14]을 의미한다(박재묵, 2006).

혐오시설의 설치와 관련하여 입지선정의 문제는 지역사회 거주민들과 이해당사자들 간의 의견 상충과 설치 지연 등의 문제 등을 낳고 있으며 님비(NIMBY: Not in my backyard)와 룰루(LULU: Locally Unwanted Land Use)와 같은 지역이기주의[15]를 낳을 수 있다. 환경친화적인 시

13) http://www.epa.gov/compliance/basics/ej.html

14) http://www.epa.gov/compliance/basics/ejbackgound.html

15) ① 임비(YIMBY: Yes In My Back Yard): 자기 고장에 유리한 것을 적극 유치하려는 현상, ② 님비(NIMBY: Not In My Back Yard): 혐오시설의 필요성에는 찬성하지만 이러한 시설이 자기 주거지역에 들어서는 것에 대해서는 반대하는 현상, ③ 핌피(PIMFY: Please In My Front Yard): 좋은 시설을 자기 지역에 투자 혹은 옮겨 달라고 호소하는 현상, ④ 님트(NIMT: Not In My Term): 지방자치 단체장들이 자신의 임기 동안 주민이 싫어하는 일을 하지 않으려는 현상,

설의 계획과 운영을 통한 공공혐오시설의 설치는 해당 지역사회에 끼치는 부정적 영향을 최소화하고 긍정적 영향을 가져옴으로써 지역사회와 거주민의 삶의 질에 긍정적인 영향을 가져올 수 있다.

혐오시설 설치에 따른 국내외 분쟁 사례가 어떤 방식으로 해결되었는지 살펴보고 지속가능한 개발을 접목한 환경친화적 시설의 성공적인 사례를 살펴보고자 한다.

1) 혐오시설 설치에 따른 분쟁 사례

부지사용과 개발로 인한 환경적 영향은 직접적이거나 간접적인 측면이 있다.

(1) 루이지애나 세인트 제임스 구역의 신테크 유해 폐기물 처리시설

미국 환경 보호국(EPA)은 루이지애나 세인트 제임스 지역에서 신테크가 건설한 독성 폐기물 처리시설에 대한 유예정지 처리를 하기 전에 환경단체들과 연합한 툴린 환경법 클리닉으로부터의 고소를 받아들였다. 이 지역은 가난하고 주민의 대부분이 아프리카계 미국인이며 이미 많은 산업시설이 위치하고 있었다. 이 지역에서 신테크사는 유인적 요소로서 이 시설을 건설하고 운영하는데 필요한 일자리를 약속하였다. 그러나 불만은 이 시설에서 방출되는 물질이 소수 인구들에게 전혀 다른 환경적 충격을 준다는 것이다. 부분적으로 18개의

---

⑤ 니아비(NIABY: Not In Anybody's Back Yard): 어느 지역에도 혐오시설의 입지를 포괄적으로 반대하는 현상, ⑥ 바나나(BANANA: Build Absolutely Nothing Anywhere Near Anybody): 자기가 사는 지역 내에는 어떠한 혐오시설도 짓지 못하게 하는 현상.

독성 폐기물 처리시설들이 세인트 제임스 지역에 위치해 있다는 것과 그 주에서 배출하는 모든 오염원의 25%가 그 구역의 반경 4마일 안에서 배출된다는 사실이다. 시민 권리사무국(office of civil right)은 이 사건을 재심할 것을 결정하였으나 그들은 EPA의 지침이 발표되기까지 기다리기로 결정하였다. 행정상 지연이 되는 동안에 신테크는 그 시설을 이웃의 중산층이 사는 지역으로 옮기기로 결정했다. 그래서 이 사건은 의미가 없어졌다.

시설을 옮긴 새로운 지역은 Dow 화학공장에 인접해 있어서 신테크에게 이익이 되는 곳이고 폐기물을 폐기물 처리시설로 펌프할 수 있도록 해주어 이동에 소요되는 경비를 상당히 절약할 수 있게 되었다. 이러한 결정은 환경정의의 복잡한 성격을 말해준다. 회사는 많은 변수들을 최고로 활용할 수 있도록 계획을 세워야 한다. 이 사례는 시설의 위치를 선정하는 데 있어 펌핑에 소요되는 비용이 저임금 지역에 시설을 배치하는 비용보다 더 많은 이익을 창출한 경우이다.

(2) 미시간 플린트의 Select Steel 고철 재활용 공장

1998년 미시간의 환경부(Department of Environment of Quality)는 실렉트 스틸(Select Steel) 회사가 미시간 플린트에 세우고자 하는 고철 재활용 공장의 공기방출 허가(air emission permit)를 승인하였다. 한 지역단체는 이를 소외계층에 대한 차별로써 나쁜 영향을 미친다고 주장하면서 이 회사를 고소하였다. 민권 사무국(office of civil right)은 이 사건을 재검토할 것을 수락했고 이에 실렉트 스틸 회사는 자신들의 공장을 오하이오로 옮기겠다고 위협하면서 빨리 처리하도록 압력을 넣었다. 이 사건에 대하여 환경보호국(EPA)은 조심스런 검토를 주장하면서 처리를 연기하였는데 이는 중대한 정치적 영향을 야기시켰다[16]. 미시간 주지사는 기자회견에서 환경보호국을 비판하였다. "이 사건은 환경적 정의에 대해 EPA의 무모하고 잘못 정의된 정책을 접해야 하는 모든 회사에 관한 것이다. 관료주의를 강요하는 EPA는 이 커뮤니티를 망하게 하고 이 회사를 최근의 환경 기준에 따라 처벌할 것이다. 근거 없는 불평 때문에……" 결론적으로 환경보호국은 직업 킬러라는 것이다. 디트로이트 프리 신문은 환경보호국을 악당기관이라고 칭하면서 집요하게 공격하였고 많은 분량을 논쟁을 위해 할당하였다. 궁극적으로 EPA는 스틸 회사의 편을 들기로 결정하고 모든 허가는 옳은 것으로 인정되고 그 시설이 위반한 방출 법규가 없다고 결론을 내렸다. 이것은 달리 말하면, 규제적 관점에서 기준이 없다면 방출이 미치는 효과는 문제가 되지 않는다는 것이다.

논란의 여지가 있지만 이 결정은 모든 방출에 관한 지침을 준수하느냐가 아니라 이 시설에 의해 영향을 받는 사람들이 공정하게 대우를 받느냐 하는 것이다. 결론적으로 실렉트 스틸사는 지역 단체와 싸우는 것에 싫증이 났다고 말하면서 자신들의 공장을 미시간 랜싱으로 이전하기로 결정했다. 이 사건으로부터 가장 중요한 '그린' 교훈은 법규나 규정은 단순히 안전하고 지속가능한 디자인의 동력 중에 하나라는 것이다. 오염 한계치는 구체적 디자인 명시사항에 해당된다. 그린디자인은 규제적인 의무사항을 넘어서 현재와 미래를 위해 최고의 결과물로 이어져야 할 것이다.

16) www.gret-lakes.net/lists/environ-mich/1998-09/msg00016.html

(3) 제천시 자원관리 센터[17)]

제천시는 하루 130만 톤에 이르는 생활쓰레기의 발생량 증가로 2005년쯤 포화가 예상되어 2002년 폐기물종합처리시설 기본계획을 확정하고 2003년 1월부터 2005년 12월(3년) 기간 동안 조성되었다. 총 사업비는 51,500백만 원이며 총 면적은 200,000m^2로 매립장시설이 150,000m^2, 소각장시설이 일일 150톤, 음식물쓰레기시설이 일일 20톤, 재활용품선별시설이 일일 10톤 규모로 조성되었다. 또한 부대시설에는 침출수 처리시설, 관리동, 세차세륜시설, 녹지, 주민 편익시설 등으로 조성되었다. 생활쓰레기는 우선 재활용폐기물을 선별 자원화한 후 소각과 함께 최소한의 잔재물만 매립하고, 공해 없는 매립시설 설치로 친환경적 시설단지 건설을 목표로 하였다.

기본계획의 설치 방향은 '폐기물 최소화'와 '안전처리'에 두고, 친환경적 처리시설단지 건설을 제시함으로써 시민들의 처리시설에 대한 자치단체의 신뢰를 갖게 하는 토대를 구축하였다. 제천시는 주민

〈표 3-8〉 입지선정 시 검토사항

입지조건 (일반조건)	사회적 조건	환경영향 조건	기술적 조건	경제적 조건
• 토지이용 현황 • 집수구역 면적 • 매립가용 면적 • 주 운반도로와 후보지와의 접근성 • 진입도로 개설 • 수거운반 거리	• 간접영향권 내 주거지 현황 • 주요 문화재 및 관광지 소재 여부 • 주요 시설물 및 지장물 소재 여부 • 법적 저촉 여부	• 경관의 손상 • 생태계에 대한 영향 • 수계에 대한 영향 • 오염물질 확산 여부 • 소음에 대한 영향	• 부지정지의 용이성 • 장비 진출입의 용이성 • 전력, 용수공급의 용이성 • 하수처리장과의 연계성 • 저류구조물의 시공성	• 지가수준 • 공사비

자료: 제천시, 「자원관리센터 입지타당성조사 중간보고서」, 2003, p. 9.

17) 박길용(2007)의 연구내용을 발췌 · 요약, 소개함.

들이 비선호 시설에 대하여 수용하도록 하기 위하여 시설 자체의 안정성을 강조하고 즉, 기술적 요인을 통하여 위험요인에 대한 심리적 불안감을 제거하고, 행정 절차의 투명성을 통한 집행기관의 신뢰성을 확보하도록 하였으며 경제적 지원제도 등에 초점을 맞추고 추진하였다. 시설의 명칭도 쓰레기도 활용하면 자원이 될 수 있다는 인식의 전환을 위해 '제천시자원관리센터'로 변경하였고 최첨단 공법에 의한 친환경적 처리시설단지 건설을 제시함으로써 위험성이 높은 비선호 시설이란 거부감을 최소화할 수 있었다. 경제적 지원을 위하여 '폐기물처리시설 주변 마을지원 조례'가 제정되었다. 또한 입지선정의 민주성을 확보하기 위한 노력을 하였는데 시민을 대표하는 제천시의회(산업건설위원회)와 간담회를 통해 자원관리센터 입지선정을 '주민공모제'[18]란 합의를 모아 주민참여 방식을 도입하였다. 집행기관의 절차성과 투명성 확보를 위해 기본계획 준비과정부터 입지선정 추진과정까지 결정된 모든 내용을 공개하고 입지선정과정에서도 주도적인 입장이 아니라 주민주도 방식을 선택하여 입지선정위원회에 일임하고 대신 위원회가 그 역할을 충실히 할 수 있도록 다양한 방법으로 도왔다.

시설 설치에 대한 당위성의 문제를 공공의 문제로 연결하여 설득하고 이해시킴으로써 주민들이 많은 부분을 수용하고 양보하는 모습을 역력하게 볼 수 있었고 주민 또한 공공성의 중요성을 피력하기도 했다.

---

18) 주민공모제란 비선호 시설 입지선정에 따른 민원과 지역이기주의를 최소화하여 해당 지역주민의 이해와 협조 속에 입지 후보지를 선정하고자, 유치를 희망하는 마을의 주민 대표가 예정 지역 소재지 마을 내 가구 수 70% 이상의 주민동의서를 첨부기간 내 문서로 응모하는 제도이다.

2) 비엔나 쓰레기 소각장(Thermal Power Plant, The Spittelau Thermal Waste Treatment Plant Vienna/Spittelau;)

1969년 비엔나시의회는 Spittelau Thermal Waste treatment Plant 운영을 통하여 도시쓰레기 폐기와 도심지역구의 열 공급을 위한 건설, 운영과 관리를 목적으로 한 조직을 결성하였다.

슈피텔라우 쓰레기 소각장을 현재의 위치에 건설하게 된 이유는 2km떨어진 곳에 있는 병원에 열을 공급할 필요가 있었기 때문이었다. 460MW 용량을 지닌 공장은 비엔나 지역에서 열 공급에 있어 두 번째로 큰 시설이다. 연간 250,000톤의 쓰레기를 처리하며 연간 평균적으로 60MW의 용량을 공급한다.

지속적인 기술개발에 따라 가스 정화장치를 개선하여 왔다. 또한 전체 구역의 외부 파사드는 훈더트 바서에 의해 디자인되었다. 그 전의 무미건조하고 기능적인 구조는 매우 독특한 예술품으로 바뀌게 되었으며 기술, 생태, 예술의 결합으로 도심환경에서 시각적인 오염(visual pollution)을 줄이는 성공적인 사례로 유명해졌다.

폐기물 운반과정을 살펴보면, 월요일부터 금요일 오전 7시에서 오후 3시까지 250대의 차량이 비엔나 시의 폐기물과 비독성 상업 폐기물들을 슈피텔라우 시설로 운반한다. 쓰레기는 두 개의 소각라인으로 옮겨진다.

쓰레기에서 에너지 전환 과정은 시간당 18톤의 쓰레기가 용각로로 들어가 처리된다. 두 개의 소화라인이 작동되면 9MW의 가스버너는 용각로의 온도가 800도가 넘도록 유지시켜 법에서 요구하는 대로 완전연소를 시킨다. 부가적인 버너는 자동화된 소각과정을 유지하기에 충분하기 때문에 일반적인 운영에 있어서는 필요하지 않다. 소각과정

참고: 위쪽의 오른쪽 사진: 폐기물 처리 및 운반, 아래쪽의 오른쪽 사진: 쓰레기 소각장 관련 정보를 공공에게 공지.

〈그림 3-6〉 슈피텔라우 비엔나 쓰레기 소각장 전경

에서 발생한 850도의 가스는 열보일러 표면에 열을 방출하고 시간당 90톤의 증기를 발생시킨다. 연간 평균 내부적으로는 5MW를 소비하고 지역난방 에너지로 60MW를 공급한다. 이는 15,000가구(80m^2)에서 소비되는 열량이다.

굴뚝의 가스 처리와 DeNOx facility를 통하여 암 유발물질로 알려진 다이옥신을 제거하고 나면 이 과정에서 발생하는 오수는 별도의 장치를 통하여 정화되어 방출하게 되며 이 과정에서 나오는 고체 부형물과 재는 별도의 공정을 통해 걸러져 시멘트와 물을 섞어 대지매립자재(landfill construction)로 사용된다. 이러한 쓰레기 소각장의 첨단 테크놀로지는 환경으로의 오염물 방출에 대한 우려를 제거하였다.

1990년에 제정된 오스트리아 폐기물 관리규정(The Austrian Waste Management Act)은 ① 환경의 보호, ② 자연자원의 보존, ③ 쓰레기 매립양을 조절, ④ 오염을 유발하는 매립물을 제한하는 목적을 가짐으로써 처음으로 지속가능한 폐기물 관리 시스템을 만들어내는 데 기여하였다. 비엔나에서는 Thermal waste treatment를 시작으로 하여 1961년에 환경친화적인 폐기물 처리 전략을 위한 걸음을 시작하였고 폐기물 수합시스템과 쓰레기 재활용을 통해서 실행되었다.

이러한 열소각장의 장점은 폐기물의 양을 처음의 10% 정도로 현저히 줄이고 폐기물에 포함된 유기오염물질(예로 다이옥신)을 파괴하며 무기물질을 비활성화시킨다. 또한 환경오염물질과 농약잔류물질을 제거하고 환경에 방출되는 물질을 통제하며 폐기물에 포함된 에너지를 전력과 열로 교체하고 그린하우스 효과를 내는 가스를 감소시켜 준다.

결과적으로 비엔나 쓰레기 소각장은 외형적으로나 내형적인 시스템으로나 성공적인 환경친화시설임이 입증되었으며 지역주민에게 부정적 효과를 주기보다는 세계적으로 유명한 친환경 명소로 인지되었다. 뿐만 아니라 많은 사람들이 목적지로서 방문하는 명소가 되었으며 지역주민에게는 자부심을 주고 지역사회에 환경친화적인 상징을 부여하는 긍정적 영향을 주는 시설이 되었다.

3) 마이시마 하수처리장(Maishima Sludge Center), 오사카, 일본

(1) 개요

오사카시의 현대적인 하수처리시설의 개발은 1894년부터 시작되었고 빠른 도시화와 인구 집중, 공업화가 이루어짐에 따라 하수량도 증가하게 되어 하천과 다른 지역의 물이 오염되어 수질정화와 이의 처리가 요구되었다. 하수처리 공장이 Tsumori와 Ebie 지역에 건설되었고 1940년부터 작동하기 시작하였다. 전쟁기간 동안 하수처리 시스템 발달은 지연되었지만 다시 하수처리 시스템을 위한 하수처리 공장과 지역은 확대되어 갔다. 결과적으로 12개의 하수처리 공장은 매일 2.84백만 입방미터의 용량을 처리하고 있으며 오사카시의 거의 모든 부분이 이 시스템에 의존하고 있다(99.9%). 초기에 하수처리로부터 생산된 슬러지는 오사카만에 버려졌다. 오사카만의 오염이 사회적 문제가 됨에 따라 이러한 폐기방법은 탈수기가 도입됨으로써 대체되었다. 1966년부터 전체 슬러지는 탈수된 슬러지로 가공되어 땅에 매립되는 방식으로 처리되었다. 1972년부터 1981까지 슬러지의 양을 줄이고 화학물질을 고정화하기 위해서 슬러지를 소각하는 방법이 세 곳의 하수처리 시설(Tsumori, Hanaten and Hirano)에서 이루어졌다. 1990년경부터 슬러지는 완전히 소각되었고 소각재가 땅에 매립되었다. 발전된 하수처리 시설로 인한 슬러지 양의 증가와 슬러지 활용 증진방안에 따라 슬러지 처리시설의 용량의 증대와 노후화된 슬러지 소각시설의 리노베이션과 같은 슬러지 처리와 관련된 문제들이 존재하였다.

이러한 문제를 해결하기 위해 오사카시는 중앙집중식의 슬러지 처리 시설을 계획하였으며 좀 더 효율적인 슬러지 처리를 위하여 마이시마 슬러지 센터를 건설하게 되었다. 마이시마 하수처리장의 부지면적은 33,000m^{2}이고 건축면적은 16,000m^{2}로 지하 2층, 지상 7층 규모이다. 하수처리장의 목적은 미생물의 활동을 이용해 오염된 물을 정화해 자연으로 되돌리는 것으로 오사카시 하수처리는 '오염수'를 처리하는 오수처리시설과 오수처리 후 남은 '슬러지'를 처리하는 슬러지처리시설로 대별된다.

마이시마 센터로 이어지는 슬러지 압송관(파이프라인) 설치방식을 통하여 12개의 하수처리장에서 발생된 슬러지를 중앙처리함으로써 기존 슬러지 수송방식인 트럭 이송으로 인해 발생한 악취문제도 해결하였다. 전체 하수처리장을 압송관으로 연결, 소각·용융 설비를 네트워크화함으로써 정기점검과 고장을 비롯하여 슬러지 처리량 변동에 효율적으로 대응하는 방식으로 관리하고 있다. 건물 외벽은 물론 내부 처리시설까지 탈취와 방음을 위해 꼼꼼하게 2중 잠금장치를 해놓고 있어 각 처리시설 내부로 접근하지 않는 이상 악취와 소음을 느낄 수 없다. 건물로 진출입하는 대형 차량 출입문까지 사고방지를 위해 센서를 부착, 전자동으로 작동하고 있다. 가동 중인 2대를 추가해 총 6대가 가동될 경우 시간 당 360m^{3}의 슬러지가 한꺼번에 탈수된다. 또한 배기가스처리부는 용융로를 거치며 발생한 배기가스 속의 매진(묵은 그을음)을 처리하는 집진장치와 처리과정에서 발생한 유황산화물(Sox)·악취·질소산화물(Nox)을 처리하기 위한 탈유(脫硫)·탈취·탈초(脫硝)장치로 구성되어 있다.

또한 센터 용융로에서 발생하는 고온의 배기가스로 슬러지 건조에 사용되는 수증기를 가열하는 등 열에너지를 회수, 재이용해 순환이용하고 있다. 50~60℃에 이르는 최종 배수열은 시설 내 급탕이나 난방에 사용한다. 공공시설이지만 일부 민간 위탁 운영을 하고 있으며 총 근무 인원은 89명으로, 이 중 28명이 오사카시 직원이고 나머지 61명은 위탁업체에서 센터 운영·관리를 위해 일하고 있는 민간인이며, 운영비는 인건비와 약품비, 수선비 등 연간 27억 엔 정도가 드는 것으로 알려졌다.[19]

19) 충청투데이, 2009.11.24., http://blog.cctoday.co.kr/6729

오사카시에 의해 훈더트 바서는 슬러지 처리시설을 새로이 디자인하는 프로젝트를 맡게 되었다. 이 공장은 슬러지를 벽돌, 타일, 바닥재로 재활용하기 위해 건설되었고 길이 170m, 폭110m, 높이 40m의 건물이었으며 140m 높이의 굴뚝이 있는 건물이었다. 훈더트바서는 건물의 낮은 3분의 1(약 30m)을 유기적으로 휘감는 모양으로 디자인하였다. 또한 그는 특별히 관개용수로(irrigation)와 공장을 위한 물 관리 시스템도 디자인하였다. 야간 조명시설은 도쿄타워 등의 조명을 설치한 일본 내 유명 조명 디자이너 모토꼬가 디자인하였다. 훈더트바서의 디자인은 바다와 하늘, 자연의 흙 등을 표현하고 환경을 배려하는 슬러지 센터의 건설 개념을 표현하고 있다.

이처럼 마이시마 하수처리장은 지역주민에게 하수처리시설이라는 혐오시설로서 보여지기보다 환경을 배려하고 환경에 대한 부하를 줄이는 데 기여하는 공공시설로 인식되고 있다. 또한 시각적으로도 원색의 조합으로 이루어진 패턴과 발코니와 옥상에 식물을 심는 등 건물디자인을 통하여 시설 내부 시스템과 관리가 행하는 친환경 메시지를 전달하고 있다.

4) 휘트니 수질 정화시설(Whitney Water Purification Facility)

(1) 개요

휘트니 정수 시설은 코네티컷 뉴헤븐에 위치한 실험실로서 공원과 실험실, 인터프리테이션 센터로 구성되어 있다. 교외에 위치해 있으며 면적은 13,000m^{2}이고 2005년에 완공되었다. 이 프로젝트는 regional water authority와 지역사회의 집단과 이웃 주민들로부터 지원을 받았다.

남중부 코네티컷에 물을 공급하도록 설계된 휘트니 정수시설은 공원 및 교육시설로 이용된다. 정수 처리는 공원 아래에서 실행되고 운영시설은 360피트 길이의 스테인리스 스틸건물에 설치되어 있다. 시설의 형태는 거꾸로 된 물방울 모양처럼 되어 있고 실내 공간은 곡선으로 되어 있으며 주위 경관이 잘 보이도록 계획되었다. 이 시설의 실내는 전시 로비, 실험실, 강의실, 회의 공간, 운영시설로 구성되어 있다.

프로젝트에 사용되는 에너지를 최소화하기 위해 지역 에너지 회사와의 협동적인 노력으로 인해 상당한 금액의 재정적인 보조와 에너지 크레디트를 얻게 되었다. 총 프로젝트 비용은 4,600만 달러가 들었다.

(2) 친환경적 요소

① 부지와 수자원 관리 및 사용

부지의 경관 디자인은 현재의 습지를 확장시켜서 토착종들과 함께 이주하는 새들의 휴식장소로 이용되도록 계획하였다. 생물들의 자연 서식지는 생물학적 다양성을 유지하기 위하여 경관 속에서 그대로 보존되도록 계획했다.

지붕을 녹화하기 위해 지붕을 덮는 기린초를 심고 다년생 식물을 식재하여서 1년 내내 볼거리를 제공하고 초원의 향기를 느낄 수 있게 하였다. 또한 지붕녹화는 폭우 및 우수의 유출을 방지해주며 잔디 손질이나 관개시설을 필요로 하지 않아 유지관리에 매우 용이하다. 이와 같이 지붕녹화는 친환경 디자인의 기능적, 심미적 목적을 달성할 수 있다.

도로와 광장은 최소한으로만 포장을 하고 부지 내부의 정원과 연못은 폭우가 유출되는 것을 방지하고 걸러서 저장하는 장소로 계획되었다. 이러한 장치는 우수를 적극적으로 활용할 수 있고 수자원의 낭비를 막을 수 있도록 계획한 것이다. 연못의 비규칙적인 굴곡과 깊이는 토양, 물, 토착식물 사이에 상호 작용을 촉진시키는 역할을 한다.

② 에너지

이 시설의 30,000ft^{2}의 녹화된 지붕은 코네티컷 주에서 가장 큰 면적으로 녹화는 단열효과를 증대시키고 도시의 열섬현상을 감소시킨다. 건물의 냉난방을 위해서는 지열히트펌프(ground-source heat pump)를 사용하는데 이것은 전통적인 냉난방기와 비교해볼 때 매년 850,000kw-hours의 에너지를 절감할 수 있다. 또한 시설 지하의 축열체를 이용해서 내부공간에 일정한 온도를 유지시키고 냉방기의 필요성을 감소시킨다.

기계적 시스템은 CFCs, HCFCs, 할론을 사용하지 않고 시설의 지하의 형태는 펌프를 사용할 필요 없이 형태적으로 중력을 이용해서 물이 자연스럽게 이동할 수 있도록 계획했다. 경관 디자인의 개방적 특성은 안전을 위한 별도의 외부 조명시설의 필요성을 감소시키고 건물의 천창 계획은 자연광을 유입시켜 낮 시간 동안에 별도의 인공조명이 필요하지 않도록 계획했다. 이와 같은 계획은 결과적으로 전체적인 에너지 소비를 감소시키고 에너지를 보다 효율적으로 사용할 수 있도록 해준다.

③ 재료 및 자원

건물의 재료는 그린디자인의 원칙에 근거해서 선택하였다. 우선 건물의 외피는 스테인리스 싱글을 사용하였는데 스테인리스는 수명이

100년 이상이고 재활용이 가능한 재료이다. 바닥재로 사용한 테라조는 재활용한 유리조각을 이용한 골재로 만들었으며 코르크 타일 역시 재생 가능한 물질로 만들었다.

실내 마감 재료는 화학물질 배출량이 낮은 것을 선택하였고 페인트는 VOC 배출량이 낮거나 없는 것을 사용하였다. 전체 빌딩 재료의 40%를 차지하는 콘크리트는 그 지역 회사의 것을 사용함으로써 건축이 미치는 환경적 영향을 감소시키고 운송에 드는 비용도 감소시킬 수 있었다. 현장에서 나온 흙과 부지를 정리하고 난 잔해들도 역시 재사용함으로써 전체적인 재료 소비를 감소시킬 수 있었다. 그리고 냉각과 해동을 반복하는 주기와 한여름의 소나기로 인한 갑작스런 냉각을 경험하게 되는 지붕막은 지붕 녹화를 이용해서 보호하고 지붕막의 수명을 연장시킬 수 있다. 이 밖에도 지구 생태계를 보호하기 위해 냉방시스템에서 오존을 고갈시키는 냉매 사용을 최소화하였다.

(3) 유지관리

지붕녹화는 잔디 손질이나 관개시설을 필요로 하지 않아 유지관리에 매우 용이하다. 프로젝트에서 디자인 팀은 건축과 경관을 밀접하게 연결시키고자 했고 이러한 의도로 인해 물과 같이 인공적으로 갱신되는 생명유지 자원과 자원들의 생명력을 지속시키고자 하는 자연적 과정 사이의 연결고리를 만들게 되었다. 의뢰인과 건축가, 자문위원들은 이러한 고리를 실천하고자 노력하였으며 지역주민들에게도 환경적 문제에 관해 교육시키고자 했다.

휘트니 수질 정화시설은 정수 처리시설이지만 환경친화적인 계획과 설치로 인하여 지역주민의 지원을 받아 설치되었다. 이것은 단순히 정수 처리시설만 건설된 것이 아니라 지역사회를 위한 공원과 교육공간을 지역주민들이 이용할 수 있도록 제공함으로써 성공적으로 운영된 사례이다.

제4장 환경친화적 공공시설관리

1. 환경친화적인 시설관리
2. 환경친화적 관점
3. 환경친화적 시설 관련 가이드라인 및 지침
4. 환경친화적 공공시설 환경구축을 위한 체제 구성

제4장 환경친화적 공공시설관리

1. 환경친화적인 시설관리

시설관리 분야는 빠르게 성장하는 전문분야[1)]이며 인간이 건축한 물리적 환경의 규모가 성장함에 따라 시설관리 분야의 성장도 매우 클 것으로 기대되고 있다(Elmulim ert al., 2010). 시설 관리자는 인간이 건조한 물리적 환경이 자연환경에 미치는 영향을 감소시키는 데 기여하는 역할이 크며 또한 사회적으로 환경문제에 대한 관심이 증가하고 법적규제가 늘어감에 따라 지속가능한 의제에 대한 이해가 필요하다.

기존에 지어진 건물의 경우 전체 에너지의 45%를 소비하는데 이 중 건설단계에서는 5%만이 소비되는 것으로 알려져 있다.[2)] 이것이 의미하는 것은 건물이 소비하는 에너지의 대부분은 지어지고 난 후 사용단계에서 소비된다는 것을 의미하므로 에너지 소비량을 줄이기 위해서는 효율적인 건물의 유지관리 활동이 필요하다.

---

1) 영국의 FM시장의 가치는 약 106조 파운드에 해당하며 2012년까지 2−5%의 성장세를 보일 것으로 기대되고 있다.

2) CIOB(2004), Sustinability and construction, Ascot: Chartered Institute of Buildings.

(단위: %)

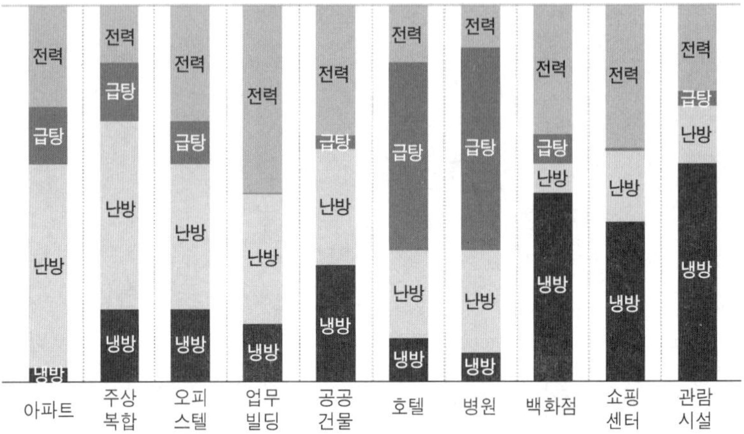

출처: 한국에너지기술연구원, 2003년.

〈그림 4-1〉 건물 용도별 연간 에너지 사용 출처

특히 건축물은 그 용도에 따라 에너지 사용 출처의 비율에 큰 차이가 난다(〈그림 4-1〉 참조). 아파트나 주상복합과 같이 거주가 주 기능인 건물에서는 난방이, 업무빌딩이나 공공건물에서는 전력이 가장 많은 에너지를 소모하는 원인이다. 따라서 사용되는 에너지를 효율적으로 절감하기 위해서는 각 건물의 용도와 특성에 맞는 운영방식과 절감기술이 필요하다(유연수, 2010).

다른 한편, 현재 존재하는 건물의 대부분이 향후 50년간 기존의 사용방식이 유지되고 에너지 소비에 대한 요구량이 지속될 것이기 때문에 지속가능한 목적을 이루기 위해서는 건물의 운영단계에 대한 중요성을 간과할 수 없다. 또한 이산화탄소 배출량을 규제하는 법적인 조치는 시설 관리자로 하여금 중장기 계획부터 일상의 유지관리활동에 이르는 단계까지 이의 시행을 위한 부담감을 안겨주고 있다.

시설관리 분야에 대한 정의를 살펴보면 그 공통적인 특징은 건축된 환경 내에서 다양한 분야의 행위를 통합하는 것으로서 건축된 환경을 통해 사람들과 업무환경에 미치는 영향을 관리한다(〈표 4-1〉참조).

〈표 4-1〉 시설관리에 대한 정의

- 핵심적인 주 업무활동을 수행하면서 효율을 극대화하기 위한 조직 내의 모든 비핵심 활동의 디자인과 관리, 그리고 실행(The design, management and implementation of all non-core activities within an organisation, allowing the core activities to maximise cost efficiency.
  —John Davis, Managing Director, Facilities Recruitment Limited)
- 기술과 장소, 과정, 사람을 통합함으로써 건축된 환경이 제 기능을 할 수 있도록 하는 다양한 분야를 포용하는 전문분야(A profession that encompasses multiple disciplines to ensure functionality of the built environment by integrating people, place, process and technology.
  —IFMA Board of Directors). 2004
- 조직의 사업 목적을 이룰 수 있도록 사람, 과정, 자산, 그리고 업무환경을 최적화하는 비즈니스 실무(A business practice that optimises people, process, assets and the work environment to support delivery of the organisation's business objectives.
  —FMA Australia's Glossary of FM Terms)
- FM의 미래: 성장하는 전문분야 내에서 시설 관리자는 무수한 서비스를 발전・유지시키고, 제공하기 위한 광범위한 책임을 가지고 있다. 이 범위는 자산전략, 공간관리 그리고 환경적인 문제에서 건물 정비, 행정, 계약 관리에까지 이른다. 전통적으로 시설관리 분야의 외부영역에서 관리되어 온 비즈니스의 비핵심 활동인 급여지불, 음성, 정보 그리고 IT까지 포함하는 분야로 확장될 것이다.(The future of FM: Within this growing professional discipline, facilities managers have extensive res ponsi-bilities for providing, maintaining and developing myriad services. These range from property strategy, space management and environmental issues to building maintenance, administration and contract management. Facilities management will continue to expand and encompass further non-core activities including payroll, voice and data and IT, which have

been traditionally managed outside of the FM discipline.

—Ian R. Fielder, CEO, British Institute of Facilities Management)

- 시설관리는 기업 목표를 달성하는 데 필요한 모든 적합한 서비스와 인프라를 제공함으로써 조직의 생산성을 지원하고 향상시키는 분야이다.(Facilities management is a discipline that improves and supports the productivity of an organization by delivering all needed appropriate services, infrastructures, etc. that are needed to achieve business objectives.

—CEN/TC 348 Facilities Management)

시설관리(FM)는 조직이 소유한 건물과 시설이 주어진 기능을 제대로 수행하고 사용자, 공간, 과정, 기술요소들을 통합하는 업무를 수행한다. 시설관리 업무는 건물의 운영, 유지, 관리에만 국한된 것이 아니고 건물의 디자인이 운영관리 방식과 밀접한 관련이 있듯이 시설의 기획, 배치, 운영, 관리, 폐기에 이르는 건물과 제반 시설의 전체 수명기간에 걸친 활동과 관련이 있다.

지속가능성은 시설자산(capital facilities)을 위한 실현 가능하며 혜택을 가져오는 목적 자체로 인식되어 가고 있으며 시설 관리자는 지속가능한 목적을 이루기 위해서 가능한 한 시설의 초기 디자인 단계에서부터 참여하고 있다. 이러한 시설 관리자의 참여는 간과되어서는 안 된다. 왜냐하면 시설 관리자는 건설이 종료된 시점부터 건물의 생애주기 동안 의도된 목적대로 운영되도록 관리하는 업무를 수행하여 건물이 지속가능하도록 하는 데 결정적인 역할을 하기 때문이다(Bosch, & Pearce, 2003).

따라서 환경친화적인 시설관리를 수행하기 위해서는 건물의 구입, 구매 또는 건축단계와 상관없이 프로젝트의 초기부터 관여하는 것이 바람직하다. 초기에 관여할수록 조직의 주 업무를 지원하기 위한 시설 관리자로서 프로젝트가 야기하는 환경적, 사회적 영향을 보다 더 잘 관리할 수 있기 때문이다.

1) 환경친화적 시설관리의 주요 현안

시설관리 분야의 종사자는 환경적 영향과 사회적 영향을 주는 사안들을 좀 더 잘 관리할 필요가 있다. 시설관리 분야의 업무는 의사결정 과정의 일부로 포함될 수 있으며 전략적인 역할을 간단히 요약하면 다음과 같다(Shah, 2007, p. 43).

(1) 지식관리(Knowledge management)

시설의 수명주기 전체에 걸쳐 시설의 디자인이 의도한 것과 시설이 실제 운영된 것과의 사이에는 차이가 있다. 이러한 차이는 부분적으로 건설과정에서 발생하는 변동사항, 잘못된 시설관리, 다양한 상황하에서 효율적인 시설관리 방법에 관해 시설관리팀에 전달된 지식의 부족 등에 기인한다. 건물의 실제 가치를 잘 전달할 수 있도록 디자인에서부터 운영에 이르기까지 지식 및 변경 관리 절차(knowledge and change management process)를 더욱더 잘 관리할 필요가 있다. 이와 같은 관리는 대부분은 시설관리가 프로젝트의 초기단계에 개입하도록 하는 데 중점을 두어야 할 것이다. 시설관리는 지식과 변경에 대한 지속적인 관리로 인해 디자인과 건설단계부터 건물 성능에 관한 지식을 사용할 수 있으며 건물의 전체적인 자산 가치와 성능을 개선하고 증진시키는 데 도움이 될 수 있다.

(2) 성능지표(performance indicators)

시설관리에 영향을 미치는 지속가능성의 정의들은 이루어지는 활동에 따라 다양하고 복잡하다. 그리고 부분적으로 어떤 활동은 조직체들이 지속가능성의 의미를 잘못 활용한 것을 보여주기도 한다. 따라서 성능측정 도구의 개발은 교육과정을 지원하고 시장에서 일정한 수준의 지속성을 제공하고 조직체들이 기대 결과 및 실제 결과를 측정할 수 있도록 도와준다. 성능측정 도구는 기준점을(벤치마크) 포함하고 디자인단계에서 의도한 건물의 성능과 운영단계에 이르기까지 성능과의 연관성을 보여준다. 현재의 많은 도구들은 건물 점유 전까지 지속가능성의 성능을 측정하지만 이 측정 도구들은 관리(운영)단계까지 지속가능성을 측정하지는 못한다.

(3) 전 수명 가치(Whole-life Value)

자산과 이익에 대한 예산 사이에는 차이가 있으며 이 차이는 지속가능성의 관점에서 볼 때 우수한 건물의 가치를 과소평가한다. 이와 같은 특성으로 인해 전 수명 가치는 합리적인 범주 내에서 옵션의 평가와 비교를 통해서 프로젝트의 무형·유형의 비용과 이익을 정의하고 측정하고자 한다. 가치측정방법과 사용하는 구조 및 절차에 관한 공식적인 지침에 대해서 주의 깊은 일관성이 요구된다.

(4) 기술과 능력(Skills and competency)

시설관리업계 내부에서는 지속가능성의 관점을 지니고 적극적으로 시설을 관리할 수 있는 기술이 부족한 것으로 인식되고 있다. 이것은 한편으로는 시설관리 커뮤니티가 지속가능한 분야와 접목하기 위해서 많은 경험을 요구하고 또 다른 한편으로는 폭넓은 범위의 기술을 요구하기 때문이다.

(5) 증가하는 책임(Increasing Liability)

조직체들과 점점 증가하는 관리해야 하는 시설들은 관리활동과 연관되어 실질적인 여러 문제들이 야기될 수 있으며 이에 더 많은 책임을 지닌다. 이런 문제들은 부분적으로 법규를 통해서 또는 대중의 인식을 통한 접근이 필요하며 시설이 위치하고 있는 지역사회의 환경적, 사회적, 경제적 측면을 포함한다.

시설관리 업무 중에는 폐기물 처리, 폐수 방류, 시설설비의 관찰, 측정관리 및 제어에 관하여 법적 요건에 따라야 할 책임이 있다. 여기에서 법을 위반한다는 것은 건강과 안전에 대한 사고와 마찬가지로 개인들이 환경적 훼손에 대한 책임이 있다는 것을 의미한다.

이 밖에도 Lai & Yik(2006)은 지속가능한 빌딩과 관련된 요인들이 무엇이며 시설 관리자들이 실무에 어떻게 적용시키는지를 조사하고자

〈표 4-2〉 환경친화적인 시설관리와 관련된 요인

	Lai & Yik(2006)
-지속가능한 업무공간 -에너지 효율성 -공기질의 보호 -독성물질의 조절 -수질 보호 -환경 재생 -오염 방지 -폐기물 관리 -감시와 보고	-건물의 생애주기 및 자산가치의 증대 -효과적인 운영 및 유지관리 -경제적 건설방법의 채택 -에너지 효율적인 디자인과 시스템 사용 -재활용물질의 최대화 -오염물질을 방출하는 자재 사용 최소화 -에너지 소비가 많이 사용되는 자재 사용 최소화 -자연자원 사용의 최소화 -자연환기와 주광 사용의 최대화 -의도된 기능과 부합하는 디자인

하였다(〈표 4-2〉참조).

이 밖에 환경친화적인 건물과 시설을 건설하기 위한 다양한 설비 개발, 건축구조 개발, 에너지 재사용, 자원활용 및 사용방법 개발과 같은 연구들은 매우 다양하고 세분화되어 있으며 광범위하다.

2) 지속가능한 시설관리의 이점과 문제점

(1) 지속가능한 시설관리 이점

지속가능한 시설관리를 통하여 다양한 이점을 얻을 수 있는데 이는 1) 낮은 시설 유지관리 비용, 2) 개선된 자산 활용과 장비의 지속적인 사용, 3) 유지관리/수선/운영에 소요되는 지출의 감소, 4) 보다 높은 공간 활용과 간접비 감소, 5) 에너지 비용의 감소이다(Kaiser, 2004).

시설을 계획하거나 건설하는 프로젝트에서는 건물의 자재, 부분 재료들을 공급하고 폐기물을 줄임으로써 환경친화적인 목적을 이룰 수 있다(Wyatt, Sobotka & Rogalska, 2000).

Shah(2007)는 지속가능한 접근을 취함으로써 얻을 수 있는 이점을 다음과 같이 열거하고 있다.

① 운영비용 감소

－자연적(수동적), 기후에 따라 변화하는 시스템(climate-sensitive system)을 사용함으로써 냉난방에 소요되는 에너지 소비를 60%정도 감소시킬 수 있으며 조명에 필요한 에너지를 50% 감소시킨다. 이러한 시스템의 설치는 초기 투자금액과 비교해 볼 때 상당한 이익을 창출한다.

- 물을 효율적으로 사용하는 기기를 설치하고 관리함으로써 물 소비를 30%, 또는 그 이상 감소시킬 수 있다.
- 공급망 관리와 개발의 모든 단계에 걸쳐 재료를 효율적으로 사용하고 재활용 재료를 적극적으로 활용함으로써 폐기물을 최소화하여 비용 절감을 가져올 수 있다.
- 인공적인 기반시스템 설치를 최소화하고 토량의 이동을 최소화하여 부지를 가능한 한 유지함으로써 부지정리 비용을 감소시킬 수 있다.
- 건물을 이전하거나 철거하는 과정에서 제거된 재사용 가능한 물품을 판매함으로써 수입을 올릴 수 있다.
- 건물 거주기간 동안 에너지의 효율성을 높이고 최적의 에너지 사용 전략을 통하여 사용요금을 감소시키고 온실가스 방출도 감소시켜 소유자와 거주자들의 환경에 대한 부담감을 줄여주며 미래의 환경관련 법 준수 요건에 부합하도록 한다.
- 가능한 해당 지역의 물품 및 서비스 공급자를 이용하고 차량 효율성(fleet efficiency)을 극대화함으로써 운반비용을 절감시킬 수 있다.

② 자산 비용 감소(Reduce capital costs)

- 현재의 건물을 복원하거나 현재 지어진 건물 자산을 재사용함으로써 공공기반시설과 재료에 소요되는 비용을 감소시킬 수 있다.
- 많은 서비스를 제공하는 건물(Highly serviced building)을 건설하는 데에는 더 많은 비용이 필요하고 더 많은 에너지와 재료를 사용한다.
- 에너지 효율이 높은 건물은 상당히 많은 비용을 절감할 수 있으며 설비에 대한 요구도를 감소시킬 수 있다.

-에너지와 천연자원 사용 시 효율성을 향상시킴으로써 환경에 대한 영향을 감소시킬 수 있다.
-지속가능성에 대한 투자 결정이 프로젝트의 초기에 이루어질 경우 후기에 이를 결정하는 것보다 비용의 증가를 줄이고 건물 전체에 소요되는 수명주기비용을 감소시킬 수 있다.

③ 채무 감소와 위험 방지(Reduce liability and avoid risk)
-법적인 책임은 큰 보상을 동반한다. 그래서 큰 인센티브를 제공하는 것은 처음부터 법적인 책임을 최소화하고 큰 비용을 감소시킬 수 있다.
-소송이 일반화되어 가는 사회에서는, 법적인 책임에 대한 염려가 증가하고 이러한 염려는 전통적인 해결책에서 탈피하기 위해 인센티브를 제공할 수 있다.
-보험회사들은 폭풍의 피해, 홍수와 같은 기후 변화의 영향에 대하여 점점 더 많은 관심을 가지게 되고 이러한 관심은 높은 보험료에 반영되며 더욱 엄중한 조건들이 지불금에 첨부된다.
-보다 효과적인 환경 관리 시스템을 이용해서 수질, 토양, 공기, 오염 및 소음 공해에 대한 벌금을 지불하는 것을 방지할 수 있다.

④ 명성의 향상과 투자자 유치(Enhance reputation and attract investors)
-지속가능한 건물은 기업의 이미지를 향상시키고, 시장에서의 명성과 주주가치를 창출할 수 있다.
-지속가능한 건물에 대한 투자는 언론의 악평으로 인한 명성의 손상을 방지해 줄 수 있다.
-투자호소(investment appeal)는 건물 프로젝트나 회사가 갖는 매력

에 의해 영향을 받을 수 있다. 투자자들과 보험사들이 등급을 상향 조정함으로써 자본비용(cost of capital)이 낮아질 수 있다.

⑤ 경쟁적 이득 및 차별화에 기여 및 유지(Contribute to and maintain competitive advantage and differentiation)

–경쟁이 매우 치열하고 차이가 별로 없는 사업 부문에서는 '지속가능한 건물 관리' 개념은 더욱더 중요한 차별 요인이 될 것이다.

–지속가능성 실현의 리더로서 명성을 얻는 것은 회사를 차별화할 수 있고 지속가능성의 이슈를 아직 다루지 않은 다른 회사에 대해 경쟁적인 이점을 가질 수 있다.

–지속가능한 건물을 제공하는 것은 좋은 고객과 임차인을 유치하고 이를 유지할 수 있다.

⑥ 미래 보장 제공과 변화 관리(Provide future proof and manage change)

–오늘날 빠른 속도로 법적 요건들이 변화하고 있으며 미래에 있을 사업 관련 법 및 규제의 제정과 변화에 대해 정의하지 않고 대비하지 않는 것은 매우 큰 위험 요소이기 때문에 건물 투자자와 거주자들은 미래의 법률적 변화에 대해서 그들의 사업과 투자가 보장되기를 요구한다.

–융통성이 있으며 다른 용도로도 사용 가능한 구조와 시스템 계획은 재정비와 리노베이션의 비용을 감소시켜 준다.

⑦ 공급망 관리(Manage the supply chain)

–건설과정(시작에서 계획, 설계, 건설, 운영, 거주, 철거)의 각 단계를 완전한 주기, 전체적 틀 내의 부분으로서 여기는 것은 중요하다.

–통합적 시각을 갖도록 하는 데 도움이 된다. 개별 프로젝트에 필요한 자원과 요구에 따라서 지속가능성의 각각의 다른 측면들을 우선시함으로써 지속가능성을 잘 관리하고 계획된 방식으로 통합할 수 있다.

–장기적 관점에서 견고한 동반자적 관계를 이용한 작업방식은 50%의 비용과 80%의 시간 절약을 창출할 수 있다.

–공급자들과 동반자 관계가 되는 것은 신뢰를 증진시킨다. 따라서 이들과의 정기적인 계약은 경쟁력 있는 가격을 낳게 한다.

–지속가능한 개발을 추구하는 조직들은 기업 책임 정책을 가지고 있는 고객들에게 보다 매력적일 수 있고 건전한 지속가능성 관리 정책과 실천을 행하는 회사에게 특혜입찰지위를 제공할 수 있다.

⑧ 생산성 증대와 작업공간의 복지 선호(Favour productivity and workplace welfare)

–건물의 수명을 60년으로 가정한 경우, 운영비용은 대략 건설비용의 5배에 이른다. 동일한 기간의 직원비용은 건설비용의 200배 정도가 필요하다.

–생산성이 5% 증가할 경우, 재정적 이익은 대략 일반적인 한 조직의 전체 시설(property)비용과 동일하다. 연구에 따르면 자연광, 자연환기의 최대화, 실내공기의 질적 향상으로 개선된 실내환경은 피고용인들의 생산성을 16%까지 증가시킬 수 있다.

–지속가능한 건물에 대한 투자는 최상의 직원을 유치하고 유지할 수 있도록 조직체의 능력을 향상시킬 수 있다. 건강한 실내환경이 마련된 건물에서 일하는 피고용인들은 결근 횟수는 줄어들고 사무실에 머무는 체류시간은 길어진다. 생산성, 이미지, 재정적

이익을 달성하는 데 직원들의 만족감은 필수적이다. 건강한 실내 공기를 보장하는 것은 보험료와 운영비용을 감소시키고 법적 책임에 대한 위험도 감소시킨다.

⑨ 새로운 사업과 시장에 대한 기회 창출(Generate opportunity for new business and emerging markets)

—지속가능한 건물에 관한 전문지식과 기술은 새로운 환경산업 부문에서 가장 중요한 요소들이며 재료의 재활용은 직업을 창출할 수 있다. 재료들을 지역의 매립지로 가져가는 대신에 지역의 가공처리기계로 옮겨 놓음으로써 새로운 경제적 기회를 창출하게 된다.

⑩ 지역사회로의 혜택 제공(Deliver community benefits)

—고객에 대한 대응과 이해, 지역사회에 대한 관심을 표명함으로써 기업은 지역사회와 좋은 관계를 유지할 수 있다.

—지속가능한 건물은 지역의 건물 재료, 직업, 산업에 대한 요구를 자극함으로써 지역 경제를 보호하고 지원하는 데 도움을 줄 수 있다. 지속가능한 건물은 또한 발전소, 상수도, 매립지, 하수시설, 폐수처리시설과 같은 사회 공공기반시설에 대한 요구를 감소시킬 수 있다.

—지속가능한 건물은 야생동물의 서식처와 녹지를 보호하고 소음과 오염을 방지하여 주위 지역사회에 긍정적인 영향을 끼친다. 지속가능한 건물은 일반적으로 이산화탄소를 40% 덜 방출하고 기후변화를 완화시키는 데 도움을 준다.

(2) 지속가능성 범주별 시설관리에 영향을 미치는 문제점과 조치

① 관리

–인증관리 시스템 획득(예: ISO 14001)

–공인받은 제도에 대한 공인인증서(예: LEED, BREEAM)

–시설 커미셔닝: 건물이 설계단계에서부터 공사 완료단계에 이르기까지 건물주가 요구하는 설계시방서와 같은 성능을 유지하고 또한 운영요원의 확보를 포함하여 입주 후 건물주의 유지관리상의 요구를 충족할 수 있도록 모든 건물 시스템이 작동하는 것을 검증하고 문서화하는 체계적인 공정을 말함(효율적인 건물 에너지 관리를 위해 중요한 요소)

–내부 재정관리 시스템에 관한 의사결정 시 환경적, 사회적 영향을 고려함

–각 사업장이 미치는 환경적, 사회적 영향을 관리하고 개선시킬 수 있는 관리 시스템 사용

–사업적 실현과 지속가능한 개발을 통합할 수 있는 지표, 목표, 정책, 관리절차 사용, 성공 여부를 관찰하고 평가

–지속가능한 개발과 관련된 사업장의 고위 의사결정 집단의 기록에서 역할과 문제점을 검토함

–사업장의 환경적, 사회적 영향에 관한 정보를 발표

② 공기 중으로 배출

–계획과정에서 공기오염을 일으키는 배출물질의 근원을 최소화

–오염원을 민감한 수용체로부터 분리

–유해물질 배출량이 낮은 마감재, 건설재료, 카펫, 가구 사용

–공기, 물, 대지에 온실가스, 오존 고갈물질 배출 감소

③ 토양오염

–과거 또는 최근 토양오염

–오염된 토양을 교정하기 위해 재정적 장려책을 극대화

–필요한 교정의 규모를 결정

④ 고용인력(Workforce occupants)

–불법방해물을 감소시킴(예: 소음, 냄새, 시각적 장해)

–특수요구를 필요로 하는 사람들의 작업과 서비스에 대한 접근성을 증진

–아이디어 도출과 의사결정에 관여하도록 피고용인 격려

–피고용인의 개발 증진

–필수적인 기술을 습득할 수 있는 기회 증진(예: IT, 직장생활과 개인생활에 걸친 지속적인 학습 가능)

–프로젝트의 건설 및 철거 과정에서 먼지 및 소음 관리

⑤ 지역환경 및 지역사회

–지역주민이 더욱 건강할 수 있도록 안전을 증진시키고 기회를 제공할 수 있는 지역환경과 지역사회 기반시설(인프라)에 대한 기여

–지역사회와 동반자관계 유지

–지역 활동과 봉사활동 지원 및 증진

–편견을 감소시키는 활동에 참여하고 상호 간의 이해를 증진시킴

–자원(예: 설비, 지식, 기술, 건물)을 지역사회단체, 자원봉사단체, 교육단체, 자선단체와 공유함

–고용 가능성이 낮은 사람들(예: 장기실업자, 장애인)의 잠재적 기여를 활용할 수 있는 계획에 참여. 이러한 조치는 모든 개인들이 사회에 기여할 수 있도록 해주고 자신들의 잠재력을 깨닫도록 도와줌
–광역적 또는 국가적 경제 번영에 기여

⑥ 건물/제품의 수명주기
–프로젝트의 수명주기 전체에 걸쳐 환경적 이슈를 포함
–재료의 사용

⑦ 에너지 관리
–에너지 소비에 영향을 미치는 시설과 BMS(building management system) 관리
–재생에너지의 생성 및 사용
–냉각기, 에어컨 설비, 특히 사용요금, 후처리 관리
–야간 조명시설 제어
–유틸리티 소비를 감소시키기 위한 서비스 요금 지불 검토

⑧ 물에 대한 배출물질
–지속가능한 배수 시스템을 위한 잠재성 검토(예: 투과성 습지와 분지, 연못과 습지, 침투트렌치(흘러넘친 우수를 처리하고 범람을 예방) 또는 지붕녹화
–경제적인 계획 및 관리를 통해 물 사용을 최소화
–수질오염의 잠재적인 오염원 파악하고 수질오염을 최소화하기 위한 적절한 절차 여부 결정
–홍수예방책과 예방책을 보호하기 위한 방법 제공

⑨ 자원의 이용 재료(물 포함) 사용과 에너지 효율

–화석연료, 금속, 골재, 광물의 사용 감소

–재생 및 재활용 재료의 사용 증가

–물의 저장, 물의 공급과 처리

–화학물질 및 석유 저장

⑩ 폐기물 관리

–모든 종류의 폐기물 감소

–WEEE(Waste Electrical and Electronic Equipment) 지침, 폐기물 처리에 대한 법적 준수

–재활용을 증가시키기 위한 사무실 폐기물 처리 및 수집

–의료폐기물과 여성용 위생용품 처리

–고형 및 액체 폐기물에 관한 법적 준수

–위험폐기물 처리(연속적 전원공급용 건전지, 기름, 냉각재)

–과도한 주문의 음식과 소비재 처리

–초기단계의 포장폐기물과 소비재 사용 감소와 후기단계에서 재활용 관리

- 프로젝트 과정에서 생산된 폐기물 관리

⑪ 시장(marketplace)

–지속가능한 개발에 기여하는 조직체를 지원하고 지역경제를 지원하는 구매력을 사용

–이해관계자(stake holders)에게 정보 제공 증진

–이해관계자들과의 협의 시간을 증가시키고 협의한 내용을 의사결정에 반영

–부패와 불공정한 일에 대해 윤리적, 도덕적으로 반대하는 사업을 실시
–종이, 토너 카트리지를 포함하는 소비재의 조달
–에너지 소비 및 재사용을 위한 IT 장비 조달
–청소세제, 살충제의 조달과 이들의 환경에 대한 영향
–지역에서 생산되는, 윤리적으로 농장에서 생산되는 음식의 조달 및 유기농 제품의 구매

⑫ 인권
–작업장에서, 공급체인에서 주위 환경 전체에서 건강과 안전 증진
–인간을 더욱 건강하게 살 수 있도록 해주는 기술과 활동을 증진

⑬ 생물학적 다양성
–토착종과 이들의 서식처를 보호하고 향상시킴
–지속적으로 관리되는 출처(sustainable-managed sources: 남획, 개별사업지, 야생으로부터 취득)로부터의 자원 비율 증가

⑭ 운송수단
–회의를 위해 비디오 또는 화상회의 사용
–제한된 이산화탄소를 배출하는 환경친화적 차량을 회사용으로 선택
–공급자나 계약자가 서비스를 제공하기 위해 이동하는 거리를 단축

2. 환경친화적 관점: 시설의 수명주기

수명주기분석(life cycle assessment)은 모든 제품의 초기 생성단계, 사용, 유지관리, 최종 폐기에 이르는 전 수명에 걸쳐 주요한 행위를 포함하고 있으며 제품과 과정의 신택에 따라 환경에 미치는 영향을 좀 더 잘 보여주며 포괄적으로 환경에 미치는 영향을 보여준다.3) 시설이나 건물도 큰 맥락 안에서 보면 자원을 가지고 건설하게 되는 제품으로 볼 수 있다. 다른 제품과 차별되는 특성을 살펴보면 수명이 매우 길고 부지에 건설되므로 지역에 한정되어 지역성과 토착성을 지니며, 초기 건설비용이 매우 크고 다양한 이해집단이 건물의 건설, 운영, 관리에 참여하게 된다.

1) 수명주기 관점

(1) 건물의 수명주기분석(Life cycle analysis)

재생 불가능한 자원을 보호하기 위하여 1970년대 후반부터 건물 전체와 건물 재료에 대하여 수명주기분석이 적용되었다. 건물은 매우 오랫동안 사용되기 때문에 전체 사용기간 내에 많은 변화가 있을 수 있으며 원래 계획되어진 의도와 달리 복잡하거나 잘못된 방식으로 사용될 수 있다.

건물의 수명주기분석은 설치, 유효수명, 수명종료의 3단계로 나누어

---

3) Life cycle assessment: principles and practice(http://www.epa.gov/NRMRL/lcaccess/lca101.html)

진다. 설치는 재료를 현장에 가져오는 것을 시작으로 설치가 완료되면 설치단계가 종료된다. 이 단계에서 발생하는 대지 내에서의 재료 저장 및 이동은 재료 자체의 특성보다는 건물 유형과 대지 상황에 달려 있다. 설치 단계의 에너지 소비는 건물 유형, 대지 계획, 폐기물의 양에 달려 있다. 건물 재료의 유효수명(service life)은 기후, 사용자의 유형, 사용변화와 같은 외부적 상황에 따라 수년에서 100년 또는 그 이상 다양할 수 있다. 유지관리 및 교체행위는 매우 다양한 빈도로 발생하고 교체 주기는 전체 수명주기분석 결과에 큰 영향을 미친다. 수명종료단계는 철거과정에서 건물로부터 재료들을 제거하는 것으로 시작한다. 건물이 철거된 후에 이 재료들의 역할을 결정하고 투입과 산출을 수량화하는 것은 쉽지 않다. 더 나아가 유지관리 스케줄은 과거의 경험에 근거하고 있다.

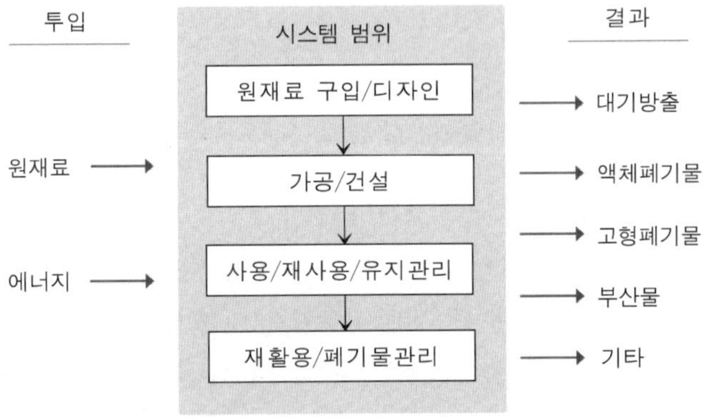

출처: Life cycle assessment: principles and practice

〈그림 4-2〉 수명주기단계

(2) 수명주기분석에 있어서 고려해야 할 사항

① 기능적 단위

건물은 다양한 기능을 수행하고 있기 때문에 건물 수명주기분석에서는 단위 기능을 정의하고 주택, 사무실, 병원 등과 같은 동일한 서비스를 수행하는 건물끼리 비교해야 한다. 건물 유형에 따른 비교분석에서 때때로 단위 바닥면적을 기능적 단위로 사용하는데 이는 유용한 데이터를 제공해주기는 하지만 규모의 경제 원리에 따라 큰 건물이 성능이 우수한 것으로 나타나는 경향이 있다. 그러나 사실, 대체적으로 규모가 큰 건물의 건설 및 운영에는 추가적인 자원이 필요하기 때문에 규모가 큰 건물일수록 환경에 미치는 영향이 큰 편이다.

② 건물의 유효수명

건물의 유효수명은 환경적, 구조적, 경제적 사용자 특성 요인과 건축적, 역사적 가치에 따라 달라질 수 있다. 환경적 요인은 기후, 온도, 습도 그리고 곰팡이, 박테리아와 같은 생물적 요인을 들 수 있으며 사용자 특성 요인으로는 인간이 건물을 사용하면서 건물에 미치는 위해 등이 있으며 이 요인들은 건물의 노후화에 기여한다. 건물의 노후가 심할수록 건물은 빨리 파괴된다. 이론적으로는 건물의 유용기간을 연장하는 것이 에너지와 천연자원 사용을 감소시키지만, 실제적으로는 건물이 오래될수록 유지관리가 어려워지고 사용자가 요구하는 편안함의 수준을 만족시키기 위해서 더 많은 에너지와 시간이 필요하기 때문에 환경에 미치는 유해한 영향은 더 커질 수 있다. 건물의 노화로 인해 창문 연결부분으로 공기가 새어 들어와 유지관리 및 에너지비용이 증가되는 것이 좋은 예이다. 그러므로 유효수명은 의도한 기능을 수행할 수 있는 건물의 적합성(fitness)에 달려 있다. 건물의 적합성은 부정적 효과와 긍정적 효과에 따라 결정되는데 부정적 효과가 더 커지면 건물의 유효수명 기간은 끝이 난다.

Bekker(1982)는 유효수명 기간의 결정인자를 경제적 영향(비용), 물리적 영향(에너지, 천연 재료 소비, 대지와 공간 사용), 사회적 영향(수입, 생활수준, 건강적 측면), 생태적 영향(오염, 생태계의 파괴)으로 정의하였다.

수명주기분석은 종종 미리 설정되고 가정된 내구연한 기간을 설정한다. 이 기간은 건물의 실제 수명 기간을 의미하지는 않지만 연간 에너지 사용을 시뮬레이션하기 위해 필요하다. 너무 오랜 기간을 가정하고 분석할 경우, 미래에 소요되는 에너지 비용을 예측하기 힘들기 때문에 분석 자체가 의미가 없어지게 된다. 그러나 너무 단기간의 분석은 수명주기에서 소비 에너지 감소에 따른 잠재적인 장기적 이익의 가치를 저해할 수 있다. REGENER 프로젝트에서는 유럽의 건물의 수명을 80−120년으로 추정하였고 수명주기분석은 100년의 기간을 포함할 것을 권고하였다. Adalberth는 스웨덴 주택에 대해 50년, Fay는 호주 주택에 대해 100년의 유효수명 기간을 사용하였다.

2) 수명주기분석(life cycle analysis)의 과정과 문제점

(1) 수명주기분석 과정

일반적으로 수명주기분석 과정은 목적과 범위 규정, 목록, 영향 평가, 평가와 해석의 4단계로 볼 수 있다.

① 목적과 범위

수명주기분석의 필요성을 정립하고 분석결과를 어떻게 사용할 것인지를 정하는 단계로서 일련의 과정에 관련된 모든 투입과 산출물을 추적하는 것이 불가능하기 때문에 수명주기분석에 포함되는 과정을 시스템 경계(system boundary)로 설정함으로써 수명주기분석을 단순화하는 데 사용된다. 그러나 설정된 경계를 벗어난 행위를 제외시킴으로써 분석의 결과를 왜곡시킬 수가 있다. 예를 들면 도로를 이용한 비효율적인 수송 시스템을 이용해서 재료를 건축 현장으로 이동할 경우, 이 과정을 제외시킨다면 빌딩을 건축하는 데 들어간 에너지가 과소평가될 수 있다. 그러나 일반적인 수명주기분석에서, 건물과 같은 생산품(제품)은 평생 동안의 모든 과정(예를 들면 건설과정, 철거과정)을 포함하고 자본재의 경우는 자본재를 생산하기 위해 필요한 재료 생산이 미치는 환경 영향만을 포함한다. 보다 단순한 분석은 환경에 미치는 영향이 지대한 과정들만을 포함하는 것이지만 그 영향이 미약

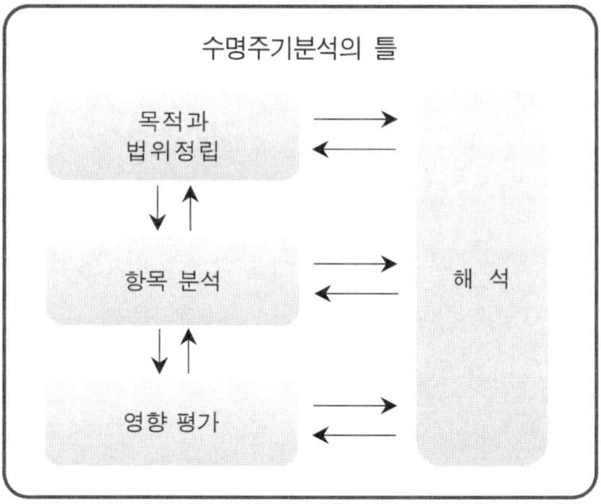

〈그림 4-3〉 수명주기분석의 단계

하더라도 반복적인 과정이라면 분석에 포함되어야 한다.

② 목록

수명주기 동안에 발생하는 투입과 산출물을 수량화하고 분석하는 단계이다. 수집한 데이터는 생산, 자원, 에너지 사용, 공기 또는 물로의 방출, 폐기물 생성으로 구성된다. 이에 따른 목록은 천연 재료 리스트, 에너지와 에너지가 공급되는 다양한 형태들, 다른 과정들로부터의 미완성된 생산품과 에너지, 발생하게 될 방출물 등이다.

③ 영향 평가(impact assessment)

목록에서 정의하고 수량화한 환경 유해물질의 효과의 규모와 심각성을 이해하고 평가하는 단계이다. 그러나 생태계에 미치는 영향에 대한 정확한 자료가 없고 생태계에 미친 손상을 평가하기 위한 표준 방법이 불충분하기 때문에 가장 복잡한 단계이기도 하다. 그러나 모든 실수와 부정확성에도 불구하고 수명주기분석은 발생할 수 있는 환경 영향에 대한 유용한 해답을 제공한다.

영향 평가는 4단계로 세분화된다. 분류와 특성평가는 필수적 단계이지만 가중치와 평가는 선택적이고 때때로 함께 묶기도 한다. 첫 번째, 분류—목록에서 정의된 영향 요소들을 영향 범주로 할당한다. 몇 개의 목록 범주는 한 개의 영향 범주에 할당될 수 있고 한 개의 목록 범주가 몇 개의 영향 범주에 할당될 수 있다. 둘째, 특성평가로 영향 요인들의 상대적인 기여도를 평가하고 영향 요인들을 영향 범주로 종합한다. 셋째, 영향 범주의 상대적인 중요성을 평가하기 위해 범주들을 대상으로 가중치가 적용된다.

④ 평가와 해석

결과를 해석하고 정의해서 유해물질과 환경 영향을 감소시킬 수 있는 방법을 구하는 단계이다.

수명주기분석의 결과는 데이터의 문제, 모델의 정확성, 모델의 완전성 등의 문제가 있다. 부정확성은 통계적 방법을 사용하고 표준편차나 범주로 표현하는 데이터의 질적 특성에서 연유한 것이고 모델의 부정확성은 가정을 변경하는 것과 관련 있는 민감도 분석으로 평가할 수 있다. 따라서 수명주기분석의 결론을 토의할 때는 규정한 가정들을 포함시켜야 할 것이다. 모델의 완전성은 중대한 기여를 하는 과정들을 정의하는 기여분석(contribution analysis)을 사용해서 평가할 수 있다.

(2) 수명주기분석의 문제점

수명주기분석은 선택하는 시스템의 경계에 따라 매우 복잡하고 시간을 많이 필요로 하거나 매우 간단하지만 오류를 범하기 쉽다. 또한 수명주기분석은 데이터 집약적인 것과 방법론적인 불완전성에 대해서도 비판을 많이 받는다. 이러한 불완전함은 분석 속에 내재하는 가정의 결과로 인한 것이다. 그 가정들은 다음과 같다.

첫째, 시간적 안정성으로 현재의 지식으로 미래의 시나리오를 평가한다. 둘째, 분리성으로 시스템 내부의 생산품과 시스템 외부의 생산품의 프로세스는 완전히 분리되어 있다고 가정한다. 만약 폐열이 지역난방 체계에 기여하는 형태로 사용된다면 전체 에너지 투입에 대한 추가적 에너지 사용은 효율성의 증가를 의미한다. 그러나 과정을 분리하는 경우에는 이러한 사실이 드러나지 않을 것이다. 셋째, 정확성으로 과정 평가에 사용되는 값은 그 산업의 평균값이다. 그리고 특정 생산품의 실제 값은 특정 장소, 특정 상황에 따라 다양한 값을 가질 것이다. 넷째, 생산품은 안정적 상태라고 가정함으로써 수명주기분석에서 위험요소는 평가되지 않는다. 다섯째, 정확하고 지속적인 모델로서 모든 환경적 흐름은 동일한 장소에서 오고 동일한 장소로 돌아가는 것으로 가정한다. 이러한 가정 때문에 수명주기분석은 완벽한 방법은 아니지만 대안적인 방법들을 비교하고 환경에 미치는 영향을 수량화할 수 있는 도구를 제공하는 것에 의의가 있다.

3) 건물의 수명주기비용분석(Life cycle costing of building)

사람들은 건물을 평가할 때, 지불한 비용과 건물이 제공하는 가치를 비교한다. 실제로 비용은 디자이너가 건물의 디자인을 결정하는 데 있어 첫 번째로 중요한 이슈이다. 비용은 건축물의 미적인 측면과 기능적인 측면에 함께 최종 건물디자인에 지대한 영향을 미친다. 건물의 대지면적을 제한하고 단순한 구조적 시스템과 적절한 건설방식을 도입하여 표준화된 부품을 사용함으로써 건물 건설에 소요되는 초기비용을 감소시킬 수 있다. 그러나 건물의 수명은 매우 길고 오랫동안 서비스를 제공해야 하며 그동안에 건물의 운영, 유지관리, 변화를 수용하기 위한 비용이 필요하다. 이러한 비용이 초기 건설비용의 3배에 이른다고 Stone(1980)은 주장했다. 이러한 추정은 초기비용과 이후의 비용의 관계가 건물의 기대 성능과 품질에 달려 있기 때문에 매우 유동적일 수 있다.

그러나 초기 건설비용과 그 이후의 운영 및 유지관리 비용 사이의 적절한 균형은 자원을 적절하게 사용하는 데 있어 그 효율성을 증가시킨다. 경제적 효율성을 보여주는 예를 재생 가능한 에너지를 이용하는 시스템에 적용하여 살펴보면, 에너지 보존 수준이 높아질수록 초기 설치나 투자비용은 증가하고 에너지 소비량은 감소한다. 전체 수명주기비용이 최저가 되는 시점이 투자비용 증가 대비 운영비용 절감이 커지는 부분, 즉 수명주기비용이 최저가 되는 시점이 경제적 효율성이 가장 높은 지점이다(〈그림 4-4〉 참조).

수명주기비용평가는 유효수명 기간 동안의 건물 디자인 대안들에 대한 경제적인 평가이다. 초기 건설비용뿐만 아니라 유지관리와 운영비용을 추정함으로써 대안들에 대한 비용을 비교할 수 있다.

수명주기비용평가를 사용하는 목적은 유사한 기간 동안에 여러 가지 옵션들을 평가하기 위함이다. 실제적으로 이 평가는 질적인 측면과 양적인 측면을 모두 가지고 있다. 양적인 측면들은 평가를 위한 기본적인 참고사항을 제공하는 반면에 최종적인 평가에 관여하는 중요한 요인들은 질적인 것들이다. 그리고 최종평가를 다듬기 위해서

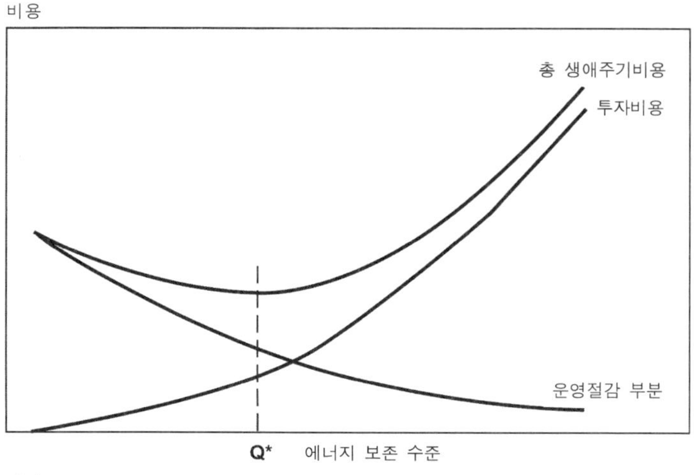

출처: Green building, project planning & cost estimating, p. 338.

〈그림 4-4〉 수명주기비용의 최소화

전문적인 가치판단이 사용되어야 한다. 그러나 전통적으로 디자인 옵션들의 질적 평가는 양적 평가 없이 이루어진다. 따라서 비용수명주기는 이미 질적 평가가 사용된 상황에 양적 기준을 더해주는 것이다.

(1) 수명주기비용평가의 목적

건물의 전체 수명주기 동안에 소요되는 비용을 분석하는 것은 여러 대안들을 평가하거나 재정계획을 세우는 데 도움을 준다. 이러한 비용분석의 역할은 다음과 같다.

㉠ 전체 수명주기비용에 근거해서 비교 가능한 옵션들 가운데 가장 적절한 것을 선택하기 위한 평가 도구로 사용
㉡ 미래의 운영 및 유지관리비용을 추정하거나 예산을 세우기 위한 방법
㉢ 새로운 재료 및 기술을 평가하기 위한 시스템
㉣ 비용 유발 요인을 알아내기 위한 도구
㉤ 전체 프로젝트 비용을 감소시키기 위한 유용한 방법

수명주기비용분석을 통하여 기획단계나 계획초기에 더 많은 비용을 절감할 수 있기 때문에 개념 도출, 예비 디자인, 디자인 전개과정과 같은 프로젝트의 초기단계 적용하는 것이 보다 효율적이다. 초기단계에서의 변경은 최소의 노력만으로 최적의 효과를 거둘 수 있기 때문이다. 일단 건설작업이 시작되면 변경에 소요되는 비용이 급격하게 증가한다. 건설과 입주단계 동안에 행해진 수명주기비용분석의 결과는 유사한 성격의 프로젝트를 위하여 피드백을 제공할 수 있다.

(2) 건물의 수명주기비용의 비교분석 방법

▌수명주기비용분석 단계

① 고려하는 옵션들의 공통적인 요소를 정의하고 비교대상에서 제거
② 고려하는 각각의 옵션들과 관련 있는 중요 비용을 정의
③ 그해에 발생하는 각 그룹들의 비용을 합산하고 현재가치로 할인
④ 가장 낮은 비용의 옵션을 선택
⑤ 민감도 분석을 이용해서 최종 결과에 사용된 가정들의 효과를 점검
⑥ 심미성, 안정성, 환경 관련 고려사항과 같은 비경제적 요인들을 고려하여 최종 선택

수명주기비용분석에서 디자인 대안들(옵션들)은 절대적이기보다는 상대적으로 비교한다. 이 상대적 비교는 디자인 대안들 사이에 현저하게 나타나는 상대적 비용의 차이를 강조한다. 이러한 상대적 차이는 절대적 비교에서는 잘 드러나지 않으며 분석에서 공통의 요소들을 제거하는 것은 분석에서 시간과 복잡성을 제거해 준다. 그러나 공통의 요소를 변경할 수 없는 것은 아니다.

프로젝트의 성격과 고객의 목적에 따라 수명주기분석에 사용하는 기간은 건물의 전체 유효수명 기간이 될 수도 있고 고객에 그 건물에 대해 관심을 갖는 특정한 기간이 될 수도 있다. 미국에서 연방건물(federal building)은 25년을 기간으로 분석하고 이 기간은 일반적인 건물들의 유효수명보다 매우 짧은 기간이다.

수명주기분석처럼 수명주기비용분석도 과거 경험에 근거한 운영비용과 성능 관련 데이터에 근거해서 미래 사건들을 예측한다. 예측은 어느 정도는 과거의 패턴에 근거해서 미래의 경향을 예측할 수 있다는

가정을 전제로 한다. 그리고 이때 과거의 패턴은 그 경향에 있어서 큰 변화가 없어야 한다. 미래의 물가인상률과 세금이나 에너지 가격 인상 예측은 불확실한 것들이다. 사실 2006년 기름 가격 인상은 어떤 예측도구로도 예측하는 것이 불가능했었다. 따라서 수명주기비용을 도출하기 위해 사용하는 많은 가정들이 실제적인 상황들과 다를 수 있는 것처럼 수명주기비용분석은 실제 비용을 정확하게 예측하려는 것이 아니다. 비록 데이터 품질과 방법적인 불완전성이 수명주기분석과 수명주기비용분석의 공통의 단점이지만 이 분석들은 여러 가지 결정을 가능하게 하는 기초를 제공한다.

(3) 수명주기분석 방법의 주요 개념

화폐의 시간가치, 할인현금흐름(discounted cash flows: 장래의 금액에 대한 현재가치를 기간과 할인율에 따라 계산한 금액), 할인율과 같은 경제학적 개념들은 수명주기비용분석에서 필수적으로 필요한 개념들이다.

① 화폐의 시간가치

시간상의 여러 시점에서 소비하거나 받은 돈의 합계는 다른 가치를 갖게 된다. 그 가치는 이자 지불로 인해 커질 수도 있고 미래의 물가 상승의 효과로 인해 더 작아질 수도 있다. 시간이 지남에 따라 증가하는 돈의 능력을 화폐의 시간가치라고 한다(Kirk and Dellisola 1995). 수명주기비용은 여러 시점에 투입된 화폐의 합으로 구성된다. 시간상 여러 시점에 발생한 비용들을 공통의 기준에 따라 전환하기 위해서 현재가치의 개념이 사용된다. 벌어들이는 이자의 효과로 인해서 현금 유동성의 현재가치는 미래가치보다 적다. 현재가치의 개념은 복리가 거꾸로 적용된 개념과 유사하다. 미래의 비용을 현시점으로 전환할 때보다 더 적은 가치로 계산되는 방법을 할인이라고 한다. 미래의 발생하게 될 비용의 합계를 현재로 전환한 가치는 그 합계가 완료되는 시점보다 더 적다.

② 인플레이션(물가상승)

동일한 재화와 서비스의 가격이 시간이 흐름에 따라 증가하는 것을 인플레이션이라고 하며 이때 가치의 증가는 없이 비용의 증가만 있다(Kirk and Dellisola, 1995). 인플레이션의 원인은 재화에 비해 돈이 너무 많이 유통되기 때문이다. 인플레이션은 두 종류가 있는데 일반 인플레이션(general inflation)과 차등비율 인플레이션(differential rates of inflation)이 있다. 일반 인플레이션은 화폐의 시간가치에 영향을 미치고 차등비율 인플레이션은 에너지의 가격같이 일반 인플레이션보다 더 높은 비율로 인상되는 종목에 적용된다.

③ 수명주기분석에 고려되는 비용

수명주기비용분석에서 비용은 분석을 위한 기본적인 재료이며 비교대상인 옵션들을 평가하기 위한 기초가 된다. 건물과 관련된 비용은 건물의 물리적 성격, 성능에 대한 기대 그리고 건물 내에서 유지되어야 하는 질적 수준을 반영한다. 뿐만 아니라 비용은 세금, 수수료, 환경적인 영향에 대한 민감도 면에서 건물의 위치에 따라서도 영향을 받는다. 그러므로 과거의 비용 관련 자료에서 특정 상황에 적용되는 자료를 선택할 때 위에 언급한 사항들을 모두 고려해야 한다.

비용은 두 종류의 유형이 있는데 하나는 유형의 비용(tangible cost)이고 또 다른 하나는 무형의 비용(intangible cost)이다. 유형의 비용은 초기비용과 운영비용과 같이 화폐용어로 수량화할 수 있다. 그러나 무형의 비용은 화폐용어로 수량화하기는 어렵지만 심미성이 초래하는 호감도, 사용 거부에 대한 비용과 같이 최종 결정에서 중요한 역할을 하기도 한다.

대부분의 건물 유형에서 초기비용은 가장 큰 단일 비용일지라도 초기비용은 전체 수명주기비용의 50% 이하인 것으로 추정하였다(Flanagan 외 1989). Stone(1980)은 주택의 수명주기비용의 5%의 할인율을 적용하여 초기 건설비용은 56%, 유지관리비용은 16%, 난방과 조명을 위한 연료비용을 28% 정도로 산정하였다. 이러한 초기비용의 50% 정도는 건물의 부품, 마감, 장비 그리고 대지작업 등으로 인해서 발생된다. 만약 주택의 수명주기비용을 감소시키고자 한다면 장수명 주택이 필수적이라는 것을 보여준다.

반복적인 비용의 구성은 건설 및 건물의 유형에 따라 다양하다. 토지개발연구센터에 의하면(Joint center for Land Development Studies) 상업건물을 대상으로 한 비용의 일반적인 범위는 다음과 같다.

－유지관리: 7－30%

－에너지: 15－45%

－청소 : 5－40%

－요금: 5－45%

－보험: 2－20%

－보안경비 및 관리: 0－10%

유지관리비용은 주로 건물의 요소나 부품을 교체할 때 발생한다. 이러한 작업의 미래비용은 새로운 건설작업의 비용에 비해서 상대적으로 증가하게 되고 재료보다 사람의 노동력 요소가 커질수록 비용은 비례적으로 더 많이 증가한다. 어쨌든 유지관리 작업은 규모가 감소되고, 제한된 장소에서의 작업의 필요성, 오래된 작업의 제거, 초과근무의 필요성 등으로 인해서 초기 건설작업에 비해서 비싼 경향이 있다. Stone(1980)은 대부분의 건물 유형에서 바닥면적당 유지관리비용은 불변가격(constant prices)으로 평균 초기비용의 1.5%인 것으로 추정하였다. 유지관리비용은 건물의 유효수명 동안에 간헐적으로 발생하는 반면에 위에서 언급한 모든 다른 비용은 고르게 배분된다.

Kirk & Dellisola의 정의에 따르면 건물과 개발행위의 수명주기비용은 아래의 요소를 포함한다.

- 초기비용: 프로젝트 비용, 건설비용 및 기타 비용
- 금융비용: 초기 자산비용과 관련된 모든 부채
- 운영비용: 에너지, 물, 기타 공공 비용
- 유지관리비용: 평상시의 지원서비스(custodial service) 및 수리비용
- 개조 및 교체비용: 공간의 기능을 변경시키는 데 필요한 비용(개조비용)과 원래의 기능을 지속시키기 위한 비용(교체비용)
- 현재의 세법에 근거한 세금, 감가상각, 융자금(credits)
- 관련 비용: 스태프, 재료비용, 주요한 유지관리 및 새 단장으로 인한 사용 거부, 보안, 보험
- 잔존가액(Salvage value)[4]: 잔존가치가 있으면 플러스이고 철거가 필요하면 마이너스

수명주기비용평가에서는 초기비용으로 대지구입비용, 기존 구조물의 철거비용, 대지 준비비용과 같은 항목들을 고려해야 한다. 설비

4) 고정자산의 사용 기간이 끝나더라도 그것의 잔해를 매각 처분함으로써 얻을 수 있는 가치의 견적가액.

및 기기, 가구 및 의장과 같이 비교적 단기간에 교체되어야 하는 것들의 비용은 운영비용에 포함되어야 한다. 건강이나 환경과 관련 있는 재료인 경우는 철거 및 처리비용을 포함시키는 것이 매우 중요한 문제다. 또한 재활용하기 어려운 재료도 일반 처리비용보다 더 많은 비용을 필요로 한다. Adalberth(1997)는 폐기물 처리에 필요한 이동에너지 필요량은 거주용 건물인 경우, 대지에서 매립지까지 20km를 기준으로 해서, 20−30kWh/m^{2}인 것으로 추정하였다.

수명주기비용분석과 관련 있는 비용 견적에 사용된 방법은 정보의 이용 가능성에 달려 있다. 새로운 재료, 사용된 기술, 이것들의 사용정도, 기대 유효수명은 이용 가능한 정보의 신뢰성에 영향을 미친다. 또한 정보의 이용 가능성은 분석이 이루어지는 수명주기의 단계에 따라 달라진다. 다음은 수명주기비용에서 견적을 내기 위해 사용하는 기본적인 방법들이다.

- 엔지니어링 비용방법(engineering cost method): 일반적으로 확립된 비용 요인들을 검토해 계산하는 직접적인 비용의 추산방법이다.
- 유사 비용방법(analogous cost method): 경험에 근거한 비용 추산으로 실제비용을 반영하기 위해 업데이트한 과거의 데이터를 사용한다. 정확성은 사용한 유추의 관련성 및 적절성에 달려 있다.
- 매개 변수적 비용방법(parametric cost method): 방정식의 형태로 비용−요소 간의 관계를 전개시키기 위해 매개 변수와 변수를 사용한다. 이 방법은 비용이 발생되는 방법에 대한 분석가의 분석을 반영한다.

비용은 또한 내부적 비용과 외부적 비용으로 나누어진다(Stone, 1980). 내부적 비용은 건물 사용자들에 의해서 발생되는 비용이고 외부적 비용은 그 밖의 개인과 지역사회에 의해 발생되는 비용이다. 건물은 토지, 에너지, 재료와 같은 많은 자원들을 이용하고 오랜 기간 동안 지속적으로 방출물을 생성시킨다. 그러므로 건물의 건설, 사용, 처리에 관련된 사회적 비용은 매우 중요하다.

(4) 수명주기비용분석에 사용되는 투자평가방법

투자평가방법은 옵션들의 비교를 용이하게 한다. 이들 가운데는 할인방법을 쓰기도 하고 비할인 방법을 사용하기도 한다. 미래의 비용/저축이 초기비용에 비해 균형이 맞지 않게 큰 경우처럼 비할인방법은 단기분석 기간에만 사용해야 한다.

가장 흔히 사용되는 투자평가방법은 투자회수기간기법(payback period technique)이다(투자회수기간이란 투자한 총액을 돌려주는 데 필요한 시간을 말한다). 화폐의 시간가치의 고려 여부에 따라서 플러스의 잔존가치는 부품의 남아 있는 유효수명을 포함시키기 위해 순 현재가치(NPV)법에 할당되어야 한다. 이러한 문제를 다루는 다른 방법으로 연간 등가가치법이 있다.

연간 등가 가치법(Annual equivalent value method)

이 방법은 순 현재가치법(NPV method)의 장점과 연간비용의 수치들을 합한 것으로 고객과 건물 매니저에게 유용하다. 연간 등가 가치법은 순 현재가치를 일회성 현재가치비용으로 표현하기보다는 분석기간에 걸쳐서 계산한다. 그리고 동일한 연간비용을 도출하기 위해 순 현재가치를 분석기간으로 나누어준다. 연간동등가치가 낮을수록 전체수명주기비용도 낮아진다. 이 방법은 부품의 교체주기가 있으며 이때 재료 및 부품이 동일한 종류로 교체된다는 가정하에 사용된다.

초기비용의 연간동등금액은 대출받은 초기비용의 이자율, 건물의 유효수명, 초기비용에 따라 달라진다. 이자율이 높을수록, 유효수명이 짧을수록, 연간동등비용은 커지게 된다. 연간동등비용에 대한 이자율의 변화는 수명이 긴 건물보다 짧은 수명의 건물에 미치는 효과가 덜하다. 건물의 수명이 증가함에 따라 연간동등비용은 비교적 안정적인 동등비용에 이를 때까지 감소된다. 건물의 대출금에 대한 보통 이자율로 감안했을 때, 연간동등비용은 단기수명건물(20년)인 경우 장기수명건물(60년)과 비교했을 때 두 배에 이른다(Stone, 1980). 이자율이 낮을수록 연간동등비용의 차이는 커진다.

가치하락은 노후화와 진부화의 경제적 결과이다. 건물이 낡아짐에 따라 자산가치는 감소된다. Flanagan 외(1989)에 따르면 수리하지 않은 20년 된 건물의 대여가치는 새 건물의 가치의 60% 정도 밖에 되지 않으며 자산가치는 50% 정도 된다. 이러한 결과를 보면 시장에서의 대여를 보장하기 위해 현재의 유행에 맞도록 새 단장이 필요한 것을 알 수 있지만 건물을 새롭게 단장하지 않고도 주기적인 유지관리를 통해서 낮은 수명주기비용을 달성할 수 있다. 유행이 급격하게 변화하는 현재의 건축 트렌드는 지속가능한 결과물에 부정적인 영향을 미칠 수 있다. 수명주기비용은 순 현재가치나 연간동등비용을 계산할 때 가치하락을 고려하지 않는다.

(5) 예측 오류와 위기관리(prediction errors and risk management)

수명주기비용은 불확실한 미래와 관련 있는 것이며 사용하는 데이터는 현재의 지식과 정보에 기반을 둔 예측이기 때문에 추산 가정에 따라 달라지고 그 변화가 수명주기비용에 미치는 영향 역시 매우 달라진다. 추정한 수명주기비용의 정확성은 예측 오류에 달려 있다. 예측 오류란 계산상의 실수와는 다른 것으로 측정 오류, 샘플링 오류, 그리고 가정 오류가 그것이다. 측정 오류는 측정기술의 한계로부터 발생하는 것이고 샘플링 오류는 어떠한 샘플도 그 모집단을 완전하게 대표하지 못한다는 사실에서 발생하는 것이다. 가정이란 늘 불확실하다. 뿐만 아니라 그 분석에서 고려하지 못한 다른 많은 가정들이 있을 수 있다. 오류의 가장 큰 근원은 미래비용과 조작이 필요한 빈도의 변화를 예측하는 데 있다. Flanagan 외(1989)에 따르면 ① 분석기간, ② 할인율, ③ 재료/요소의 기대수명, ④ 추정비용, ⑤ 인플레이션 비율(물가상승률) 요인들의 합리적인 변화의 결과로 인해 수명주기비용 분석의 결과에서 변화가 발생할 수 있다고 하였다.

미래와 연관된 불확실성 혹은 위험이 존재하며 공공 부문의 투자에 따른 불확실성 및 위험을 할인율에 반영하여 불확실성이 높을수록 높은 할인율을 적용할 수 있다. 공공 부문 정책의 편익과 비용추정에 적용되는 할인율에는 사회적 시간 선호율, 개인의 소비 이자율, 투자의 한계수익률, 공공투자의 기회비용 그리고 미래의 불확실성과 위험을 반영한 할인율 등이 있다.

① 민감도 분석(Sensitivity analysis)

수명주기비용분석은 미래를 다루는 것이기 때문에 불확실하고 분석에 사용되는 데이터 역시 불확실성이 존재한다. 따라서 불확실한 요인들의 변화에 따라 현재가치가 어떻게 달라지는지를 비교함으로써 대안들에 대한 평가를 내릴 수 있도록 민감도 분석이 이루어지게 된다. 오류를 감소시키기 위하여 다른 조건이 일정한 경우에 어느 한 투입요소가 변동할 때 그 투자안의 순 현재가치가 어느 정도 변동하는가를 분석하는 것이 민감도 분석이다. 이 분석은 비용편익분석에서 사용된 가정이나 주요한 변수들의 불확실성 때문에 분석 결과의 강건성(robustness)을 검증하기 위해 시행하는데 분석 결과에 가장 큰 잠재적인 영향을 가지는 변수, 가장 큰 불확실성을 나타내는 변수 또는 가장 논쟁이 될 만한 변수에 대해 실시한다.

민감도 분석은 순 현재가치를 계산하기 위해 수명주기비용에서 사용하는 단일 변수의 변화가 순 현재가치(NPV)에 미치는 영향을 정의하는 것이다. Sterner(2000)는 에너지 가격, 할인율, 유효수명을 건물 수명주기비용의 민감도 분석에서 사용되는 중요한 변수로 정의하였다.

일반적으로 건물 투자자나 의뢰자는 건물의 수명 전체에 걸쳐 발생하는 비용을 최소화하는 것보다 초기에 소요되는 비용 발생을 줄이는 안을 더 선호한다. 그러나 교토의정서와 같은 국제협약 덕분에 이러한 선호 경향은 가까운 미래에 변화될 것을 기대한다. 수명주기비용분석(Life cycle costing)은 전체 수명주기비용(Life cycle cost)에 근거해서 다양한 건설 및 디자인 옵션들을 평가할 수 있다. 수명주기비용분석을 하는 데 있어 가장 중요한 것은 화폐의 시간개념이다. 미래의 비용은 현재의 가치로 환산했을 때 그 가치가 낮아지기 때문에 모든 시점에서 발생하는 비용을 현재의 가치로 전환하기 위해서 할인율이 적용된다.

비용은 수명주기비용분석에서 평가를 내릴 수 있는 기준을 형성한다. 대안적인 옵션들에 의해 발생하는 비용과 수익은 대안들의 적절한 평가를 위해 고려되어야 한다. 인플레이션은 화폐의 현재가치를 산정하는 데 중요하지만 대안들을 비교분석할 때는 인플레이션을 수명주기비용분석에서 제외시킬 수도 있다.

4) 친환경 건축물 수명주기비용분석 사례

환경친화적인 건축물의 비용분석을 보여주는 사례로서 '친환경 건축물 비용 편익 분석'(p. 50-63) 내용을 발췌, 요약하여 소개한다.

캘리포니아 지속가능한 건물 추진위원회(SBTF: California's Sustainable Building Task Force)에서는 친환경 건축물의 에너지 사용, 에너지 사용으로 인한 오염물질 배출, 물 절약, 폐기물 감소, 생산성 및 건강 등의 측면에서 비용과 편익에 대한 분석을 추진하는 프로젝트를 진행시켰다.

(1) 캘리포니아 친환경 건축물의 추가 비용

친환경 건축물로 시공을 하는 데 추가로 소요되는 비용은 평균 약 2% 정도로 설계 초기단계에 친환경적인(Green) 요소들을 반영시킬수록 전체 비용은 저감되는 것으로 나왔다. 친환경 건물을 지을 경우, 추가적인 2%의 투자비용보다 10배나 큰 생애비용(LCC) 저감의 효과가 있는 것으로 나타났다. 예를 들면, 20년의 생애주기를 가정했을 때, 500만 달러짜리 건물에 부가적인 10만 달러의 투자는 적어도 100만 달러의 절약을 이끌어 낼 수 있다고 언급한다.

친환경 건축물을 짓는 데 소요되는 추가비용은 2% 정도로 ft^2

〈표 4-3〉 33개의 LEED 평가 건축물에서의 비용 할증률

평가 등급	건물 수	비용 할증
플래티넘(Platinum)	1	6.50%
골드(Gold)	6	1.82%
실버(Silver)	18	2.11%
일반(Certified)	8	0.66%
평 균	–	1.84%

2~5달러 정도의 추가비용을 필요로 하고 있는데, 이러한 할증비용은 일반적으로 LEED-NC 건축물 평가등급에 비례하는 것으로 나타났다(〈표 4-3〉 참조).

(2) 캘리포니아 친환경 건축물의 편익에 관한 고찰

캘리포니아 지속가능한 건물 추진위원회(SBTF)에서는 생애주기 20년을 기준으로 친환경 건축물의 총순편익현가에 대한 각 항목별 분석결과를 산출하였다. 친환경 건축물의 편익 중 가장 큰 항목은 생산성과 건강에 관련된 가치이며, 그 다음이 운영 및 유지관리에 관련된 가치, 에너지 소비에 따른 가치 순으로 나타났다. 이는 친환경건축물이 물질적인 부분에서의 편익효과보다 비물질적인 부분에서의 편익효과가 더 큰 것을 의미한다.

〈표 4-4〉에서 알 수 있듯이, 친환경 건축물의 에너지 절약에 대한 총순편익현가(Total Net Present Value: TNPV)는 $5.79/ft^{2}이며, 오염물질 배출 저감으로 인한 총순편익현가는 $1.18/ft^2, 수자원 절약가치는 $0.51/ft^2, 빌딩 커미셔닝(유지관리)으로 절약된 가치는 $8.47/ft^2 등이다.

건강 및 생산성 편익에 있어서는 LEED에서 일반(Certified) 및 실버(Sliver) 등급을 받은 건축물의 경우는 $36.89ft^{2}이며, 골드(Gold) 및 플래티넘(Platinum) 등급을 받은 경우는 $55.33/ft^{2}라는 것을 의미하고 있다.

건강 및 생산성 향상 부분에서 골드(Gold) 및 플래티넘(Platinum) 등급의 경우 에너지 절감으로 인한 총순편익현가가 10배 정도 더 크다는 것을 알 수 있다. 그러나 그 주장이 일반적으로 친환경 건축물 사업자들에게는 받아들여지지만, 아직까지는 과학적인 연구결과에 의한 근거가 부족한 것으로 보고되고 있다.

〈표 4-4〉 친환경 건축물의 총순편익현가(ft^2당)

평가항목	20년 TNPV
에너지 소비에 따른 가치 오염물질 배출에 따른 가치 물 사용과 관련된 가치 폐기물비용(시공단계－1년) 운영 및 유지관리에 소용되는 가치 생산성과 건강가치(일반 및 실버) 생산성과 건강가치(골드 및 플래티넘)	\$5.79 \$1.18 \$0.51 \$0.03 \$8.47 \$36.89 \$55.33
할증액	(\$4.00)
총 20년 NPV(일반 및 실버) 총 20년 NPV(골드 및 플래티넘)	\$48.87 \$67.31

결과적으로 총 20주년 생애주기의 총순편익현가(TNPV)를 살펴보면, 일반(Certified) 및 실버(Silver) 등급 건물에서 \$48.67/ft^2의 경제적 가치가 있으며, 골드(Gold) 및 플래티넘(Platinum) 등급에서는 \$67.31/ft^2의 경제적 가치가 있음을 알 수 있다. 이러한 결과는 일반(Certified) 등급의 건물에서 약 \$1.5/ft^2 이상의 건축비용 상승과, 플래티넘(Platinum) 등급에서 약 \$9.50/ft^2 정도의 비용 상승과 비교할 때, 경제적 효과는 상당히 큰 것으로 판단되고 있다.

(3) 평가항목별 편익분석

① 생산성과 건강가치

USGBC LEED-NC 일반(Certified) 또는 실버(Silver) 등급을 받기 위해서는 1%의 생산성 및 건강가치의 편익을 도출해야 하며, 골드(Gold) 및 플래티넘(Platinum) 등급을 받기 위해서는 1.5%의 생산성 및 건강가치를 유발하여야 한다. 이러한 할당량은 〈표 4-5〉의 생산성 향상에 대한 자료를 근거로 산출되었다.

〈표 4-5〉 친환경 건축물의 효과와 관련한 점유자의 생산성 증가율

친환경 건축물 효과	생산성 증가율
환기시스템으로 인한 점유자 작업 향상	0.5% to 34%
온도와 조명의 조절로 인한 점유자 작업 향상	0.5% to 34%
조명 조절	7.1%
환기 조절	1.8%
온도 조절	1.2%

1%의 생산성 및 건강가치는 생산자 1인당 연간 600－700달러 정도의 편익 발생과 동등한 액수이며, m^2당 30달러의 편익가치와 같다. 또한 1.5%의 생산성 및 건강가치는 생산자 1인당 연간 1,000달러 정도의 편익가치 발생 또는 m^2당 40－50달러의 편익가치와 같다.

② 에너지 소비에 따른 가치

캘리포니아 주정부 건물이 소비하는 에너지비용은 평균 $1.47/ft^2$인 반면, 그린빌딩은 약 30%의 에너지 절감효과가 있어 100,000ft² 주정부 건물을 그린빌딩으로 시공하면 연간 44,000달러의 비용 절감효과가 있고, 20년 동안의 비용을 현재가치로 계산하면 50만 달러의 비용 절감 효과가 있다. LEED에서 권고하는 에너지 절감을 위한 방법은 수요에 적극적으로 대응하는 설계, 고성능 조명, 환기효과 개선, 이중바닥을 이용한 급기 시스템, 커미셔닝, 열섬효과 저감 장치, 현장 전력생산 등이 있고, 이를 통하여 LEED 인증 28%, 실버 30%, 골드 48% 등 평균 36%의 에너지 사용 저감효과가 있다.

분석 결과, 그린빌딩의 에너지 절감효과는 에너지 구매비용과 그에 동반하는 피크에너지 사용 절감에 의해 발생했으며, 에너지 저감비용은 연간 $0.44/ft^2$으로 20년 NPV로 계산했을 때 $5.48/ft^2$로 나타났다.

③ 에너지 소비에 따른 배출오염물질 저감 가치

에너지 소비에 따른 배출오염물질은 질소산화물(NOx), 분진(PM10 포함), 이산화황(SO_2, SOx), 이산화탄소(CO_2)가 주를 이루며, 반응성 유기화합물(ROC), 일산화탄소(CO)가 분석에 포함되었고 휘발성 유기화합물(VOC)는 중요한 인자이나 계산에는 포함되지 않았다. 화석연료를 사용하는 과정에서 발생하는 대기오염물질의 비용 산정은 1) 재산이나 건강, 환경에 미치는 직접비용을 가중치 등을 적용하여 재산정하는 방법, 2) 배출되는 오염물질을 저감시키는 데 소요되는 비용을 시장가치로 사용하는 방법, 3) 기존 시장에서 사용되는 오염물질의 시장가치를 사용하는 방법을 적용하였다. 분석은 에너지 단위당 오염물질의 배출량과 배출된 오염물질을 처리하는 데 드는 비용, 그리고 그린빌딩에 의해 저감되는 에너지량에 따른 배출오염물질의 저감량을 산정하여 수행하였다. 분석 결과, 그린빌딩의 배출오염물질 저감비용은

〈표 4-6〉 캘리포니아 전력 배출계수(ton/Gwh)

오염물질	1999년	2010년	2020년
이산화탄소	308	308	308
이산화황	0.32	0.281	0.244
이산화질소	0.404	0.448	0.399
PM-10	0.235	0.2	0.186

〈표 4-7〉 오염물질 톤당 처리비용(캘리포니아 내)

처리비용	오염물질		
	NO_X	PM10	SO_X
평 균	$27,074	$46,148	$12,809
중간값	$22,000	$25,000	$7,500
최고값	$104,000	$126,027	$82,192
최소값	$774	$400	$15

〈표 4-8〉 오염물질 연간 처리비용(ft^2)

오염물질	연간 처리비용(ft^2)		
	배출계수	비 용	10Kwh당 배출비용
이산화탄소	308	$5/$10	$0.015/$0.031
이산화황	0.281	$12,809	$0.036
이산화질소	0.448	$27,074	$0.121
PM-10	0.2	$46,148	$0.092

이산화탄소 처리비용을 5달러로 산정하였을 경우를 적용하여 20년 NPV가 1.18달러로 나타났다.

④ 물 사용과 관련된 가치

그린빌딩의 물 절약을 위한 전략은 새로운 설계 및 기술을 적용하여 물 사용의 효율성을 높이고 중수의 사용, 대지 내 우수저장, 재활용수의 사용을 권장하고 있다. 이런 전략을 적용하였을 경우 대지 내에서는 50% 이상, 건물 내에서는 30% 이상의 물 사용을 저감할 수 있다. 물의 순수 한계비용을 산정하기 위해서는 물 비용의 지역 간 차이, 미래비용의 변화, 사용자의 물 사용에 따른 관점, 환경비용 산출의 어려움, 정책의 변화, 기후변화에 따른 영향 등 여러 가지 복합적인 요인들을 고려해서 산출해야 한다. 이러한 항목을 고려하여 캘리포니아 도시수도국에서 2001년 작성한 물 비용은 물 공급비용, 폐수비용, 폐수처리비용을 포함하고 있는데 가중평균값은 $6,299/af(에이커푸트)로 나타났다.

물 비용의 비용편익계산은 캘리포니아 도시수도국(CUWA)의 자료를 활용하여 산정하였으며, 그린빌딩에서의 물 절약효과는 20년 NPV가 $\$0.51/ft^2$으로 나타났다.

⑤ 폐기물비용

캘리포니아주 폐기물의 60%는 상업용 건물에서 발생하며, 건설 및 해체단계에서 발생하는 전체 폐기물 중 57%는 비주거용 건물에서 발생한다. 그린빌딩에서 폐기물 감소를 위한 전략은 매립지에 버려지는 폐기물을 재활용하거나 전환하여 사용하는 것이다.

캘리포니아주 내에서 폐기물의 처리비용은 톤당 90－150달러이며, 재활용을 위한 비용은 120－220달러이다. UC버클리대학과 전국 재활용협회에서는 실제 처리비용과 매립지 전환에 대한 편입에 대한 연구를 수행하였으며, 여기에는 환경비용도 고려하였다. 이들 연구결과를 활용하여 산정한 폐기물 감소에 따른 편익은 시공단계만을 고려하였을 때 100,000ft^{2}당 \$0.03/ft^{2}이고, 철거 후 시공하는 단계로 계산하였을 때는 \$0.14/ft^{2}로 나타났다.

5) 에너지 수명주기분석

에너지 수명주기분석은 주택의 수명 기간 동안에 주택에 필요한 총에너지를 규명하는 것이다. 이것은 양적 분석방법으로 건물의 에너지관련 환경 영향을 밝히기 위해 사용된다. 에너지 수명주기는 소비에너지와 운영에너지로 구성된다.

(1) 소비에너지 분석

소비에너지 분석은 특정 제품이나 서비스를 생산하기 위해 필요한 에너지를 계산하는 과학적 방법이다. 또한 이것은 생산행위가 미치는 환경적 영향을 평가하기 위해서도 사용된다. 그러나 건물에 사용되는 재료를 생산하는 국가와 사용하는 국가가 다른 경우에는 이 재료의 소비에너지를 평가하는 것은 매우 복잡한 문제이다. 예를 들면 뉴질랜드는 전기의 64%를 수력으로 얻고 호주는 전기의 77%를 석탄을 이용한 화력으로 얻는다. 두 국가에서 모두 페인트를 생산하고 제3의 국가가 이 페인트를 구매한다면 페인트가 생산된 전기의 소스에 따라서 페인트가 환경에 미치는 영향은 다를 것이다. 일반적으로 소비에너지 분석에 태양에너지와 인간의 노동은 계산에 포함되지 않는다.

소비에너지 분석에는 무수한 과정들이 관련되기 때문에, 소비에너지 분석을 하기 위해서는 시스템 경계를 사용하는 것이 필수적이다. 분석 결과는 시스템 경계뿐만 아니라 선택한 분석방법에 따라서 달라진다. 가장 일반적인 소비에너지 분석방법은 통계분석, 과정분석, 투입-산출분석, 혼합분석이 있다.

① 통계분석

개별 업계들이 발표한 에너지 사용에 관한 데이터에 근거한 분석으로 에너지는 각 업계가 생산한 제품의 양으로 옮겨진 것이다. 이 방법은 매우 빠르고 믿을 만한 데이터를 얻을 수 있다.

② 과정분석

이 분석은 특정 과정에 필요한 에너지 요구량에 초점을 맞춘 것으로 가장 정확하고 일반적인 방법이다. 한정된 시스템의 경계를 벗어난 모든 과정들은 무시하며, 생산과정에 직접적으로 투입되는 에너지를 밝히는 것에서 시작해서 다른 천연재료 요구와 같은 보조적인 과정들을 추적한다. 시스템 내의 모든 과정에서 필요로 하는 직접적인 에너지 요구량이 고려되기 때문에 이 분석은 상당히 정확한 결과를 제공한다. 그러나 이 분석방법은 관련되는 모든 과정들을 설명하는 노력이 모든 경우를 설명할 수 없고 서로 연관된 많은 과정들로 인한 복잡성으로 인해 시간 소비가 매우 많은 분석방법이다.

③ 투입-산출분석(산업 연관분석)

이 방법은 산업 간 통화흐름에 관한 국내 통계정보를 사용하는 방법이다. 이 분석은 산업 부문에 대한 경제적인 기여와 산업 부문이 국가경제에 미치는 경제적 기여에 관한 정보를 제공한다. 에너지를 생산하는 부문들 간의 경제적 흐름과 이들의 전체 에너지 생산까지 사용해서 경제의 각 부문에 에너지 세금(tariff)을 도출하는 것이 가능하다. 이 방법은 시간이 적게 들고 데이터를 쉽게 얻을 수 있는 장점이 있는 반면, 매우 다른 에너지 요구량을 갖는 다른 종류의 생산품들이 동일한 경제 부문으로 분류될 수 있는 단점이 있다. 예를 들면 높은 에너지 강도를 갖는 유리제품이 비교적 낮은 에너지 강도의 콘크리트 와 같은 범주에 분류된다.

④ 혼합분석

과정분석의 장점과 투입-산출분석을 혼합한 분석방법이다. 분석은 직접적으로 에너지가 필요한 과정을 분석하는 것으로 시작하고 만약 과정분석을 위한 데이터 수집에 필요한 노력이 정확성을 능가하게 되면 분석은 투입-산출분석으로 전환하게 된다.

(2) 뉴질랜드의 소비에너지 분석 사례

뉴질랜드 주택 건설에서 대규모의 소비에너지에 관한 연구는 1983년에 Baird와 Chan에 의해서 최초로 이루어졌다. 이 연구는 투입-산출 분석을 사용하였다. 인간의 노동에너지와 환경적 저하에 따른 경비는 계산에 포함되지 않았다. 노동력의 기여도와 규모를 평가하는 표준적인 방법이 없고 환경적인 영향에 관한 뉴질랜드의 데이터가 부족하여서 이러한 투입요소를 제외하는 것이 일반적인 관례가 되었다. 오늘날 뉴질랜드의 건설 산업은 대개 공장 생산을 기반으로 하고 현장작업은 주로 공장 생산된 부품을 조립하는 것으로 이루어진다. Baird와 Chan에 따르면 현장작업과 재료 수송을 위한 에너지 요구량은 전체 에너지 요구량의 6% 정도라고 한다.

운영에너지 분석은 측정하거나 관찰하는 식으로 비교적 직접적인 분석이다. 주거 부문에서의 운영에너지 분석은 국내 부문 에너지 사용을 인구나 가구 수로 나누어서 얻거나 또는 일련의 대표가구를 관찰해서 얻기도 한다.

과거의 뉴질랜드 주거 건축에너지 연구에서 가전제품과 설비에 필요한 운영에너지는 포함되지 않았다. 운영에너지의 필요량은 사용자의 행위에 의존성이 매우 큼에도 불구하고 Baird와 Chan은 평균적인 에너지의 소비치수에 근거하여서 건설에 필요한 소비에너지와 운영에너지의 비율을 1:7에서 1:11 사이로 규정하였다. 뉴질랜드의 Building Research Association이 수행한 유사한 연구에서 50년 동안의 난방과 조명, 온수 서비스에 필요한 에너지는 건설에너지의 4배이고 전체 유지관리에 필요한 에너지 필요량의 23배인 것으로 나타났다. 이것은 생산품의 주된 환경적 영향이 주택으로부터 나온다는 사실을 잘 드러내는 수명주기분석의 좋은 예이다.

6) 오염원을 차단하기 위한 수명주기 관점의 접근방식[5)]

건물의 건설, 사용, 파괴의 단계 동안에 자원 이용과 그 결과 발생하는 환경적 영향을 설명하기 위해서는 이 모든 단계를 포함하고 각각의 시기에 다양한 자원 이용을 수량화할 수 있는 평가방법이 필요하다.

수명주기분석(LCA)은 제품, 서비스, 행위, 기술 생애의 모든 단계에서 자원 이용(천연자원과 에너지)과 쓰레기 배출을 수량적으로 평가하는 데 적용될 수 있고 다양한 범주의 제품과 행위가 미치는 환경적 영향을 평가하고 수량화하는 방법을 제공한다. 수명주기분석에 관한 국제적 기준은 자원 이용, 인간 건강, 생태학적 결과의 범주하에 환경에 미치는 영향을 고려할 것을 요구한다. 수명주기분석은 천연자원의 채취 및 처리, 에너지 공급, 제품의 제조, 이동 및 분배, 사용/재사용/관리, 재활용 그리고 최종 처리까지 제품의 전 생애를 포함한다.

시스템의 한계에 근거하여서 수명주기분석은 두 가지로 나누어진다.

① 요람에서 무덤까지 분석: 재료 또는 제품의 처리 시점까지의 전 생애 분석

② 요람에서 요람까지 분석: 재료 또는 제품의 생애가 처리에서 끝나지 않고 처리가 새로운 제품의 원료가 재료 또는 제품이 되는 시점까지의 분석

---

5) 수명주기분석이 오염 차단과 처리에 적용된 예로서 Vallero, D. Brasier, C.(2008), Sustainable design, The science of sustainability and green engineering, pp. 122-126에서 발췌, 요약함.

수명주기분석이 1960년 이래로 성능 평가를 위해 사용된 반면, 1970년대에는 1차 오일쇼크의 결과로서 요람에서 무덤까지 분석의 초점은 에너지 요구량을 계산하는 데 있었고 환경적 문제에 대한 관심은 매우 제한적이었다. 1980년대 이후 수명주기분석은 비에너지 관련 연구도 포함시켰다.

폐기물 감사, 환경관리 체계, 그린엔지니어링에 중요한 수명주기 관점은 오염원이 배출된 뒤에 이를 통제하는 데도 유용하다. 공기, 물, 토양의 환경오염을 일으키는 단계를 다섯 단계로 볼 수 있는데 이 단계들은 개별적이거나 복합적으로 위험과 관련된 요인을 통제하거나 조치를 취할 수 있는 기회를 제공하고 궁극적으로는 대중의 건강과 환경을 보호한다. 다음은 수명주기 관점에서 오염원이 발생할 수 있는 과정 단계를 보여준다.

원천(source) ⇨ 배출(release) ⇨ 이동(transport) ⇨ 노출(Exposure) ⇨ 대응(response)

첫째, 오염원은 반드시 규명되어야 한다. 위험한 물질은 오염원에서부터 배출되며 물과 공기 또는 토양 환경을 통해 이동하고 인간, 동물 또는 식물 수용체에 측정할 만한 분량으로 도달하여 결국에는 수용체의 사망 또는 질병과 같은 수량화된 유해 반응을 보인다. 이를 막기 위한 조치나 개입(intervention)은 대중의 건강과 환경에 대한 위험을 통제하기 위해 어떤 단계에서든 일어날 수 있다. 이러한 모든 조치를 취하기 위한 체계와 통제는 과학적 증거, 안전한 엔지니어링 디자인, 기술적 실용성, 경제적 현실, 윤리적 문제, 지역 및 정부의 법률의 측면에서 디자이너뿐만 아니라 대중 또는 개인에게도 정당화되어야 한다.

(1) 오염원(source)에 대한 개입

오염원은 반드시 밝혀져야 하는데 부산물로 폐기물을 생성시키는 산업시설, 유해한 폐기물 처리시설, 지표 또는 지하 저장/처리시설 또는 사고로 인해 물, 공기, 토양에 유출된 장소 등에서 반드시 확인되어야 한다. 개입은 경제적이며 적용 가능한 과학적 원칙과 안전한 엔지니어링 디자인에 근거한 기술들을 오염원에 적용하여 대중의 건강과 환경에 대한 위험을 최소화하거나 제거해야만 한다. 물론 우리가 폐기물을 발생시키지 않는 대체청정처리(alternative green process)로 완전하게 전환할 수 있다면 일은 끝난 것이다.

산업시설 중 유익한 품목의 부산물로서 필연적이며 예측할 수 없는 위험한 폐기물을 생산하는 산업시설의 경우에, 기술자는 수명주기 분석(life-cycle analysis)과 같이 잘 알려진 지식체계를 활용할 수 있다. 유해한 폐기물이 유출된 경우에 기술자는 오염원을 파악하고 아래에서 논의하는 것과 같이 단계들의 순서에서 후반 단계로서 개입을 위한 가능성을 조사한다.

환경관리자는 전체 제품에 들어가는 모든 원료, 제품을 사용하는 동안에 소요되는 모든 재료, 제품이나 제품을 담는 용기 등이 경제적으로 사회에 유용하지 않게 된 경우에 전체 수명주기 동안에 미치는 환경적 영향을 고려해야 한다.

생산단계에서의 간섭과 제조 기술에 대한 제안은 시초부터 특정 오염물질의 근원이 형성되는 것을 막을 수 있다. 이미 사용한 석유물질을 재활용하는 것은 대중의 건강과 환경에 대한 위험을 통제하면서, 유해 폐기물 생성을 줄이거나 전혀 없도록 만든 주택청소 제품을 제공할 수 있다. 또 다른 예는 열병합발전(폐열발전)이다. 두 개의 제조시설을 같은 장소에 배치하여 한 시설의 폐기물이 다른 시설의 원료가 되도록 하는 것이다. 전력 발전 시설 근처에 화학 공장을 배치하는 것이 한 예이다. 그래서 화학공장의 화학적 합성에 필요한 증기를 생산하기 위해 연료를 태울 필요성을 없애고 발전소에서 생성된 과도한 증기는 근처의 화학공장으로 파이프를 통해 보내진다.

디자인 과정은 어떤 스위치를 누르거나 밸브를 돌리기 전에 미리 예상 가능한 폐기물의 흐름을 설명할 수 있어야만 한다. 예를 들면 특정한 주택용 세제는 부엌과 같은 장소에 둔 양동이 속의 혼합된 용매가 공기 중에 퍼져나가 예기치 못하게 인간에게 노출되거나 양동이 속에 담긴 용액을 배수관을 통해 흘려보냄으로써 그 마을의 하수도를 오염시킬 수 있다. 이때에는 폐수를 정화시키는 데 이로운 미생물을 사용한다. 이 미생물을 죽이는 세제와 같은 화학약품을 제거하기 위해서는 시립 시설의 선 처리 시스템에 수백만 달러의 비용이 사용된다. 이와 같은 방식으로 수명주기분석의 적용은 결정적인 통로가 어디에 그려지는지, 고려해야 할 각각의 결정 순간은 어디인지를 결정하는 시스템의 한 유형이다.

지속가능한 디자인 접근(예: 환경 디자인)을 사용하는 것은 장기적 위험 전망에서 볼 때 이 용매의 용기 처리가 반드시 디자인 제약으로서 통합되어야 할 것을 요구한다. 제품의 제조, 사용 그리고 궁극적인 처리로 인한 모든 잠재적, 실제적인 환경 충격을 고려해야 하는 것은 도전이다. 이것은 쉬운 일은 아니다.

(2) 배출(release) 시점에서의 개입

만약 오염물질의 배출이 수명주기의 초기에 완전히 제거되지 않으면 그 다음 단계는 쓰레기가 환경으로 배출되는 시점에 개입하는 것이다.

(3) 오염물질이 환경으로 이동(transport)하는 시점에서의 개입

시설을 위한 현명한 부지 선택은 사실 생애주기에서 초기에 이루어진다. 오염물질을 발생시키고, 처리하고, 저장하는 시설에서는 오염물질이 이동할 수 있는 가능성을 막거나 감소시키는 것이 첫 번째 단계이다. 예를 들면, 운반되는 쓰레기의 양과 특성들을 통제하는 데 있어서 결정적인 요인은 오염원에서 수용체까지의 거리이다.

기상(날씨)은 대기 중에서의 오염물질 이동을 통제하는 데 영향을 미치는 중요한 요인이다. 예를 들면, 위험한 쓰레기의 생성, 처리, 저장시설은 특정한 지역의 기후패턴이 자주 그리고 지속적으로 발생하는 지역을 피해서 세워져야 한다. 이 기피 지역은 대기역전 지역(ground-based inversion, elevated inversion), 골바람, 해풍 그리고 도시의 열섬지역을 포함한다. 이 각각의 발생지에서 오염물질은 빠져나올 가능성이 거의 없이 공기덩어리에 갇히게 된다. 그래서 오염물질의 농축은 빠르고 심각하게 대중의 건강과 환경에 피해를 준다. 또한 토양환경의 질과 관련되어 기술자와 과학자는 부지 선택 단계에서 도시 및 지역 계획자와 밀접한 관계를 맺고 작업을 해야 한다.

(4) 노출(exposure)을 통제하기 위한 시점에서의 개입

예방 단계 후에 남아 있는 오염물질에 대한 노출을 막거나 감소시키기 위한 통제방법을 만들 필요가 있다. 오염 수용체는 인간일 수도 있고 생물체의 종합분류상의 다른 동물군, 식물군 또는 물질이나 건설된 시설일 수도 있다. 인간의 경우에는 오염물질을 섭취하거나 흡입, 또는 표면적으로 접촉할 수 있다. 예를 들면, 이러한 노출은 직접적으로는 실내공기에서 존재하는 납의 입자에 대한 접촉 등이 있으며, 간접적으로는 카드뮴 폐수처리 바이오고형물로부터 영양을 공급받은 풀에서 키워진 소의 간에서 발견되는 카드뮴과 기타 중금속을 섭취하게 되는 경우이다.

중금속 또는 염소계 유기화합물(DDT, 환경오염물질 중에서 가장 오래 남는 살충제)은 가축과 야생동물에게 전달된다. 건축자재도 배출된 물질에 노출되기 쉽다.

오염물질(contaminants)에 대한 노출을 통제하기 위한 방법은 직접적으로는 원료 통제와 유해 쓰레기 관리시설의 설치를 통하여 수용체에게 전달되는 위험한 오염물질의 양을 조절할 수 있다. 환경오염에 대한 해결책은 물, 공기, 통에 섞인 오염물질을 희석함으로 달성할 수 있다. 이런 종류의 간섭의 구체적인 예들은 다음 장에서 살펴보도록 한다.

(5) 대응(response) 시점에서의 개입

이미 화학적 오염이 이루어졌다면 그 위험에 대응할 필요가 있다.

3. 환경친화적 시설 관련 가이드라인 및 지침

다수의 외국의 사례를 통하여 볼 때, 공공시설의 경우 친환경 인증을 통하여 환경친화적인 시설을 계획하고 운영·관리하는 실천적이면서 선도적인 역할을 하고 있다. 다음은 국내외의 친환경 인증제도의 평가항목과 방법 등을 소개하고 이를 통해 환경친화적인 시설관리에 있어 구현되어야 할 요인과 고려해야 할 사항 등을 제시하고자 한다.

1) LEED Green Building Rating System

LEED 인증제도(Leadership in Energy and Environmental Design)는 미국 그린빌딩협회[6]에서 건축물의 환경부하를 최소화하여 환경을 보호하고 사용자들에게 쾌적한 실내환경을 제공하는 지속가능한 그린빌딩의 보급과 활성화를 위하여 개발된 그린빌딩 등급 인증제도이다. 그린빌딩 평가 시스템은 빌딩 개발과 디자인의 영역에서 좀 더 지속가능한 프로젝트가 되게 할 수 있는 지침을 제공한다. 지속가능한 건물이 되게 할 수 있는 디자인 특징에 점수가 부여되는데 50% 정도가 만족된 건물은 추가적인 비용이 없이 LEED 빌딩 브론즈 등급이 된다. 최고 등급인 LEED 빌딩 플래티넘은 81% 정도의 수준을 만족시키는 건물이다. LEED 빌딩 등급 시스템을 보충하는 것이 LEED 실내 등급 시스템인데 이것은 신축이나 기존 상업, 학교, 고층 주거

---

6) USGBC(United States Green Building Council)는 미국의 건설업체, 연구소, 대학 및 지방자치단체 등이 회원으로 가입되어 있는 비영리단체로서 1993년 설립되었으며, 현재 약 1,300여 단체가 가입되어 있다.

건물의 그린 실내공간을 구성하는 기준으로 의도되었다.

(1) LEED 인증의 대상 및 범위

디자인 및 시공과정, 고효율의 운영까지 3단계로 평가가 이루어지며, 대상에 따라 신축 건물, 기존 건물의 운영 및 유지관리, 상업시설의 임대 공간, 구조와 설비 및 외피, 교육용 건물, 상점, 의료용 건물, 단독주택, 근린지구의 개발로 분야를 나누어 인증을 실시하고 있다.

(2) LEED 인증의 평가 방법

평가는 환경과 사람의 건강을 목표로 아래와 같은 6개의 평가분야로 나누어 7개의 전제조건과 34개의 평가항목으로 구성된 Checklist를 통해 이루어진다.

- 지속가능한 대지환경(Sustainable Sites): 14점
- 수자원 절약(Water Efficiency): 5점
- 에너지 절약과 대기환경 보전(Energy and Atmosphere): 17점
- 건축자재와 자원 절약(Material and Resources): 13점
- 실내환경의 질(Indoor Environmental Quality): 15점
- 새로운 기술과 설계의 적용(Innovation and Design Process): 5점

대지에 관련된 평가항목은 대지의 선택, 재개발 지역의 이용, 대안이 될 수 있는 교통수단(대중교통수단으로서의 접근성, 자전거 이용의 활성화를 위한 공간, 대체에너지의 이용이 가능한 시설)의 이용을 통해서 에너지를 절감할 수 있는 방법을 제시하고 있다. 에너지에 관련된 평가항목은 기본적으로 건물 시스템의 커미셔닝을 전제조건으로 최적의 에너지

성능을 고려하고, 재활용 가능한 에너지의 사용과 오존층의 파괴를 줄일 수 있는 방법, 자연에너지의 이용 가능성을 다루고 있다. 실내 환경에 관련된 평가항목은 이산화탄소의 방출을 줄이고 실내 환기성능을 향상시킬 수 있는 방법, 접착제, 페인트, 카페트 등의 실내에 사용되는 물질과 관련하여 유해물질의 방출이 적은 재료의 사용을 평가항목으로 제시하고 있다. 또 조절 시스템과 온열 쾌적감, 실내에서 생활하는 거주자들을 위한 외부의 좋은 시각적인 환경까지 고려의 대상으로 삼았다.

LEED 프로그램에서는 건물이 친환경 성능을 인증받기 위해 기본적으로 만족해야 하는 기본 요구조건(Prerequisites) 7가지를 제시하고 있는데, 이 기본조건들은 필수사항이며 별도의 점수 배점은 없다. 기본조건 7가지는 다음과 같다.

-토지의 침식 침강 제어
-건물의 주요 시스템의 커미셔닝
-최저 에너지 효율(성능)
-냉난방공조 시스템의 프레온가스(CFC) 저감
-재활용품의 보관 및 수집
-최저 실내공기질 성능
-환경흡연(ETS: Environmental Tobacco Smoking) 규제

기본적인 LEED 요소는 다음을 포함한다.
-선행조건: 건물의 운영, 실내공기질, 금연, 에너지 효율, 온열환경, 물 보존 및 수질을 포함
-빌딩 자재: 휘발성 유기 화합물의 농도가 낮은 자재, 지역에서 나오는 자재의 사용, 재활용 자재, 건설 폐기물 관리 계획을 포함

–에너지 효율성: 열 회복, 자연환기와 EPA의 Green Lights Partnership, Energy Star Building Certification과 같은 최신 시스템을 포함
–기존 빌딩의 재활용: 구조의 사용을 포함
–실내공기질: 시공관리 계획과 영구적인 공기 감시 시스템을 포함
–조경: 열섬, 그늘막, 반사하는 지붕 재료를 포함
–부지 계획과 개발: 서식지 방해를 줄이거나 건물의 재활용, 부지의 복원, 충전, 개발 또는 건물의 재활용, 재개발을 포함
–교통: 대안적인 교통시설, 자전거 보관소, 욕실과 탈의시설, 통과 및 보행자 시설의 물리적 연결 또는 카풀 주차장, 효율적인 건물 위치, 대안적인 연료 시설 등을 포함
–물 보존: 물 보존 설비와 냉각탑, 중수 회복 시스템, 물 보전이 효율적인 조경, 표면의 빗물의 양 조절, 생물학적인 폐기물의 처리를 포함

(3) LEED 인증의 등급 및 활용

획득한 점수에 따라 Certified, Silver, Gold, Platinum의 4개 등급으로 시상하며, 이는 건축물의 상품가치를 차별화할 수 있고 관련업체에서는 홍보 및 금융세제상의 혜택을 얻는 데 사용할 수 있다. 또한 USGBC에서는 그해에 가장 높은 점수를 획득한 건물에 대하여 "올해의 그린빌딩상"을 제정하고 있으며, 우수한 그린빌딩에 대한 적극적인 홍보를 통해 그린빌딩의 대중화를 위한 노력을 기울이고 있다. 이러한 노력을 통해 미국 외에도 캐나다, 브라질, 멕시코, 인도 등 41개국에서 LEED를 통한 프로젝트가 진행되고 있다. 이 프로그램은 보다 정확한 기준에 의거하여 평가가 이루어질 수 있도록 하기

〈표 4-9〉 LEED 2.0 인증등급별 획득 심사점수

LEED 인증등급	심사점수
LEED 플래티넘(Platinum Level)	52점 이상
LEED 골드(Gold Level)	39 이상 51점 이하
LEED 실버(Silver Level)	33 이상 38점 이하
LEED 일반(Certified)	26 이상 32점 이하

위해 매 3년마다 기준을 재정하도록 명시되어 있다. 인증된 모든 건물들은 평가 시스템의 프로그램 조정관에 의해 검토 및 확인과정을 거치게 된다. 인증서의 유효기간은 5년으로 인증 기간 동안 건물의 광고나 선전용으로 활용될 수 있으며, 5년이 지난 후에는 시설의 운용과 관리 측면에 대한 평가를 받기 위해 인증 프로그램에 따라 재신청을 해야 한다. 건설업자와 개발업자는 LEED 인증을 받음으로써 "LEED™"라는 로고를 사용하여 건축물의 상품가치를 차별화시킬 수 있다.

2) BREEAM(영국 BRE)

BREEAM(Building Research Establishment Environment Assessment Method)은 건물의 환경 영향을 평가하기 위해 1990년 영국의 BRE에서 개발한 환경성능평가 도구이면서, 동시에 친환경 건축을 유도할 수 있는 설계도구로서 개발되었다. 그러나 이와 함께 BREEAM은 건축물의 친환경 성능을 인증하는 프로그램으로도 널리 사용되고 있다. 영국에서 BREEAM이 개발된 이후, 캐나다에서는 BREEAM을 캐나다 실정에 맞도록 수정한 BREEAM Canada가 개발되어 이를 이용한 인증 프로그램이 상업적인 목적으로 시행되고 있다. 또한 BREEAM의

〈표 4-10〉 BREEAM 인증등급별 획득 심사점수

BREEAM 인증등급	심사점수
승인(PASS)	235 이상 405점 이하
우수(GOOD)	385 이상 550점 이하
매우 우수(VERY GOOD)	530 이상 695점 이하
최우수(EXCELLENT)	675 이상

인증 절차가 비교적 까다롭고 비용이 많이 드는 점에 착안하여 이를 단순화하면서 1,000달러 미만으로 인증을 받을 수 있는 "BREEAM Green Leaf" 인증 프로그램도 활용되고 있다.

BREEAM에는 건물의 환경성능평가에 있어서 지구 환경 및 자원의 이용, 주변 환경과의 친화도, 실내환경의 질 등 거시적 관점에서부터 단계적으로 건물 내부의 환경성능까지를 평가요소로 다루고 있다.

BREEAM은 환경적 목표 달성을 위해 등급점수제로 시행되고 있으며, 평가 결과를 건물에 전시하거나 공적인 목적을 위해 사용할 수 있도록 인증서를 발급한다. 건물의 용도별로 요약된 성능 결과는 승인(pass), 우수(good), 매우 우수(very good), 최우수(excellent)와 같은 단순등급으로서 표현된다(〈표 4-10〉참조).

BREEAM(2005년 개정)의 평가항목을 살펴보면 토지사용 항목에서는 생태학적으로 가치가 낮은 대지, 개발 전·후의 생태학적인 다양성을 평가하고 에너지와 환경오염에서는 CO_2, CFCs, 질소산화물(NOx) 배출의 절감, 건물의 계획·설계 시 에너지의 절감, 대중교통수단의 이동을 통한 교통에너지 절감, 건물의 온도조절, 에너지의 사용량을 줄일 수 있는 가전기기의 사용 등을 제시한다. 특징적인 것은 홈 오피스의 개념을 도입하여 교통에서 오는 오염원을 줄인다는 것이다. 재료 및 자원에서는 재료의 수명주기를 고려하여 환경에 영향이 적은 재료나 내재 에너지가 적은 재료를 사용하고 거주자들에게 재활용과 재사용 문제에 대한 인식을 전환시킨다. 물의 소비에서는 예상 사용량을 정해 놓고 절수하는 비용을 평가하여 소비를 줄이도록 한다. 이를 바탕으로 거주자의 행복과 건강을 평가한다.

특히 BREEAM-in Use는 기존 건물의 생애주기(operational life) 동안 건물에 영향을 미치는 주요한 환경적 요인에 관한 기준을 제시하며 이는 국가에서 정하는 규제조치들[7]과 비견되는 사항들을 포함하고 있으며 상업적 건물, 공장, 상점, 기관 건물 등에도 적용된다. 환경성능을 측정하는 세 가지 차원은 건물(자산 평가: asset rating), 건물관리평가(building management rating), 건물 내에서 이루어지는 행위를 어떻게 관리하는지(organisational rating)에 관한 것이다. 이 세 가지 차원의 정보는 고객, 임대자, 빌딩 관리자, 투자자들이 기존 건물의 포트폴리오와 운영에서 환경지속성을 이루어 나가는 것을 도와주며 결과적으로 비용을 줄이고 지속가능성을 향상시키도록 해준다.

자산성능(Asset performance)은 건물의 형태, 구조, 서비스에 내재된 성능특성이다. 건물관리 성능은 건물 운영과 관련된 경영정책, 과정, 실행; 에너지, 물, 기타 소비재와 같은 주요 자원의 소비; 이산화탄소와 폐기물 생성으로 인한 환경평가 등을 포함한다. 조직효율성(Organisational effectiveness)은 경영정책과 과정에 대한 실행과 이해에 관한 것, 직원들의 참여, 주요한 성과를 이루어 내는 것을 포함하고 있다.

---

7) Energy performance certificates(EPCs); Display Energy Certificates(DECs); the IPD Environment Code; ISO 14001; RR(Fire safety) Order; Global Reporting Initiative(GRI) 등.

3) CASBEE

CASBEE는 건축물의 생애주기 동안에 양질의 환경품질 및 성능을 가지면서, 환경부하가 적은 건축물을 실현하기 위해 건축물 종합 환경성능평가 도구로서, 건물의 생애주기 단계에 대응하기 위하여 디자인 전 단계, 새로운 건설, 기존 건물, 리노베이션을 평가하는 것으로 구성되어 있다. 평가 시 건축물과 건축 부지에 가상의 경계를 설정하고 그 공간 내에서의 건축물의 친환경성을 평가하는 방식을 취하고 있다. 건축물의 환경품질・성능(Q: Performance Quality)과 건축물의 외부환경부하(L: Environmental Load)로 나누어 평가한다. 환경성능 효율(BEE: Building environmental efficiency)은 성능과 부하를 환경효율이라는 사고방식을 이용하여 종합한 지표이다.

CASBEE는 건축 분야의 환경행정에 활용되고 있는데 첫째, 정책 실현에 시장 메커니즘을 활용하는 것이다. 이때, 시장의 보완보다는 적극적인 시장으로의 유도, 시장정비 방향으로 실행함으로써 행정비용

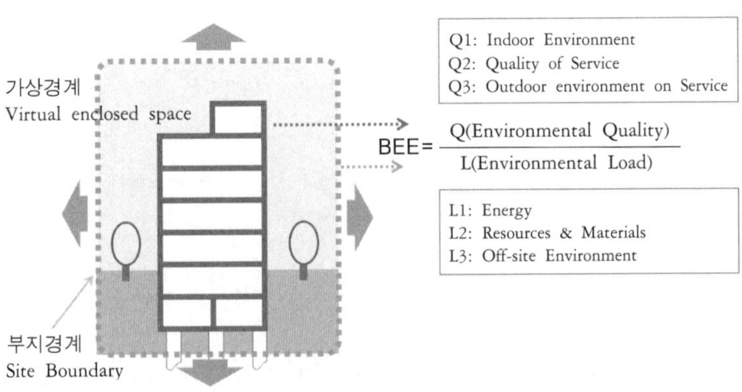

〈그림 4-5〉 건축물의 환경성능 효율의 기본개념도

〈표 4-11〉 환경성능평가 시스템의 평가항목 비교

	BREEAM	LEED™	GBTool	CASBEE
발상/ Origin	영국/U.K.	미국/U.S.A	캐나다/Canada	일본/Japan
경과/ Progress	1990년(초판)/ 1990(1st ed.) 2005년(최신)/ 2005(latest ed.)	1996년(초안)/ 1996(draft) 2004년(최신)/ 2004(latest ed.)	1998년(초판)/ 1998(1st ed.) 2005년(최신)/ 2005(latest ed.)	2002년(초판)/ 2002(1st ed.) 2005년(최신)/ 2005(latest ed.)
평가 항목/ Adress-mentit-ems	1. 유지관리/ Management 2. 건강과 쾌적성/ Health & Well Being 3. 에너지/Energy 4. 교통/Transport 5. 물사용/Water Consumption 6. 재료/Materials 7. 토지이용/ Land Use 8. 부지의 생태계/ Ecology 9. 오염/Pollution	1. 부지계획/ Sustainable site 2. 물소비의 효율화/ Water efficiency 3. 에너지와 대기/ Energy&Atmosphere 4. 재료 및 자원보호/ Materials & Resources 5. 실내환경/Indoor Env. Quality 6. 혁신성 및 설계·건설/Innovation & Design Process	1. 자원소비/Resource Cosumption 2. 환경부하/ Environmental Loadings 3. 실내환경/ Indoor Environment 4. 서비스품질/ Service Quality 5. 경제성/Economics 6. 운용이전의 관리/ Management 7. 근린환경/ Commuting & Transport	Q 환경품질·성능 Quality of Building Q1. 실내환경/ Indoor Env. Q2. 서비스성능/ Quality of Service L 환경부하 Environmental Load L1. 에너지/Energy L2. 자원·재료/ Re-sources & Materials L3. 부지 외 환경/ Off-site Env. BEE환경성능효율 Q/L Building Environmental Efficiency Q/L

출처: 무라카미 슈조(2010). How to Design Advanced Sustainable Buildings, p. 15.

의 저감이 가능하다. 둘째, 행정개혁과 민간활용 관점에서 공적인 관여를 가능한 한 줄이고 민간활용을 도모하는 편이 바람직하다. 셋째, 규제적 수법을 사용하기보다는 정보 공개를 통한 정보의 비대칭성을 없애고 시장에서 적절한 선택을 할 수 있도록 환경을 마련하는 것이 바람직하다. 넷째, 개별 요소기술에 기초한 단편적인 대책이 아닌 대책을 종합화하여 건축의 수명주기를 통한 환경에서의 전반적인 부하 저감을 유도하는 것을 목표로 정책 전체를 시스템 디자인한다는 관점이 매우 중요하다. 이와 같은 정책 실현에 있어서 가장 기본적이며 불가결한 것이 정확한 평가 시스템이라 할 수 있으며 CASBEE는 이에 대응하기 위해 개발이 진행되어 왔다(무라카미 슈조, 2010).

4) 국내 친환경 인증제도와 국외 인증제도 비교

국내 친환경 인증제도는 크게 9개의 대분류 항목으로 구분되며 대분류 항목은 토지이용, 교통, 에너지, 재료 및 자원, 수자원, 환경오염, 유지관리, 생태환경, 실내환경으로 구성되어 있다. 다음은 한국건설기술연구원(2005)의 연구[8]에서 대분류 항목별로 각 인증제도의 세부 평가항목을 비교 분석한 내용이다.

(1) 토지이용

미국의 LEED와 영국의 BREEAM의 경우 토양의 조절과 기존 지형 이용에 평가기준을 둔 반면 국내의 경우, 일조권 간섭 방지대책의 타당성이 환경친화적 접근 기준의 평가 요소로 사용되고 있다.

〈표 4-12〉 토지이용

	평가항목	미국	영국	국내 업무용
1	토양의 침식, 퇴적 조절 계획 수립	○		
2	기존 개발된 지역 및 기존 지형 이용	○	○	
3	오염된 토양을 비옥하게 개량(화학비료, 살충제 사용금지)	○	○	
4	기존 대지의 생태학적 가치에 따른 입지선정	○		○
5	기존 자연자원 보존율			○
6	일조권 간섭 방지 대책의 타당성			○

8) 한국건설기술연구원(2005), 친환경 건축물 비용편익분석연구, pp. 23-32.

(2) 교통

대중교통과의 접근성 및 자전거 이용의 활성화에 공통적으로 평가하고 있으며 국내의 경우 초고속 정보통신 설비 등이 외국과 구별되는 사항이다.

〈표 4-13〉 교통

	평가항목	미국	영국	국내업무용
1	대중교통과의 접근성	○	○	○
2	단지 내 자전거 보관소 및 자전거도로 설치 여부	○	○	○
3	대체연료 충전소 설치	○		
4	초고속 정보통신 설비의 수준			○
5	주차공간 저감	○		
6	기존 시설에 건조실 및 라커룸 설치		○	

(3) 에너지

대체에너지 사용으로 친환경의 성능을 평가하는데 국내의 경우 에너지 소비량(효율) 측면이 공동주택과 업무용에서 평가되고 있다. 영국의 BREEAM의 경우에는 소규모 동력 및 임대 구역, 단일 세입자용

〈표 4-14〉 에너지

	평가항목	미국	영국	국내업무용
1	관련 기준에 적합한 에너지 소비량(효율)	○		○
2	대체에너지 사용	○	○	○
3	조명에너지 절약			○
3	전기 계량기 설치(임대 구역 및 단일 세입자)		○	
4	전기 계량기 설치(조명 및 소규모 동력)	○	○	
5	고효율 공조시스템(CFC 대체냉매기술) 사용			
6	에너지 성능 최적화	○	○	

전기 계량기를 설치하는 것을 평가항목으로 지정하여 전력소비를 상세하게 산출해 내는 것을 평가하고 있다.

(4) 재료 및 자원

재료 및 자원 부분에서 공통적인 사항은 재활용 가능 자원의 분리수거와 건축물의 주요 부분을 재사용하는지 등인데 자재의 분리수거, 재사용, 활용 측면의 방법적인 차원에서 평가항목의 차이가 있다. 미국의 LEED에서는 공사 자재에 있어 재활용 자재 사용 및 공사장 쓰레기에 관련된 항목이 주요 항목으로 지정되어 있으며, 영국의 BREEAM의 경우 건축물의 각 주요 부재가 친환경 가이드(Green Guide)를 따르고

〈표 4-15〉 재료 및 자원

	평가항목	미국	영국	국내업무용
1	공업화 공법 및 환경 신기술 적용			○
2	화장실에서 사용되는 소비재를 절약			○
3	지정 부산물 및 기타 부산물에 대한 재활용 비율			○
4	유효자원 재활용을 위한 친환경 인증제품 사용 여부			○
5	재활용 가능 자원의 분리수거	○	○	○
6	기존 건축물(주요 구조부)의 재사용으로 재료 및 자원의 절약	○		○
7	기존 건축물(비내력벽)의 재사용으로 재료 및 자원의 절약			○
8-9	공사 자재 중 일부를 해당 지역 생산품으로 사용(10% & 50%)	○		
9	재활용 자재의 사용	○		
10	공사장 쓰레기 관리 계획서 작성	○		
11	승인된 목재의 사용	○		
12	자연에서 빠르게 생산되는 자재의 사용	○		
13	석면 사용 규제		○	
14-21	친환경 가이드에 따라 주요 건물 요소평가(바닥슬래브, 외벽, 지붕, 창문, 외관, 구조재, 목재, 마감재)		○	

있는지를 ENVEST 소프트웨어를 이용하여 평가받도록 하고 있다. 반면 국내외 친환경건축물 인증제도는 리모델링 건물의 경우 기존 건축물의 자재를 이용하는 항목이 해당되지만, 신축 건물의 경우 건축물이 다 지어지고 사용되는 조건에서 쓰레기 및 재활용품에 대한 항목들이 주요한 항목으로 지정되어 있는 차이를 나타내고 있다.

(5) 수자원

공통적으로 우수부하 절감 대책의 타당성과 생활용 상수 절감 대책의 타당성을 평가 기준으로 제시하고 있다. 미국의 LEED에서는 관수 사용 시 식수사용의 저감 여부를 평가항목으로 지정하였으며 BREEAM의 경우 수도 계량기 및 누수 감지기 설치 등 사용량 계측에 대한 항목을 평가항목으로 지정하고 있다. 반면, 국내의 친환경 건축물 인증제도는 우수 및 중수처리에 대한 항목을 평가하고 있다.

〈표 4-16〉 수자원

	평가항목	미국	영국	국내 업무용
1	우수부하 절감 대책의 타당성(투수성 포장)	○	○	○
2	생활용 상수 절감 대책의 타당성	○	○	○
3	우수 이용			○
4	중수도 설치로 관수 이용			○
5	효과적인 관수 사용	○		
6	개선된 오수관련 기술로 식수 사용 저감	○	○	
7	수도 계량기 설치		○	
8	누수 감지 시스템 설치		○	

(6) 환경오염

공통적으로 이산화탄소 방출과 오존층 파괴에 관련된 냉매 사용을 규제하는 조항을 평가항목으로 지정하고 있다. 미국의 LEED는 열섬효과 저감을 평가기준으로 제시하고 있으며 BREEAM의 경우 재조립 및 공정과정에서의 단열재의 사용 규제, 대지 내 오일 분리기/정화기 설치, 플랜트 내의 냉매 누출 감지 시스템 설치 등과 같은 상세한 평가항목을 통해 지구 온난화에 기인하는 물질을 규제하고 있다.

〈표 4-17〉 환경오염

	평가항목	미국	영국	국내 업무용
1	이산화탄소 배출 저감(전기 및 난방용 에너지 중 일부를 재생 가능한 에너지 자원에서 이용)	○	○	○
2	오존층 보호를 위한 특정 물질의 사용 금지	○	○	○
3	열섬효과 저감(지붕)	○		
4	열섬효과 저감(지붕 외 부분)	○		
5	질소산화물(NOx) 방출량 규제		○	
6	외부 조명으로 인한 광공해 규제	○	○	
7	재조립 및 공정과정에서의 단열재의 사용 규제		○	
8	대지 내 오일 분리기/정화기 설치		○	
9	플랜트 내의 냉매 누출 감지 시스템 설치		○	
10	자동 냉매 저감장치를 갖춘 열교환기 적용		○	
11	지구온난화 가능성을 지닌 곳 모두 냉매 사용 금지		○	

(7) 유지관리

국내 인증제도는 현장 계획 및 운영계획, 사용자 매뉴얼 등 문서관련 조항들만을 평가항목으로 지정하고 있는 것에 비하여 미국과 영국의 두 프로그램은 모두 건물의 계획단계에서부터 사용되고 있는 시점까지 설비 시스템에 대한 정확한 설치 및 운영을 검토하고 평가하는 커미셔닝 요원을 두어 유지관리를 하도록 하고 있다. 특히 BREEAM에서는 건축 쓰레기, 주변 수환경 및 건물 내의 수질에 대한 유지관리를 평가항목으로 지정하여 사전에 운영과 유지관리 측면을 고려하고 있다.

〈표 4-18〉 유지관리

	평가항목	미국	영국	국내 업무용
1	환경을 고려한 현장관리 계획의 합리성		○	○
2	운영/유지관리 문서 및 지침 제공의 타당성		○	○
3	사용자 매뉴얼 제공		○	
4	거주자의 요구에 대응하여 공간 배치 및 시스템 변경의 용이성			○
5	전문 커미셔닝 관리인 고용	○	○	
6	신축 후 1년 동안 커미셔닝 수행	○	○	
7	물, 에너지, CO_2 방출 지역에의 영향 관련 문서		○	
8	대지의 통행에서 기인한 연료 소비 및 CO_2 방출 관련 문서		○	
9	건축 쓰레기의 사용 관련 문서		○	
10	건축 쓰레기 분류 및 활용 관련 문서		○	
11	냉각탑의 위치 및 유지보수 관련 계획		○	
12	온수 및 냉수 시스템의 살모넬라증 관련 계획		○	
13	지반공사에서 발생하는 공기오염에 대한 대책 관련 계획		○	
14	토지 및 개울 오염에 관한 유지관리		○	
15	건설 공사현장의 일시적인 구조목재의 사용 계획		○	

(8) 생태환경

공통적으로 녹지 공간율에 대한 평가 항목을 지정하였고 BREEAM의 경우 생태환경에 대하여 AWTC(Association of Wildlife Trusts), IEMA (Institute of Environment and Assessment), IEEM(Institute of Ecology and Environmental Management), LI(Landscape Institute) 등의 환경 관련 협회의 기준을 이행하는 것을 평가항목으로 지정하고 있다. 이를 통해 보다 효과적인 생태환경의 보존 및 향상을 꾀하고 있다. 국내의 경우 수생, 육생비오톱 조성을 평가기준으로 삼고 있다.

〈표 4-19〉 생태환경

	평가항목	미국	영국	국내 업무용
1	연계된 녹지축 조성			
2	녹지공간율(수목, 연못, 개울 등)	○	○	○
3	생태환경을 고려한 인공환경녹화 기법 적용 여부			○
4	수생비오톱 조성			○
5	육생비오톱 조성			○
6	생태가치 평가			
7	건설 기간 동안의 생태손상 방지 조항 지정		○	
8	장기적으로 생물의 다양성에 손상을 줄 수 있는 요인 방지 조치		○	
9	환경관련협회(AWTC, IEMA, IEEM, LI) 권고 이행		○	

(9) 실내환경

공통적으로 환기설계와 실별 온도조절장치 채택 여부, 자연환기 설계 도입 및 쾌적한 실내공기환경 조성을 평가기준으로 삼고 있다. 미국 LEED의 경우 창호 시스템에 대한 항목을 지정하여 공기 및 온열환경을 평가하는 항목이 지정되어 있으며, 영국의 BREEAM의 경우 습도 조절에 대한 항목을 지정하여 보다 나은 실내 쾌적조건을 확보하도록 하고 있다.

〈표 4-20〉 실내환경

	평가항목	미국	영국	국내 업무용
1	각종 유해물질 저함유 자재의 사용	○		○
2	환기 설계의 정도	○	○	○
3	각 실별 자동 온도조절장치 채택 여부	○	○	
4	단지 내 음환경		○	
5	세대 내 일조 확보율	○		
6	노약자, 장애인 배려의 타당성			○
7	거주자가 흡연에 노출되는 것을 방지	○		○
8	외기 급배기구의 설계	○		○
9	공기정화 작업 실시			○
10	자연환기 설계 도입 및 쾌적한 실내공기환경 조성	○	○	○
11	건축 자재로부터 배출되는 기타 유해물질(석면) 억제			○
12	외부 소음에 대한 실내 허용 소음		○	○
13	건물 내 거주자의 휴식 및 재충전을 위한 공간 마련 (식재 공감/휴게공간)			○
14	거주자를 위한 쾌적한 실내환경 조성			○
15	실내 습도 조절 및 확보		○	
16	개방 가능창의 면적 확보(실내 바닥면적의 5%)		○	
17	창으로부터 일정 깊이(7m) 이내에서의 조망 확보	○	○	
18	현휘(눈부심) 방지를 위한 재실자의 조절 가능		○	
19	조명기기 성능		○	
20	존별 자연채광 연동 조명제어		○	
21	외기 면한 실내 공간의 가동창문	○		
22	온열환경 모니터링	○		

5) 국외 기타 인증제도

(1) 어스크래프트(Earthcraft)

애틀랜타 주택 건설 협회와 Southface(애틀랜타의 비영리적인)는 건강하고, 편안하며, 에너지 효율적이고 친환경적인 주택을 계획하기 위해 적용할 수 있는 어스크래프트(Earthcraft) 그린빌딩 가이드라인을 만들었다. 어스크래프트 프로그램은 원칙적으로 애틀랜타 지역에서만 사용 가능한 것이었으나 이 프로그램은 남동쪽으로 확산되어 갔으며 현재는 조지아, 사우스캐롤라이나, 앨라배마, 켄터키, 버지니아에서도 사용되고 있으며 켄터키의 경우는 루이즈빌에서 서민주택개발(affordable housing development)에 사용되고 있다. 어스크래프트 건물 평가 시스템은 신축주택, 개조주택, 다세대주택, 상업용 건물 그리고 지역사회를 위해 별도의 가이드라인을 제공한다. 또한 기후 유형에 따른 별도의 가이드라인도 제시하고 있다. 어스크래프트 주택 프로그램에서 성능을 평가하기 위한 테마(범주)로는 부지계획, 에너지, 효율적 자원 이용의 디자인, 폐기물 관리, 실내 공기의 질, 물, 주택소유주 교육, 건축업자 관리(builder operations)가 있다. 계획자는 특히 어스크래프트 지역사회 가이드라인에 관심을 기울이며 이 가이드라인은 부지, 수자원 관리, 계획과 디자인, 경관 유지, 지역주민의 참여, 그린빌딩 등을 포함하고 있다. 그리고 어스크래프트 커뮤니티 프로그램은 이웃과 지역사회를 다룬다.

(2) 그린 커뮤니티 기준(Enterprise Community Parters Green Communities Criteria)

엔터프라이즈 커뮤니티 파트너즈는 모든 종류의 서민주택(affordable housing: 지불 가능한 주택)을 위한 명백하고 비용 효율적인 틀을 제공할 목적으로 그린 커뮤니티 결정기준을 개발하였다. 서민주택은 단독가구뿐만 아니라 다가구 건물의 신축 및 재건축을 포함한다. 이 시스템은 8가지 테마의 성능을 평가한다. 통합적인 디자인 과정, 위치 및 인근 구조, 부지 개선, 수자원 보호, 에너지 효율성, 환경에 유익한 재료들, 건강한 생활환경, 운영 및 관리가 그것이다. 이 시스템은 20개 이상의 도시 및 주(州)의 서민주택 프로그램에 사용되고 있다. 예를 들면 워싱턴디씨에서는 공공건물의 개발자에게 상업적 프로젝트를 위한 LEED 인증이나 주거 개발을 위한 그린 커뮤니티 설정기준을 충족할 것을 요구하고 있다.

(3) 그린 글로브스(Green Globes)

그린 글로브스는 그린빌딩 계획 프로젝트이다. 이 시스템은 대규모 또는 소규모의 사무실 건물, 다가구 구조물, 기관 건물, 대학 건물, 도서관의 신축 및 개조에 사용되는 평가도구를 포함하고 있다. 이 시스템은 7가지 테마의 성능, 즉 프로젝트 관리, 부지, 에너지, 물, 자원, 배출물과 폐수, 실내환경에 대하여 평가한다. 사우스캐롤라이나, 알칸사스, 코네티컷, 하와이, 메릴랜드, 미네소타, 펜실베이니아, 위스콘신 그리고 기타 여러 장소에서 그린 글로브스 평가 시스템을 사용해오고 있다.

(4) 건강 주택 프로그램(American Lung Association Health House Program)

미국 폐 협회(ALA)의 건강 주택 프로그램은 신축하거나 개조한 주택의 실내공기 질에 관한 정보를 제공하기 위해 개발되었다. ALA에 따르면 건강주택 프로그램의 기준은 건설산업 업계에서 가장 엄중한 것이고 대부분의 지역 빌딩 법규보다 훨씬 엄격하다. 아스펜, 피트킨 카운티, 텔루라이드, 콜로라도의 크레스트 버트[9], 오리건의 포틀랜드, 버지니아의 알링턴 카운티는 건강주택 기준(Health House standards)을 사용하고 있다.

〈표 4-21〉 미국 건물 평가 시스템에서 강조하는 9개의 중요한 테마

테마(범주)	Earth Craft Communities	Earth Craft House	Enterprise Communities	Green Globes	Health House	LEEDH	LEEDND	LEEDNG	NAHB
혁신, 통합, 프로젝트 관리, 디자인 과정	1	6%	2%	6%		14%	10%	7%	
위치, 연결, 인근 지역 구조	43%		16%			12%	56%		
부지	24%	5	8	10	10	16		20	9
물	11%	6	5	9		9		7	9
에너지		40	16	24		6		26	44
건물 재료 및 폐기물 관리	8%	22	11	19	87	9	34	18	20
실내환경의 질		18	36	23		30		22	14
교육, 관리, 커뮤니케이션	12%	2	5		3	5			2
배출물질, 지구에 미치는 영향				9					2

9) Crested Butte는 콜로라도 주의 엘크 마운틴의 정상과 구 지역에 있는 마을.

〈표 4-22〉 건물 평가 시스템의 다른 스케일에서 선택적인 요소의 비율

테마(범주)	Earth Craft Communities	Earth Craft House	Enterprise Communities	Green Globes	Health House	LEEDH	LEEDND	LEEDNG	NAHB
건물	8	81	67	54		59	9	66	77
부지	34	12	21	31		24	23	19	16
커뮤니티/지역	50	1	12	9		7	62	7	2
세계				3		1			1
기타	8	5		3		9	6	7	5

(5) 그린빌딩 가이드라인

주택 건설업자 협회(NAHB: National Association of Home Builder)의 그린빌딩 가이드라인은 지역 주택 건설 협회가 자신들의 가이드라인을 개발하기 위한 모델로서 만들어 진 것이다. 이 가이드라인은 지역 디자인과 부지, 자원의 효율성, 에너지의 효율성, 물의 효율성, 실내 환경의 질, 운영 및 교육, 지구에 대한 영향 등의 7가지의 테마 성능을 평가한다. NAHB 시스템은 뉴멕시코와 위스콘신과 같이 많은 장소에서 지역적 사용을 위해 조정되어 왔다.

(6) 미국의 건물 평가 시스템 비교

이 밖에도 환경친화적인 건물에 대한 평가, 기준, 가이드라인을 시행하는 제도10)는 다양하다. 보다 자세한 내용은 각 기관별 홈페이지

10) The Living Building Challenge(www.ilbi.org), Green Globes™(www.thegbi.org/green-globes), R-2000(www.r-2000.org), NAHB Model Green Home Building Guidelines (www.nahb.org), CHPS(www.chps.net), Health House®(www.healthhouse.org), ENERGY STAR® Label for Commercial Buildings(www.energystar.gov), WaterSense® (ww.epa.gov/watersense), GreenSpec® Listed(www.buildinggreen.com), Forest

를 소개하는 것으로 대신하고자 한다.

4. 환경친화적 공공시설 환경구축을 위한 체제(framework) 구성

환경친화적 접근을 취하는 데 있어 현상을 규명하고 문제 해결을 위한 도구로 체제를 활용하게 되는데, 지속가능한 환경구축과 개발에 적용된 체제를 소개하고 이를 환경친화적 공공시설관리 분야에 적용하여 보고자 한다.

체제는 문제 해결에 있어서 고려되어야 할 모든 요소를 보여주며 어떻게 서로 다른 차원의 문제들이 관련되었는지를 이해하는 데 도움을 준다. 상이한 수준의 분석은 상이한 분석 체제가 필요하다. 분석의 세밀 정도나 목적에 따라 다른 체제들은 적절한 지원과 도움을 주게 된다(Segnestam, 2002).

프로젝트 기반 체제(Project-based framework[11])은 World Bank 팀에 의해 개발되었으며 환경친화적인 프로젝트의 효과성을 추적, 관찰하게 해준다. 환경 요소에 위험을 주지 않으면서 환경의 현 상태를 개선하는 데 목적을 두고 있다.

이 접근은 프로젝트 단계에 기반을 두고 행하게 되는데 투입단계

Stewardship Council(www.fscus.org), Greenguard®(www.greenguard.org), Global Ecolabelling Network(www.globalecolabelling.net), Environmental Choice Global Ecolabel Network Member(http://www.terrachoice-certified.com/en/), Green Seal Global Ecolabel Network Member(www.greenseal.org), Natural Step(www.naturalstep.org).

11) Input-output-outcome-impact framework로 불리기도 함.

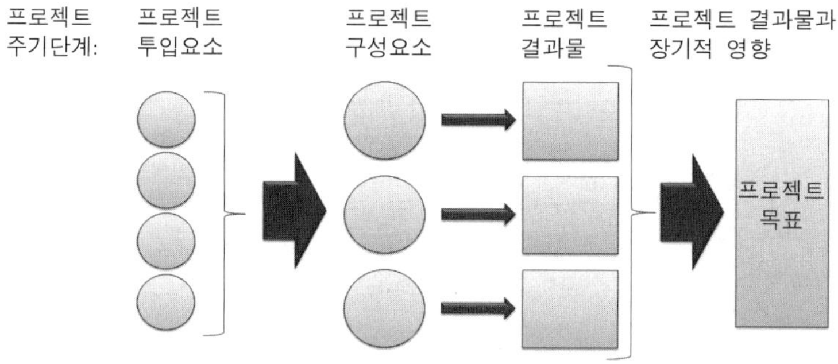

출처: Segnestam, L.(2002), Indicators of Environment and Sustainable Development, p. 5.

〈그림 4-6〉 프로젝트의 기반 체제

에서는 프로젝트의 다양한 요소, 예를 들면 물 사용량을 측정, 관찰하는 장비를 설치할 경우 비용이나 장비 등과 같은 요소를 투입하여 실행하는 단계로 볼 수 있다. 두 번째 단계에서는 프로젝트의 시행으로 인한 즉각적인 결과로 물 사용량을 측정하는 기기를 설치하고 운영하는 단계이다. 세 번째 결과 단계에서는 프로젝트의 목적에서 기술된 바와 같이 프로젝트의 의도한 결과와 영향을 이끌어내는 단계이다.

공공시설에서 시설의 보완, 개보수와 같은 프로젝트 또는 환경친화적 관리 시스템의 설치와 같은 개별 프로젝트를 수행하고 이에 대한 평가를 하고자 할 때 접근할 수 있는 방법적 틀이 되겠다.

영향력-현상-대응 체제(Pressure-State-Response framework)는 OECD (Organization for Economic Co-operation and Development)에 의해 개발된 체제로 국가나 지역, 세계적 수준의 분석을 하고자 할 때 사용된다. 영향 요인은 주로 문제의 원인을 제공하는 방식으로 환경에 영향력을 행사하는 인간활동을 말해준다. 예를 들면 에너지 사용이나 인구 증가, 교역 양상과 같은 것이다. 현상 요인은 물리적으로 측정 가능한 환경의 특성으로 영향에 의한 결과이다. 수자원 질, 산림 황폐화,

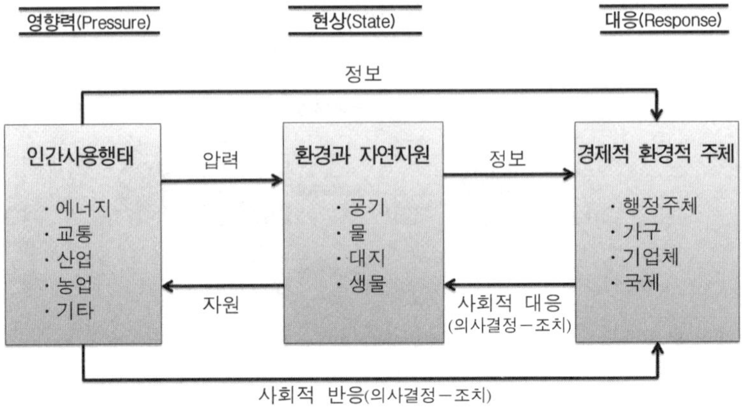

출처: Segnestam, L.(2002), Indicators of Environment and Sustainable Development, p. 7.

〈그림 4-7〉 영향력-현상-대응 체제

거주지 질 등과 같은 현상이다. 대응 요인은 사회가 얼마나 환경변화와 우려에 대하여 반응하는가로 예를 들면, 문제를 해결하기 위한 정책이나 조치, 투자 등을 들 수 있다. 환경문제에 대한 대응은 직접적이거나 간접적일 수 있으며 이 체제는 기본적으로 인과관계에 기반을 두고 있다.

이러한 체제는 공공시설이 보다 광범위한 지역사회에 영향을 주게 되는 혐오시설이나 기피시설의 설치 시 다각적인 측면에서 인과관계의 구조를 보여주고 현상의 진단과 문제 해결에 도움을 줄 수 있다.

〈그림 4-8〉은 UNCSD(The United Nations Commission on Sustainable Development)에 의해 사용된 지속가능한 개발 주제에 기초를 둔 제체로서 이 체제는 지속가능성의 핵심 사항에 대한 규명을 용이하게 하며 조직 내에서 여러 가지 문제들이 혼합된 상황에서 사용된다. 추진 요인(Driving forces)은 산업이나 교통이 환경에 영향을 미치도록 하는 것이며, 영향 요인은 오염 방출과 같이 환경의 상태를 저하시킨다.

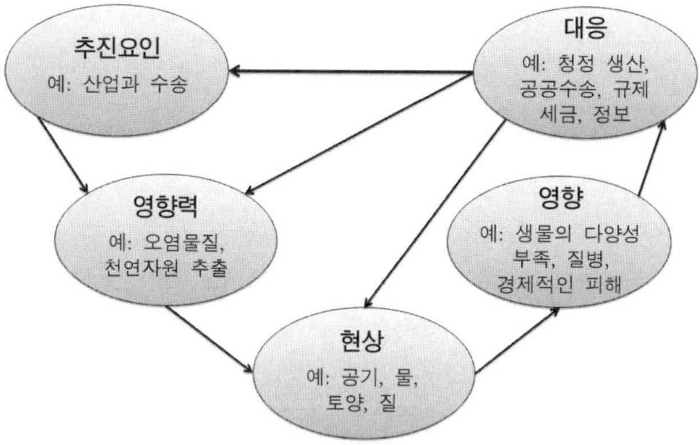

출처: Segnestam, L.(2002), Indicators of Environment and Sustainable Development, p. 11.

〈그림 4-8〉 DPSIR 체제

환경의 상태(State)는 인간의 건강과 에코 시스템에 영향(Impact)을 주며 사회로 하여금 이에 대한 대응(Respond)을 하도록 하게 하고 대응은 측정 가능한 정책, 예를 들면 규제, 정보, 세금과 같은 것이다.

공공시설을 관리하는 데 있어 환경친화적 접근을 취하는 것은 단편적인 활동들이 이루어져 확산되는 것이긴 하지만 좀 더 체계적이고 일관된 방향을 설정하여 이루어질 필요가 있다. 왜냐하면 환경친화적인 접근은 다양한 관점에서 장기적인 영향에 대한 고려가 있어야 하며 공공시설관리 업무의 한 부분이나 특정한 기간에만 이루어진다면 환경친화적이라는 궁극적인 목표나 점진적인 향상을 이루기 어렵기 때문이다. 따라서 공공시설관리에 있어서 환경친화적인 접근은 위에서 제시한 다양한 체제를 참조하여 국내 공공시설관리에 적합한 체제로 변용 또는 활용하여 사용할 필요가 있다.

제5장 공공시설관리 실태분석

1. 환경친화적 관점에서 공공시설관리 실태분석 모델
2. 환경친화적 범주에 의한 공공시설관리의 실태
3. 공공시설관리의 문제점
4. 환경친화적 공공시설관리를 위한 개선방안

제5장 공공시설관리 실태분석

1. 환경친화적 관점에서 공공시설관리 실태분석 모델

최근 들어 급격한 기후변화가 미치는 영향과 그 영향의 범위에 대한 이해가 증가하면서 환경친화적인 시설관리에 대한 개념이 개발·발전되고 있다(Elmualim et al., 2010). 또한 앞서 언급한 바와 같이 환경문제에 대한 관심이 증가하고 이산화탄소 배출량을 규제하는 법적인 조치나 폐기물 처리와 같은 법적 규제가 늘어감에 따라 시설관리 분야에서도 환경친화적인 의제에 대한 이해와 이의 실천이 요구되고 있다.

환경친화적인 시설관리 업무를 수행하는 데 영향을 미치는 외부적 요인은 다양하다. Elmualim과 그의 동료들이 수행한 연구에 의하면 (〈표 5-1〉 참조) 시설 관리자들이 지속가능한 시설관리 업무를 수행하기 위하여 회사 및 조직 내에서 지속가능한 정책을 만들어 나가게 되는데 이러한 내부 정책에 영향을 미치는 주요한 외부 정책 요인으로 폐기물 관리 및 재생, 에너지 관리, 건강과 안전, 생물적 다양성, 지속가능한 제품과 서비스 명시 등과 같은 측면을 꼽고 있다.

〈표 5-1〉 회사 및 조직 내의 지속가능한 정책에 영향을 미치는 정책

정책 측면	응답자 수	예(%)	아니오(%)
A. 건물 처분	65	37	63
B. 윤리적인 매입	83	48	52
C. 온실효과를 유발하는 이산화탄소 측정	84	48	52
D. 융통성 있는 근무(자유로운 근무)	96	55	45
E. 지속가능한 이동	96	55	45
F. 지속가능한 제품과 서비스 명시	102	59	41
G. 생물의 다양성을 위한 목표 설정과 측정, 보고	140	80	20
H. 건강 & 안전	143	82	18
I. 에너지 관리	148	85	15
J. 폐기물 관리 & 재생	156	90	10

출처: Elmualim et al.(2010), p. 61.

〈표 5-2〉 조직 내에서 지속가능한 책임사항을 효과적으로 관리하는 데 있어서의 방해요인

	응답자 수	예(%)	아니오(%)
고객 제한	48	19	81
물리적/사실적 제약	64	25	75
조직 업무	70	28	72
교육 부족	72	29	71
수단의 부족	72	29	71
의식 부족	92	37	63
재정적인 제약	100	40	60
고위 관리직 책무의 부족	103	41	59
지식의 부족	105	42	58
시간 제약	109	43	57

정책의 변화 및 법적 규제와 새로이 소개되는 가치들로 인해 시설관리 업무 분야에서 환경친화적인 접근의 중요성이 강조되고 있으며 이의 시행과 실천이 필요하다. 그러나 실제 공공시설을 관리하는 주체들이 환경친화적인 접근을 가지고 공공시설을 경영, 관리하려 할

때 환경친화적 접근을 어떻게 인지하고 있는지, 환경친화적인 접근을 실천하려고 할 때 방해요인과 한계로 작용하고 있는 것이 무엇인지를 규명한 연구는 많지 않다. 시설 관리자들이 조직 내에서 지속가능한 정책을 시행하고 책임사항들을 효과적으로 관리하는 데 있어 방해가 되는 주요인으로 지식 부족, 시간 부족, 그리고 고위 경영진의 이해, 관심, 참여 부족을 꼽고 있었다.

1) 연구 개념적 틀

국내의 경우 공공시설을 관리할 때 관리 주체들이 어떻게 환경친화적 관점에서 공공시설을 관리하는지, 어떠한 환경친화적 공공시설 관리의 이점과 한계점, 그리고 문제점을 안고 있는지, 실제 환경친화적 접근에서 이루어지는 관리활동은 무엇이 있는지에 관한 조사는 전무한 실정이다. 이에 본 연구에서는 로저의 확산이론(Diffusion Theory, Rogers, 1962; 1995)에 기초한 모델을 제시하고 환경친화적인 공공시설관리 실태를 파악하고자 하였다.

확산이론에 의하면 혁신적인 제품들을 상대적인 장점과 기존의 가치관, 사회이념 등과 얼마나 부합하며 제품을 대체할 특성(compatibility), 사용하거나 이용할 때 겪는 복잡함의 정도, 시도성(triability), 주변에서 사용한 것을 본 경험 정도에 따라 제시하고 있다. 상대적인 장점은 비용적인 차원, 사회적으로 받는 차별성이나 우위성, 편리성, 만족도를 들 수 있다. 기존의 제품을 대신하는 혁신적인 제품, 또는 기존의 서비스를 대체하는 혁신적인 서비스 등 새로운 방식을 추구하는 것이 기존에 행하여 왔던 방법을 대체할 만큼 가치, 과거 경험, 현재의 요구 등을 다 수용할 수 있는 정도 또한 매우 중요하다(Rogers, 1995).

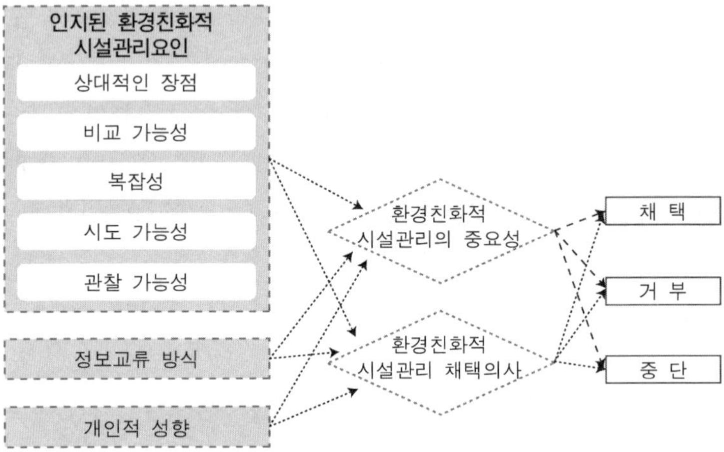

〈그림 5-1〉 확산이론에 근거한 환경친화적 시설관리 행위에 미치는 영향 요인과 채택 모델

확산이론에 근거하여 환경친화적인 시설관리가 지닌 상대적인 장점, 비교 가능성, 복잡성, 시도 가능성, 관찰 가능성과 관련된 항목을 기존 연구 및 문헌에 기초하여 개발하였다. 또한 공공시설관리 업무를 수행하는 전문인들이 그들이 담당하고 있는 시설에서 환경친화적 접근의 상대적 이점과 비교 가능성, 복잡성, 시도 가능성, 관찰 가능성을 어떻게 평가하고 있으며 이것이 환경친화적 접근을 시도하려는 개인의 의사와 얼마나 관련이 있는지를 조사하고자 하였다.

환경친화적인 공공시설관리를 시행하는 데 있어서 가장 시급한 요인은 환경친화적인 건물의 요소와 관련된 것이다. 전략적 시설 계획과 프로그래밍, 부지작업과 계획, 에너지 관리, 건축자재 및 물품관리, 실내공기질 관리, 물의 활용과 관리, 재활용 및 폐기물관리, 건물의 운영 및 유지 관리, 전략적 환경관리 등을 들 수 있으며 구체적 사항은 다음과 같다.

① 전략적 시설 계획과 프로그래밍: 공공시설을 개조할 것인가, 신축할 것인가, 임대할 것인가, 통합할 것인가 또는 분산시킬 것인가에 대해 결정함에 있어 장기간 사용되는 점을 고려
② 부지작업과 계획: 유지관리비용이 적게 드는 적절한 조경공사를 하고 최적의 건물 배치를 통해 교통, 기반시설, 생태계와 연결시켜 부지를 평가하고 태양과 바람의 방향, 지역의 미기후, 배수 방식, 수도, 전기, 가스 등의 공공시설과 기존 부지의 특징을 고려
③ 에너지 관리: 건물의 방향과 배치, 자연환기, 자연채광 그리고 기타 여러 가지 수동적인(passive) 전략들은 거주자의 편안함과 실내환경의 질을 높이고 건물의 에너지 비용을 효율화하는 방안
④ 건축 자재 및 물품 관리: 내구성이 있고 유지관리에 적은 비용이 들며 동시에 거주자의 건강과 환경부하를 줄이는 재료 선택
⑤ 실내공기질 관리: 오염물질의 통제와 거주자의 건강을 고려
⑥ 물의 활용과 관리: 우수를 유지하고 중수와 폐수의 재사용을 통한 물의 보존과 재활용
⑦ 재활용 및 폐기물 관리: 건설 및 프로젝트 과정과 시설 운영관리에 나오는 폐기물을 줄이고 비용 감소
⑧ 건물의 운영 및 유지관리: 환경친화적인 유지관리 정책
⑨ 전략적인 환경 관리: 방출되는 오염원을 제거하고 환경적 위험과 기회를 통제

2) 연구방법

(1) 설문지 개발 및 설문 내용 구성

실제 환경친화적 공공시설관리를 시행하고 있는지를 파악하기 위해 경영 관리적 측면, 에너지 관리 측면, 교통관리 측면, 수자원 관리 측면, 자원 및 오염관리 측면, 폐기물 관리 측면에서 조사하였다. 환경친화적 시설관리 활동 분야는 기존의 친환경 성능평가 시스템 등에서 제시된 유형을 활용하였다.

설문 내용은 1) 환경친화적 시설관리 분야에서 시급한 요인과 환경적, 사회적, 경제적 차원에서 중점 분야를 조사하였으며 2) 환경친화적 시설관리 활동 여부를 조사하고 3) 환경친환적 시설관리 활동의 필요성 정도를 조사하였으며 이와 함께 종사하는 공공시설의 환경친화적 접근에 대한 평가를 조사하였다. 그리고 4) 공공시설의 환경친화적 접근의 경제적 혜택 정도, 사회적 이미지 혜택 정도, 건강과 관련된 혜택 정도, 쾌적성과 관련된 혜택 정도, 비교가능성 정도, 복잡성 정도, 경험 정도, 시도 가능 정도에 대해 어떻게 인지하고 있는지를 조사하고 5) 환경친화적 공공시설관리에 대한 중요성 인식과 의사를 조사하였으며 6) 응답자의 일반적 사항을 조사하였다.

(2) 연구 조사 기간 및 설문방법

설문조사를 위한 조사 대상자는 서울시와 경기도 지역에 소재한 시설관리공단에서 경영혁신 업무와 시설관리 현장에서 근무하는 관련 전문가로 제한하였다. 서울시와 경기도의 시설관리공단에 설문협조

〈표 5-3〉 설문지 유효 부수

구 분	f	%
서울시	165	69
경기도	75	31
합 계	240	100.0

공문을 발송한 뒤, 전화설문 협조 요청을 하였다. 총 설문 조사 기간은 2010년 2월부터 6월까지이며, 서울시 지역구 24구내의 시설관리공단 중 17곳에서 유효 설문지 165부, 경기도의 시설관리공단 8곳에서 유효 설문지 75부를 수거하여 총 240부의 설문지를 최종 분석 자료로 사용하였다(〈표 5-3〉 참조).

2. 환경친화적 범주에 의한 공공시설관리의 실태

(1) 조사 응답자의 일반적 특성

조사 대상자의 사회 인구학적 변인으로 성별, 연령, 학력, 월평균 소득, 근무 개월 수를 조사하였다. 조사 대상자의 전체 성별 분포를 살펴보면 남성이 188명, 여성이 52명으로 남성의 비율이 매우 높은 것으로 나타났다(〈표 5-4〉 참조). 조사 대상자의 전체 평균 연령은 35.4세였으며, 20대는 전체의 16.6%, 30대는 60.3%, 40대는 18.8%, 50대는 4.4%를 차지하고 있었다. 응답자 중 30대가 131명(60.3%)으로 가장 많은 비중을 차지하고 있었다. 조사 대상자의 학력은 전체적으로 대학교 졸업이 189명(79.4%)으로 가장 많았으며, 그 다음으로 고등학교 졸업이 29명(12.2%), 대학원 졸업이 19명(8.0%), 초등학교

〈표 5-4〉 조사대상자의 사회인구학적 배경

	구 분	서울시	경기도	전체n(%)
성 별	남자	126	62	188(78.3)
	여자	39	13	52(21.7)
	계	165	75	240(100.0)
연 령	20대	26	17	43(16.6)
	30대	96	41	131(60.3)
	40대	27	12	12(18.8)
	50대	7	3	3(4.4)
	계	156	73	229(100.0)
학 력	대학원 졸업	11	8	19(8.0)
	대학교 졸업	135	54	189(79.4)
	고등학교 졸업	18	11	29(12.2)
	중학교 졸업	0	1	1(0.4)
	계	164	74	238(100.0)
월평균 소득	100만 원 미만	4	3	7(2.9)
	100－200만 원 미만	77	26	103(43.1)
	200－300만 원 미만	62	25	87(36.4)
	300－400만 원 미만	18	18	36(15.1)
	400－600만 원 미만	4	1	5(2.1)
	600만 원 이상	0	1	1(0.4)
	계	165	74	239(100.0)
근무 연수	1년 미만	13	7	20(8.5)
	1년 이상－5년 미만	70	31	101(43.0)
	5년 이상－10년 미만	50	24	74(31.5)
	10년 이상－15년 미만	24	13	37(15.7)
	15년 이상－25년 미만	3	0	3(1.3)
	계	160	75	235(100.0)

졸업이 1명(0.4%) 등의 순으로 나타났다.

조사 대상자의 월평균 소득은 100－200만 원 미만이 103명(43.1%)으로 절반 가까이 차지하고 있었다. 200－300만 원 미만은 87명(36.4%)

으로 100-200만 원 미만 다음으로 많은 수를 차지하고 있었으며, 300-400만 원 미만은 36명(15.1%), 100만 원 미만은 7명(2.9%), 400-600만 원 미만은 5명(2.1%), 600만 원 이상은 1명(0.4%) 순으로 나타났다.

조사 대상자의 근무 연수는 전체적으로 1년 이상 5년 미만이 101명(43.0%)으로 절반 가까이 차지하고 있었다. 5년 이상 10년 미만이 74명(31.5%), 1년 미만이 20명(15.7%), 10년 이상 15년 미만이 37명(15.7%), 15년 이상 25년 미만이 3명(1.3%) 순으로 나타났다.

(2) 환경친화적인 공공시설 계획과 관리 활동

① 시급한 요인

서울시와 경기도 지역의 시설관리공단에서 일하는 근무자들을 대상으로 공공시설 운영과 관리에 있어서 환경친화적인 접근을 적용한다면 어떤 요인이 가장 시급하다고 생각하는지에 대하여 조사하기 위해 전략적 시설 계획과 프로그래밍, 부지작업과 계획, 에너지 관리, 건축자재 및 물품관리, 실내공기질 관리, 물의 활용과 관리, 재활용 및 폐기물 관리, 건물의 운영 및 유지관리, 전략적인 환경 관리 등 9가지 항목을 제시하였다. 그 결과를 보면 전체적으로 '에너지 관리'에 관한 요인이 71명(32.9%)으로 가장 시급하다고 나타났고, 그 다음으로 전략적 시설 계획과 프로그래밍(19.4%), 부지작업과 계획(14.8%), 건물의 운영 및 유지관리(13.4%) 등의 순으로 나타났다.

공공시설관리에 있어서, 비용적인 측면에서 가장 중요한 에너지 관리에 대한 요인을 가장 시급하다고 여기고 있으며 전략적 시설 계획과

〈표 5-5〉 환경친화적인 접근을 위해 가장 시급한 요인

구 분	서 울		경 기		전 체	
	f	%	f	%	f	%
전략적 시설 계획과 프로그래밍	28	18.5	14	21.5	42	19.4
부지작업과 계획	20	13.2	12	18.5	32	14.8
에너지 관리	52	34.4	19	29.2	71	32.9
건축자재 및 물품관리	4	2.6	4	6.2	8	3.7
실내공기질 관리	5	3.3	0	0	5	2.3
물의 활용과 관리	5	3.3	1	1.5	6	2.8
재활용 및 폐기물 관리	3	2.0	3	4.6	6	2.8
건물의 운영 및 유지관리	20	13.2	9	13.8	29	13.4
전략적인 환경 관리	14	9.3	3	4.6	17	7.9
전 체	151	100.0	65	100.0	216	100.0

프로그래밍 등 환경친화적 시설관리를 시행하는 데 있어 필요한 보다 통합적이고 전략적인 접근을 중요하게 여기고 있는 것을 알 수 있었다.

② 환경친화적인 공공시설관리의 중점 요인

환경친화적인 공공시설관리에 있어서 어느 부분에 더욱 중점을 두어야 한다고 생각하는지에 대한 질문으로 '환경 차원', '경제 차원', '사회 차원' 그리고 '3가지 차원이 동등하게'의 4가지의 항목을 제시한 결과, 전체적으로 '환경 차원'에 대한 항목이 86명(38.4%)로 가장 중점을 두어야 하는 요인이라고 보았다. 다음으로 '3가지 차원이 동등하게'(37.9%) 중점을 두어야 한다도 비슷하게 중점을 두어야 한다고 생각하는 것으로 나타났다. 상대적으로 경제적 요인에 중점을 두어야 한다는 측면에 대한 응답이 낮은 것을 볼 수 있다(〈표 5-6〉 참조).

환경친화적인 접근에 있어서 환경 차원에 대한 사항을 보다 중요하다고 여기고 있음을 알 수 있다. 공공시설관리를 할 때 환경친화적인

〈표 5-6〉 환경친화적인 공공시설관리를 위한 중점 요인

구 분		서울시		경기도		전 체	
		f	%	f	%	f	%
1	환경 차원(environmental)	61	39.6	25	35.7	86	38.4
2	경제 차원(economic)	17	11.0	8	11.4	25	11.2
3	사회 차원(social)	17	11.0	11	15.7	26	37.1
4	3가지 차원이 동등하게	59	38.3	26	37.1	85	37.9
합 계		154	100.0	70	100.0	224	100.0

접근을 취하는 데 있어 어느 한 분야에만 집중하거나 또는 3가지 차원에서 동등한 접근이 이루어져야만 하는 것은 아니다. 이 3가지 차원에 대한 고려가 함께 균형을 이룰 필요가 있으며 주어진 상황과 조건에 따라 어느 한 차원이 좀 더 중요시될 수도 있다. 공공시설에서 환경친화적 접근을 하는 데 있어 직면할 수 있는 다양한 상황과 조건에 따라 3가지 차원에 대한 고려가 어떻게 달라질 수 있는지와 이러한 사례에 대한 자료의 제공이 필요하다.

③ 환경친화적인 공공시설의 계획과 관리 활동 여부

환경친화적인 공공시설의 계획과 관리활동을 하고 있는지 여부를 관리 및 경영, 에너지 관리, 교통 관리, 수자원 관리, 자원 및 오염관리, 폐기물 관리로 구분하여 '예', '아니오'로 살펴본 결과는 다음과 같다(〈표 5-7〉부터 〈표 5-12〉 참조).

관리 및 경영 항목(〈표 5-7〉 참조)에서는 '시설관리 업무를 수행할 때 매뉴얼을 사용하는 것'이 79.6%로 가장 많이 하고 있는 것으로 나타났으며, '환경친화적인 소모품 사용'(69.2%), '환경친화적인 건축자재 사용'(60.0%)의 순으로 나타났다. 환경 관리 시스템을 사용하는 경우는 전체의 36.7%, 환경 관리를 잘하는지 측정항목을 이용하여

〈표 5-7〉 관할 공공시설 유형별 환경친화적인 공공시설의 관리 및 경영 여부

구 분	예	아니오	전 체
환경 관리를 잘하고 있는지 평가할 수 있는 측정 항목을 사용	133(55.4)	107(44.6)	240(100)
환경친화적인 건축 자재 사용	144(60.0)	96(40.0)	240(100)
환경친화적인 소모품 사용	166(69.2)	73(30.4)	239(100)
환경관리 시스템을 사용	88(36.7)	152(63.3)	240(100)
시설관리 업무를 수행할 때 매뉴얼을 사용하는 것	191(79.6)	49(20.4)	240(100)

〈표 5-8〉 환경친화적인 공공시설의 에너지 관리 여부

구 분	예	아니오	전 체
에너지 사용과 관리를 위한 정책, 방식, 가이드라인을 수립하여 사용	210(87.5)	30(12.5)	240(100)
에너지를 얼마만큼 소비하는지 정기적으로 측정	205(85.4)	35(14.6)	240(100)
에너지 소비량을 통제하기 위하여 기준 목표치를 설정	202(84.2)	38(15.8)	240(100)
난방구획을 나누어 정적 온도를 다르게 설정	162(67.5)	78(32.5)	240(100)
실내의 공간 특성에 따라 냉방온도를 별도로 통제	183(76.3)	57(23.8)	240(100)
조명기구를 선택하고 사용하기 위한 가이드라인	147(61.3)	93(38.8)	240(100)
에너지 효율이 높은 적정 조명기구의 사용	184(76.7)	56(23.3)	240(100)
조명기구를 제어하는 시스템 사용	123(51.2)	117(48.8)	240(100)
에너지 효율성을 높이기 위한 인센티브 제도	77(32.1)	163(67.9)	240(100)

평가하는 경우는 55.4%로 상대적으로 미흡한 차원이다.

에너지 관리 항목에서는 '에너지 사용과 관리를 위한 정책, 방식, 가이드라인을 수립하여 사용'이 87.5%로 가장 많이 하고 있는 것으로 나타났으며 '에너지를 얼마만큼 소비하는지 정기적으로 측정'(85.4%), '에너지 소비량을 통제하기 위한 기준 목표치 설정'(84.2%), '에너지 효율이 높은 적정 조명기구를 지정하여 사용'(76.7%) 등의 순으로 나타났다. 가장 낮은 항목은 '에너지 효율성을 높이기 위한 인센티브 제도'(32.1%)나 '조명기구를 제어하는 시스템 사용'(51.2%)으로 나타났다.

교통 관리 항목에서는 '공공시설이 도보 15분 이내에 있거나 대중

〈표 5-9〉 환경친화적인 공공시설의 교통 관리 여부

구 분	예	아니오	전 체
출퇴근에 자동차 운행을 제한하는 정책이나 방침 이행	170(70.8)	70(29.2)	240(100)
필요할 경우 직원들을 위한 재택근무 지원	17(7.1)	223(92.9)	240(100)
공공시설이 도보 15분 이내에 있거나 대중교통 이용이 편리한 곳에 위치	193(80.4)	47(19.6)	240(100)

〈표 5-10〉 환경친화적인 수자원 관리 여부

구 분	예	아니오	전 체
물 보전을 위한 정책을 수행하기 위한 방침 수립	80(33.3)	160(66.7)	240(100)
누수를 방지하고 측정하는 시스템 설치	75(31.3)	165(68.8)	240(100)
물 재활용	72(30.0)	168(70.0)	240(100)
우수 보관 및 활용	37(15.4)	203(84.6)	240(100)

교통 이용이 편리한 곳에 위치'가 80.4%로 가장 많이 하고 있는 항목으로 나타났으며 그 다음이 '출퇴근에 자동차 운행을 제한하는 정책이나 방침 이행'(70.8%)인 것으로 조사되었다. 그러나 '필요할 경우 직원을 위한 재택근무 지원'(7.1%)은 거의 하고 있지 않는 것으로 나타났다. 재택근무 지원 등은 환경친화적 가치와도 관련성이 높지만 업무 특성과도 관련성이 높은 항목이기 때문에 공공시설의 경우 대인서비스 제공 부분이나 현장관리 필요 정도가 높음에 따라 재택근무 지원 비율이 낮을 수도 있다.

수자원 관리 항목에서는 '물 보전을 위한 정책을 수행하기 위한 방침 수립'이 33.3%로 가장 많이 하고 있는 항목으로 나타났으며, 그 다음으로 '누수를 방지하고 측정하는 시스템 설치'(31.3%), '물 재활용'(30.0%) 등의 순으로 나타났다.

다른 관리 활동 영역에 비하여 수자원 관리 활동은 매우 낮은 빈도로 이루어지고 있음을 알 수 있다. 이것은 외국에 비하여 물 부족

〈표 5-11〉 환경친화적인 자원 및 오염 관리 여부

구 분	예	아니오	전 체
공공시설 내 석면이 사용된 곳 명시	40(16.7)	199(83.3)	239(100)
공공시설 내 석면 안전하게 제거	91(38.1)	149(61.9)	239(100)
공기오염물질의 측정	162(67.5)	78(32.5)	240(100)
시설로 인한 수질오염물질의 측정	118(49.2)	122(50.8)	240(100)
주변 생태 보존 및 보호	183(76.6)	57(23.4)	239(100)

문제가 심각하지 않거나 상대적으로 저렴한 비용에 기인한 것이기 때문일 수도 있다. 에너지 관리활동이 매우 높은 데 비하여 공공비용에 상대적으로 많은 비용을 차지하는 수자원에 대한 관리활동이 매우 저조하여 이에 대한 고려가 필요함을 보여준다.

자원 및 오염 관리 항목에서는 '주변 생태 보존 및 보호'가 76.6%로 가장 많이 하고 있는 항목으로 나타났으며, '공기오염물질 측정'(67.5%), '시설로 인한 수질오염물질 측정'(49.2%) 등의 순으로 나타났다. '공공시설 내에 석면이 사용된 곳을 명시'하는 것은 전체의 16.7%로 시행하는 시설이 상대적으로 낮은 것을 알 수 있으며 석면을 안전하게 제거하는 곳도 전체의 38.1%인 것으로 나타났다.

석면의 경우, 1급 발암물질로 규정되어 있지만 석면이 사용된 곳에 대한 명시가 전체 응답자 중 16.7%만이 시행하는 것으로 나타나 문제가 매우 심각할 수도 있음을 보여준다. 시설관리 업무는 종종 시설의 보수, 마감 재료 교체, 리노베이션, 수선 등과 같은 크고 작은 프로젝트를 수행하기 때문에 석면이 제대로 명시되지 않고 이를 인지하지 않을 경우 프로젝트 시공 시, 석면가루 등이 노출되어 공공의 건강에 심각한 위해를 줄 수 있으므로 이에 대한 명시와 관리가 함께 이루어져야 할 필요가 있다.

재활용 및 폐기물 관리 항목에서는 '사용자나 직원들이 사용할 수

〈표 5-12〉 환경친화적인 재활용 및 폐기물 관리 여부

구 분	예	아니오	전 체
쓰레기 및 폐기물을 줄이기 위한 방침 수행	182(75.8)	58(24.2)	240(100)
사용자나 직원들이 사용할 수 있는 재활용 분리수거대 설치	209(87.1)	31(12.9)	240(100)
재활용 분리수거 및 활용이 잘 이루어짐	206(85.8)	34(14.2)	240(100)
재활용분리를 위한 충분한 저장공간 확보	172(71.7)	68(28.3)	240(100)
재활용된 재료의 적절한 관리와 처리	191(79.6)	49(20.4)	240(100)

있는 재활용 분리수거대 설치'가 87.1%로 가장 많이 하고 있는 항목으로 나타났으며, '재활용 분리수거 및 활용이 잘 이루어짐'(85.8%), '재활용된 재료의 적절한 관리와 처리'(79.6%), '쓰레기 및 폐기물을 줄이기 위한 방침 수행'(75.8%) 등의 순으로 나타났다.

공공시설에서 재활용과 폐기물 관리 활동을 대다수 수행하고 있는 것으로 나타났으며 공공시설의 경우 큰 비용을 들이지 않으면서 폐기물 관리 활동에 참여할 수 있으므로 이에 대한 적극적 참여와 공공시민의 참여도 함께 이루어질 필요가 있다.

④ 환경친화적인 공공시설의 계획과 관리의 의사

환경친화적인 공공시설의 계획과 관리의 의사에 대해 동의하는 정도를 살펴보면 '기관장이나 행정부 수뇌부는 장기적 관점에서 환경정책을 펼쳐야 함'이 평균 5.95(7점: 매우 그렇다)로 가장 높게 나타났으며 '환경친화적 제품과 재료를 사용하여야 함', '환경친화적인 업무나 프로젝트를 수행하는 개인 또는 부서에 인센티브 제도를 도입하여야 함'의 순으로 나타났다. 공공시설의 특성상 환경친화적 관리 활동이 이루어지기 위해서는 조직의 체계적 개입이 필요함을 보여준다. 확산이론에 의하면 혁신적인 아이디어나 상품 중에서 공공의 정책의 의해

〈표 5-13〉 환경친화적인 공공시설의 계획과 관리의 의사

구 분	평 균	표준편차
환경친화적 제품과 재료를 사용하여야 함	5.68	1.115
기관장이나 행정부 수뇌부는 장기적 관점에서 환경정책을 펼쳐야 함	5.95	1.001
환경친화적인 업무나 프로젝트를 수행하는 개인 또는 부서에 인센티브 제도를 도입하여야 함	5.64	1.186

〈표 5-14〉 환경친화적인 공공시설의 계획과 관리의 중요성

구 분	평 균	표준편차
환경은 미래 세대를 위해 중요한 사항	6.38	.976
지역공동체를 위해 환경친화적 관리가 중요함	6.01	1.009
생태가치와 환경가치는 나의 가족과 삶에 매우 중요함	6.04	1.084
내가 일하는 방식은 환경의 질에 영향을 미침	5.43	1.309
환경친화적 계획과 관리는 내가 속한 조직의 성공에 영향을 미침	5.28	1.306

채택되고 확산되는 것은 개인이 이를 채택하는 과정과 매우 다르기 때문에 이를 위해서는 수뇌부의 개입이 매우 중요하다. 공공시설관리공단의 시설관리 업무 종사자들도 대부분 이러한 역할을 인지하고 기관장이나 행정 수뇌부의 장기적 관점의 정책이 필요하다는 것에 동의하고 있었다.

⑤ 환경친화적인 공공시설의 계획과 관리의 중요성

환경친화적인 공공시설의 계획과 관리의 중요성에 대해 동의하는 정도를 살펴보면 '환경은 미래 세대를 위해 매우 중요한 사항'이 평균 6.38로 가장 동의하는 것으로 나타났으며 '생태가치와 환경가치는 나의 가족과 삶에 매우 중요함', '지역공동체를 위해 환경친화적 관리가 중요함', '내가 일하는 방식은 환경의 질에 영향을 미침' '환경친화적 계획과 관리는 내가 속한 조직의 성공에 영향을 미침' 순으로

나타났다.

전반적으로 공공시설관리활동을 하는 데 있어서 개인과 조직을 벗어나 지역공동체 및 장기적 관점에서 환경친화적 접근의 중요성을 매우 높게 인지하고 있음을 알 수 있다.

(3) 환경친화적인 공공시설관리 활동의 필요도

수도권 공공시설 관리자들에게 있어 환경친화적인 관리 활동이 필요하다고 여겨지는 관리 활동 범주에 따라 필요성 정도를 조사하였다.

시설관리 업무에 종사하는 응답자들은 환경친화적인 공공시설의 관리 및 경영 활동 중 환경친화적 제품 사용의 필요성을 가장 높은 것(평균값 4.02)으로 여기고 있으며 상대적으로 관리평가 측정항목이나 시스템 사용에 대한 필요성은 낮게 인지하고 있었다.

이와 더불어 실제 환경친화적인 공공시설의 계획과 관리 활동 여부에 따라 환경친화적인 공공시설관리 활동의 필요성 인식에 차이가 있는지를 조사하였다. 이는 실제 활동 여부에 따라 필요성 인지가 높고 시행하지 않은 그룹과의 유의적 차이가 있다면 시행에 따른 효과성을 인지하는 것으로 추정할 수 있으며 그에 따른 긍정적 효과를 인식하고 있는 것으로 볼 수 있다.

관리 및 경영 항목에서는 환경관리 평가 측정항목의 사용과 시설관리 업무 수행 매뉴얼 사용에서만 유의미한 차이가 있는 것으로 나타났다. 즉 환경관리 평가 측정항목을 사용하여 본 경험이 있는 집단이 경험이 없는 집단에 비해 환경관리 평가 측정항목이 더 필요하다고 여기고 있는 것을 보여주며 이는 실제 업무를 수행하는 데 있어서 평가 측정항목을 이용할 경우 환경친화적 관리 활동의 효과성이 높은

〈표 5-15〉 환경친화적인 관리 및 경영 활동 필요성의 인식 정도와 실제 활동 여부에 따른 차이

유형별	예		아니오		전 체		t값
	평균값	표준편차	평균값	표준편차	평균값	표준편차	
환경관리를 잘하고 있는지 평가할 수 있는 측정항목 사용	3.91	.733	3.67	.740	3.80	.744	2.502*
환경친화적 제품 사용	4.02	.694	4.02	.694	4.02	.705	n.s.
환경관리 시스템 사용	3.87	.751	3.68	.926	3.81	.809	n.s.
시설관리 업무 수행 시 매뉴얼 사용	4.07	.661	3.56	.823	3.97	.724	3.990***

*p<0.05, **p<0.01, ***p<0.001, n.s.: non significant

것으로 사료된다. 또한 시설관리 업무를 수행할 때 매뉴얼을 사용해 본 집단의 경우 그 필요성을 더 높게 인식함을 알 수 있다.

에너지 관련 항목별 필요성에 대한 평가를 살펴보면 난방구획을 나누어 적정 온도를 다르게 설정하는 것에 대한 필요성(4.10)과 에너지 효율이 높은 적정 조명기구 사용에 대한 필요성(4.13)이 높게 나타났다. 현재 관리 활동에서 실제 활동 여부에 따른 차이를 살펴보면 에너지 소비량을 정기적으로 측정하거나 소비량을 통제하기 위하여 기준 목표치를 설정하는 것, 관리를 위한 정책, 방침, 가이드라인을 수립하여 사용하는 것, 조명기구 제어 시스템을 사용한 것과 에너지 효율성을 위하여 인센티브제도를 사용하는 경우, 그 필요성을 더 높게 인지하고 있어 실제 에너지 관리에 효과성이 높은 항목인 것으로 나타났다.

따라서 에너지 관리에 있어서 효과적인 활동은 계획에 따른 정책과 방침, 가이드라인을 세우고 이에 대한 목표치 설정과 측정을 하며 제어 시스템 등을 사용하는 것과 같이 에너지 관리 전반에 영향을 줄 수 있는 관리 활동이 필요하다는 것을 보여준다.

〈표 5-16〉 환경친화적인 에너지 관리 필요성의 인식 정도와 실제 활동 여부에 따른 차이

유형별	예		아니오		전 체		t값
	평균값	표준편차	평균값	표준편차	평균값	표준편차	
에너지 사용과 관리를 위한 정책, 방침, 가이드라인을 수립하여 사용	4.07	.776	3.53	.900	4.00	.810	3.480**
에너지 소비량을 정기적으로 측정	4.15	.753	3.77	.877	4.09	.782	2.656**
에너지 소비량을 통제하기 위하여 기준 목표치 설정	4.09	.770	3.71	.835	4.03	.792	2.779**
난방구획을 나누어 적정 온도를 다르게 설정	4.14	.709	4.03	.852	4.10	.759	n.s.
공간 특성에 따라 냉방온도 별도 통제	4.11	.770	3.96	.844	4.07	.789	n.s.
조명기구를 선택하고 사용하기 위한 가이드라인	3.90	.738	3.90	.910	3.90	.807	n.s.
에너지 효율이 높은 적정 조명기구 사용	4.18	.728	3.96	.852	4.13	.763	n.s.
조명기구 제어 시스템 사용	4.14	.761	3.85	.854	4.00	.818	2.719**
에너지 효율성을 위한 인센티브 제도	4.17	.818	3.87	.947	3.97	.916	2.377*

*p<0.05, **p<0.01, ***p<0.001, n.s.: non significant

교통 관리 항목의 경우 에너지 관리 항목들에 비하여 필요인식 정도가 낮은 것을 알 수 있다. 출퇴근 시 자동차 운행을 제한하는 조치(예: 승용차 5부제)의 경우 시행하지 않는 공단의 관리자들이 필요 정도를 매우 낮게 평가하고 있어 심리적 거부감이 있으나 실제 시행하는 집단의 경우 그 필요성에 대한 인식이 높은 것으로 나오며 그 차이가 유의적이어서 효과성이 높은 조치인 것으로 나타났다. 재택근무의 경우 조사 응답자가 여기는 필요성 또한 전반적으로 낮아 근로조건과 업무 특성, 공공시설의 대민 서비스 특성에 기인한 때문인 것으로 보인다.

수자원 관리 항목에서 필요성 정도를 살펴보면 누수를 방지하고

〈표 5-17〉 환경친화적인 교통 관리 필요성의 인식 정도와 실제 활동 여부에 따른 차이

유형별	예		아니오		전 체		t값
	평균값	표준편차	평균값	표준편차	평균값	표준편차	
출퇴근 시 자동차 운행을 제한하는 조치 (예: 승용차 5부제)	3.88	.885	3.46	.958	3.76	.926	3.293**
필요할 경우 직원들을 위한 재택근무 지원	3.76	1.147	3.68	.989	3.69	.999	n.s.
공공시설이 도보 15분 이내에 있거나 대중교통 이용이 편리한 곳에 위치	3.90	.790	3.72	1.117	3.86	.864	n.s.

*p<0.05, **p<0.01, ***p<0.001, n.s.: non significant

〈표 5-18〉 환경친화적인 수자원 관리 필요성의 인식 정도와 실제 활동 여부에 따른 차이

유형별	예		아니오		전 체		t값
	평균값	표준편차	평균값	표준편차	평균값	표준편차	
물 보전을 위한 방침 수립	3.90	.648	3.68	.805	3.75	.763	2.332*
누수를 방지하고 측정하는 시스템 설치	3.96	.813	3.67	.798	3.76	.812	2.571*
물 재활용	3.93	.954	3.77	.880	3.82	.904	n.s.
우수 보관과 활용	4.14	.976	3.58	1.013	3.67	1.025	3.074**

*p<0.05, **p<0.01, n.s.: non significant

측정하는 시스템의 설치와 물 보전을 위한 방침의 수립의 필요성이 높게 나타났으며 우수 보관과 활용에 대한 필요성은 상대적으로 낮게 나타났다. 다른 관리 활동에 비하여 수자원 관리 활동은 상대적으로 시행하고 있는 비율이 낮았으나(〈표 5-10〉 참조), 실제 수자원관리 활동을 한 집단의 경우 물 보전을 위한 방침을 수립하거나 누수를 방지하고 측정하는 시스템을 설치하는 것, 우수 보관과 활용을 한 경우 그렇지 않은 경우에 비하여 그 필요 정도를 높게 인식하는 것으로 나타났다(〈표 5-18〉 참조).

〈표 5-19〉 환경친화적인 자원 및 오염관리의 필요성 인식 정도와 실제 활동 여부에 따른 차이

유형별	예		아니오		전 체		t값
	평균값	표준편차	평균값	표준편차	평균값	표준편차	
석면이 사용된 곳을 명시	3.88	1.017	3.79	.902	3.80	.920	n.s.
석면 안전 제거	3.99	.901	3.98	.907	3.98	.901	n.s.
공기오염물질 측정	4.01	.735	4.04	.673	4.02	.714	n.s.
수질오염물질 측정	4.08	.674	3.91	.793	4.00	.740	n.s.
주변 생태 보존 및 보호	4.08	.745	3.95	.818	4.04	.764	n.s.

n.s.: non significant

〈표 5-20〉 환경친화적인 재활용 및 폐기물 관리의 필요성의 인식 정도와 실제 활동 여부에 따른 차이

유형별	예		아니오		전 체		t값
	평균값	표준편차	평균값	표준편차	평균값	표준편차	
쓰레기 및 폐기물 양을 줄이기 위한 조치	4.14	.719	4.07	.835	4.12	.747	n.s.
재활용 분리수거대 설치	4.13	.673	4.03	.752	4.12	.683	n.s.
재활용 분리수거 및 활용이 잘 이루어지도록 조치	4.12	.712	4.06	.776	4.11	.720	n.s.
재활용하기 위한 충분한 저장공간 확보	4.01	.741	3.97	.668	4.00	.720	n.s.
재활용 재료의 적절한 관리와 처리	4.08	.710	3.96	.789	4.05	.727	n.s.

n.s.: non significant

자원 및 오염 관리 항목의 필요성에 대한 조사 결과, 주변 생태 보존과 보호, 공기오염물질의 측정, 수질오염물질의 측정, 석면의 안전 제거, 석면이 사용된 곳을 명시하는 순으로 필요 정도가 높았다. 여기서는 실제 이를 시행하거나 시행하지 않는 경우에 필요성의 인식 정도에 차이가 없는 것으로 나타났다.

재활용 및 폐기물 관리 항목의 필요성에 대한 조사 결과 쓰레기 및 폐기물 양을 줄이기 위한 조치와 분리수거대 설치의 필요도를 높게

평가하고 있었다. 실제 재활용은 빈번하게 시행되고 있었으며 공공시설관리에 있어서 이를 시행하는 집단과 그렇지 않은 집단 간의 필요성 인식에는 유의적인 차이가 없는 것으로 나타났다. 즉, 재활용에 대해서는 시행하거나 하지 않는 집단 모두 필요성에 대한 인식이 높은 것을 알 수 있다.

관할 공공시설 유형에 따른 환경친화적인 공공시설관리 활동의 필요성 인식에 차이가 있는지를 알아보기 위하여 일원배치 분산분석(One-Way ANOVA)을 실시하였다. 관리 및 경영 항목에서는 관할 공공시설 유형에 따른 모든 항목에서 환경친화적인 공공시설관리 활동의 필요성 인식에 유의미한 차이가 없는 것으로 나타났다.

〈표 5-21〉 관할 공공시설 유형에 따른 환경친화적인 에너지 관리의 필요인식

구 분		사례 수	평 균	표준편차	F비
에너지 사용과 관리를 위한 정책, 방침, 가이드라인을 수립하여 사용	혐오시설	2	3.50	.707	4.814^{**}
	위험시설	1	1.00	.0	
	공익시설	149	3.98	.775	
	문화시설	72	4.13	.768	
	기타	6	3.67	.516	
	합계	230	4.00	.793	
에너지 소비량을 정기적으로 측정	혐오시설	2	3.50	.707	n.s.
	위험시설	1	2.00	.0	
	공익시설	149	4.10	.742	
	문화시설	72	4.13	.768	
	기타	6	4.17	.753	
	합계	230	4.10	.759	
에너지 소비량을 통제하기 위하여 기준 목표치 설정	혐오시설	2	4.00	1.414	n.s.
	위험시설	1	3.00	.0	
	공익시설	149	3.99	.814	
	문화시설	72	4.14	.678	
	기타	6	4.17	.753	
	합계	230	4.03	.776	

난방구획을 나누어 적정 온도를 다르게 설정	혐오시설	2	4.50	.707	n.s.
	위험시설	1	4.00	.0	
	공익시설	149	4.08	.740	
	문화시설	72	4.21	.804	
	기타	6	3.83	.753	
	합계	230	4.12	.759	
공간 특성에 따라 냉방온도 별도 통제	혐오시설	2	4.50	.707	n.s.
	위험시설	1	2.00	.0	
	공익시설	149	4.07	.781	
	문화시설	72	4.15	.763	
	기타	6	4.00	.632	
	합계	230	4.09	.779	
조명기구를 선택하고 사용하기 위한 가이드라인	혐오시설	2	3.50	.707	4.482**
	위험시설	1	1.00	.0	
	공익시설	149	3.91	.805	
	문화시설	72	3.99	.760	
	기타	6	3.33	.816	
	합계	230	3.90	.814	
에너지 효율이 높은 적정 조명기구 사용	혐오시설	2	4.50	.707	n.s.
	위험시설	1	3.00	.0	
	공익시설	149	4.13	.782	
	문화시설	72	4.17	.769	
	기타	6	4.00	.000	
	합계	230	4.13	.767	
조명기구 제어 시스템 사용	혐오시설	2	3.00	.000	2.483*
	위험시설	1	2.00	.0	
	공익시설	149	4.01	.826	
	문화시설	72	4.08	.783	
	기타	6	4.00	.632	
	합계	230	4.01	.817	
에너지 효율성을 위한 인센티브 제도	혐오시설	2	4.00	1.414	3.125*
	위험시설	1	1.00	.0	
	공익시설	148	4.04	.880	
	문화시설	72	3.94	.918	
	기타	6	3.67	1.033	
	합계	229	3.99	.915	

*p<0.05, **p<0.01, n.s.: non significant

관할 공공시설 유형에 따른 에너지 관리 활동의 필요인식에서는 차이가 있었다. 공공서비스를 제공하는 문화시설의 응답자들이 에너지 사용과 관리를 위한 정책, 방침, 가이드라인을 수립하여 사용하는 것과 조명기구를 선택하고 사용하기 위한 가이드라인, 조명기구 제어 시스템 사용에 대한 필요성이 높은 것으로 평가하였다. 에너지 효율성을 위한 인센티브 제도는 공익시설의 경우에서 높게 나타났다. 문화시설이 공익시설의 경우 공공시민이 사용하는 빈도가 높으며 사용 시간이나 공간에서의 활동에 따라 에너지의 요구도가 달라질 수 있기 때문에 효과적인 에너지 관리 활동에 따라 에너지 비용 발생을 효과적으로 관리할 수 있을 것으로 보인다.

교통 관리 항목에서는 관할 공공시설 유형에 따른 모든 항목에서 환경친화적인 공공시설관리 활동의 필요성 인식에 유의미한 차이가 없는 것으로 나타났다.

수자원 관리에서는 관할 공공시설 유형에 따라 '물 재활용', '우수 보관 및 활용' 항목에서 환경친화적인 공공시설관리 활동의 필요성 인식에 유의미한 차이가 있는 것으로 나타났다. 물의 재활용의 경우 혐오시설에서 가장 높게 나왔으며 그 다음으로 문화시설, 공익시설에서 필요도가 높게 나왔다. 우수 보관의 경우 문화시설에서의 필요도가 가장 높게 나와 공공시설 유형에 따른 차이가 매우 상이하였다.

자원 및 오염 관리에서는 관할 공공시설 유형에 따라 '공공시설 내 석면이 사용된 곳 명시', '공기오염물질의 측정', '시설로 인한 수질 오염물질의 측정' 항목에서 환경친화적인 공공시설관리 활동의 필요성 인식에 유의미한 차이가 있는 것으로 나타났다. 문화시설의 경우 공주민이 다수 이용하는 시설로서 공공의 건강에 직접적 영향을 미칠

〈표 5-22〉 관할 공공시설 유형에 따른 환경친화적인 수자원 관리의 필요인식

구 분		사례 수	평 균	표준편차	F비
물 보전을 위한 정책을 수행하기 위한 방침 유무	혐오시설	2	3.50	.707	n.s.
	위험시설	1	3.00	.0	
	공익시설	149	3.74	.739	
	문화시설	72	3.76	.831	
	기타	6	3.50	.548	
	합계	230	3.73	.762	
누수를 방지하고 측정하는 시스템 설치	혐오시설	2	3.00	.000	n.s.
	위험시설	1	2.00	.0	
	공익시설	149	3.72	.829	
	문화시설	72	3.86	.737	
	기타	6	3.50	.837	
	합계	230	3.75	.808	
물 재활용	혐오시설	2	4.50	.707	4.545**
	위험시설	1	1.00	.0	
	공익시설	149	3.82	.839	
	문화시설	72	3.92	.931	
	기타	6	3.00	.632	
	합계	230	3.82	.891	
우수 보관 및 활용	혐오시설	2	3.00	1.414	3.333*
	위험시설	1	1.00	.0	
	공익시설	149	3.66	.985	
	문화시설	72	3.85	1.002	
	기타	6	3.00	.632	
	합계	230	3.68	1.006	

*$p<0.05$, **$p<0.01$, n.s.: non significant

수 있는 곳이기 때문에 다른 공공시설 유형에 비하여 석면 명시에 대한 필요도가 매우 높았다. 공기오염물질의 경우와 혐오시설의 경우 유해물질 노출에 대한 우려로 인하여 필요도가 높은 것으로 사료되며

〈표 5-23〉 관할 공공시설 유형에 따른 환경친화적인 자원 및 오염관리의 필요인식

구 분		사례 수	평 균	표준편차	F비
공공시설 내 석면이 사용된 곳 명시	혐오시설	2	3.00	.000	2.624*
	위험시설	1	2.00	.0	
	공익시설	149	3.72	.884	
	문화시설	72	4.00	.934	
	기타	6	4.00	.894	
	합계	230	3.80	.911	
공공시설 내 석면 안전하게 제거	혐오시설	2	3.50	.707	n.s.
	위험시설	1	3.00	.0	
	공익시설	149	3.89	.912	
	문화시설	72	4.18	.861	
	기타	6	4.33	.816	
	합계	230	3.98	.901	
공기오염물질의 측정	혐오시설	2	4.50	.707	3.177*
	위험시설	1	3.00	.0	
	공익시설	149	3.92	.712	
	문화시설	72	4.21	.691	
	기타	6	3.67	.516	
	합계	230	4.00	.715	
시설로 인한 수질오염물질의 측정	혐오시설	2	4.50	.707	3.460**
	위험시설	1	2.00	.0	
	공익시설	149	3.93	.717	
	문화시설	72	4.14	.756	
	기타	6	3.67	.516	
	합계	230	3.98	.742	
주변 생태 보존 및 보호생태 보존 및 보호	혐오시설	2	4.00	1.414	n.s.
	위험시설	1	2.00	.0	
	공익시설	149	4.03	.739	
	문화시설	72	4.10	.808	
	기타	6	3.67	.516	
	합계	230	4.03	.770	

*p<0.05, **p<0.01, n.s.: non significant

문화시설 또한 공공다수 이용시설로 인한 특성 때문에 필요도가 높은 것으로 나타났다.

폐기물 관리에서는 관할 공공시설 유형에 따라 '재활용하기 위한 충분한 저장 공간 확보', '재활용된 재료의 적절한 관리와 처리' 항목에서 환경친화적인 공공시설관리 활동의 필요성 인식에 유의미한 차이가 있는 것으로 나타났다. 특히 혐오시설과 문화시설에서 폐기물의 재활용을 위한 공간과 적절한 처리를 위한 관리 활동 요구가 높은 것으로 나타났다.

〈표 5-24〉 관할 공공시설 유형에 따른 환경친화적인 폐기물 관리의 필요인식

구 분		사례 수	평 균	표준편차	F비
쓰레기 및 폐기물을 줄이기 위한 조치	혐오시설	2	4.50	.707	n.s.
	위험시설	1	3.00	.0	
	공익시설	149	4.12	.744	
	문화시설	72	4.15	.799	
	기타	6	3.83	.753	
	합계	230	4.12	.761	
재활용 분리수거대 설치	혐오시설	2	4.50	.707	n.s.
	위험시설	1	4.00	.0	
	공익시설	149	4.07	.708	
	문화시설	72	4.22	.633	
	기타	6	3.83	.983	
	합계	230	4.12	.693	
재활용 분리수거 및 활용이 잘 이루어지도록 조치	혐오시설	2	4.50	.707	n.s.
	위험시설	1	3.00	.0	
	공익시설	149	4.07	.732	
	문화시설	72	4.21	.691	
	기타	6	3.83	.983	
	합계	230	4.10	.728	

재활용하기 위한 충분한 저장 공간 확보	혐오시설	2	4.50	.707	2.899*
	위험시설	1	2.00	.0	
	공익시설	149	3.96	.743	
	문화시설	72	4.13	.691	
	기타	6	3.83	.408	
	합계	230	4.00	.733	
재활용된 재료의 적절한 관리와 처리	혐오시설	2	4.50	.707	2.694*
	위험시설	1	2.00	.0	
	공익시설	149	4.01	.744	
	문화시설	72	4.14	.698	
	기타	6	3.83	.408	
	합계	230	4.04	.735	

*p<0.05, **p<0.01, n.s.: non significant

(4) 환경친화적인 시설관리에 대한 평가

응답자들은 시설관리와 운영에 있어 환경친화적인 접근이 얼마나 잘 시행하고 있는지에 대하여 소속 기관에서 관리하는 공공시설과 국내 공공시설로 나누어 평가하였다(1점: 매우 부족하다; 5점: 매우 우수하다). 국내 공공시설의 경우 환경친화적 접근이 얼마나 잘 시행되는냐에 대하여 부족하다는 의견이 많았으며 평균값은 2.86으로 국내 공공시설에서 환경친화적으로 성공적으로 관리하는 사례를 많이 경험해 보지 못한 것으로 나타났다. 그러나 응답자가 속한 소속기관에서 관리하는 공공시설의 경우는, 전반적으로 국내 공공시설에 비하여 환경친화적으로 시설관리와 운영을 더 잘하고 있다고 평가(평균값: 3.23)하였다.

Rogers(1995)의 확산이론(Diffusion Theory)에 의하여 혁신적인 아이

〈표 5-25〉 시설관리와 운영에 있어 환경친화적인 접근에 대한 평가

구 분	평균값	표준편차
소속기관에서 관리하는 공공시설	3.23	.787
국내 공공시설	2.86	.868

〈표 5-26〉 환경친화적인 공공시설관리 활동의 경제적 혜택 정도에 대한 평가

구 분	평균값	표준편차
환경친화적인 관리를 통해 에너지 비용을 줄일 수 있다	3.92	.727
장기적인 관점에서 환경친화적인 관리 활동은 유지관리비를 줄일 수 있다	3.88	.778
환경친화적인 관리 활동은 환경오염과 복구에 드는 부담을 줄이는 데 기여한다	4.05	.651
환경친화적인 건물은 사용자들이 더 많이 사용하고 선호할 것이다	3.89	.787

디어나 제품을 얼마나 채택하고 이것이 집단이나 사회 내의 구성원들에게 확산될 것인가는 상대적인 혜택, 비교 가능성, 복잡성, 경험 정도, 시도 가능성 등의 특성에 의해 좌우된다. 확산이론에 근거하여 공공시설의 환경친화적인 관리가 지닌 특성, 상대적인 혜택, 비교가능성, 복잡성, 경험 정도, 시도 가능성을 평가하였다.

환경친화적인 공공시설관리 활동의 경제적 혜택 정도에 대한 평가(1점: 전혀 그렇지 못하다; 5점: 매우 그렇다)에서는 '환경오염과 복구에 드는 부담을 줄이는 데 기여한다'가 평균 4.05점으로 가장 큰 장점으로 나타났으며, '관리를 통해 에너지 비용을 줄일 수 있다'(3.92), '사용자들이 더 많이 사용하고 선호할 것이다'(3.89), '장기적 관점에서 관리활동 유지관리비를 줄일 수 있다'(3.88)의 순으로 조사되었다.

환경친화적인 공공시설관리활동의 사회적 이미지 혜택 정도에 대한 평가에서는 '지역주민들에게 긍정적인 이미지를 안겨줄 것이다'가

〈표 5-27〉 환경친화적인 공공시설관리 활동의 사회적 이미지 혜택 정도에 대한 평가

구 분	전 체	
	평균값	표준편차
환경친화적인 관리 활동을 할 경우 내가 속한 기관은 사회적 귀감과 선망의 대상이 될 것이다	3.92	.793
환경친화적인 공공시설은 지역주민들에게 긍정적인 이미지를 안겨줄 것이다	4.11	.700
환경친화적인 공공시설은 지역 발전에 긍정적인 효과를 가져올 것이다	4.01	.768

〈표 5-28〉 환경친화적인 공공시설관리 활동의 건강과 관련된 혜택 정도에 대한 평가

구 분	전 체	
	평균값	표준편차
환경친화적인 공공시설은 건강한 공간을 제공한다	4.17	.718
친환경 건물의 내부는 공기질이 우수하며 건강한 공간이다	4.07	.743
환경친화적인 공공시설에서는 업무 성능이 향상될 것이다	3.82	.823

평균 4.11점으로 가장 큰 장점으로 나타났으며, '지역발전에 긍정적인 효과를 가져올 것이다'(4.01), '내가 속한 기관이 사회적 귀감과 선망의 대상이 될 것이다'(3.92)의 순으로 조사되었다. 사회적 이미지에 기여하는 장점 중 환경친화적 공공시설관리 활동이 지역주민들에게 긍정적인 이미지를 안겨줄 것이라는 것이 가장 높게 인식되고 있으며 지역 발전에 긍정적인 효과를 가져올 것과 지역 내에서의 사회적 이미지가 향상될 것으로 기대하는 것으로 나타났다.

환경친화적인 공공시설관리 활동의 건강과 관련된 혜택 정도에 대한 평가에서는 '건강한 공간을 제공한다'가 평균 4.17점으로 가장 큰 장점으로 나타났으며, '친환경 건물의 내부는 공기질이 우수하며 건강한 공간이다'(4.07), '환경친화적인 공공시설에서는 업무 성능이 향상될 것이다'(3.82)의 순으로 조사되었다. 환경친화적 공공시설관리

〈표 5-29〉 환경친화적인 공공시설관리 활동의 쾌적성과 관련된 혜택 정도에 대한 평가

구 분	전 체	
	평균값	표준편차
환경친화적인 건물은 시각적으로 보기 좋다	3.59	.838
환경친화적인 건물은 내부 온도와 환경이 쾌적하다	3.80	.770
환경친화적인 건물은 쾌적하다	3.87	.729

〈표 5-30〉 환경친화적인 공공시설관리 활동의 비교 가능성 정도에 대한 평가

구 분	전 체	
	평균값	표준편차
내가 속한 기관의 가치는 환경친화적인 가치와 부합된다	3.58	.810
내가 속한 조직은 단기간의 성과와 결과를 중요시 여긴다	3.61	.860
내가 속한 부서는 다른 대안을 시도하기에는 해야 할 일상적인 업무가 너무 많다	3.77	.768
환경친화적인 활동을 통해 내가 관리하고 있는 건물이나 부지에 차별성을 가져오리라 생각하지 않는다	2.92	.976
환경친화적인 관리 활동에 대한 교육을 받아본 적이 없다	3.00	.946
내가 속한 기관은 환경정책이나 규정을 준수하여야만 한다	3.80	.736
환경친화적인 제품이나 재료를 구입하는 데 신경을 쓰지 않아도 된다	2.36	.818

활동은 상대적인 이점 중 경제적 혜택, 쾌적성, 사회적 이미지보다 건강한 공간을 제공할 수 있다는 인식이 높은 것으로 나타났다.

환경친화적인 공공시설관리 활동의 쾌적성과 관련된 혜택 정도에 대한 평가에서는 '환경친화적인 건물은 쾌적하다'가 평균 3.87점으로 가장 큰 장점으로 나타났으며, '환경친화적 건물은 내부 온도와 환경이 쾌적하다'(3.80), '환경친화적인 건물은 시각적으로 보기 좋다'(3.59)의 순으로 조사되었다.

환경친화적인 공공시설관리 활동의 비교 가능성 정도에 대한 평가는 환경친화적인 접근이 조직이 속한 신념이나 가치체계와 부합되는지,

〈표 5-31〉 환경친화적인 공공시설관리 활동의 복잡성 정도에 대한 평가

구 분	전 체	
	평균값	표준편차
실제 업무에서 환경친화적인 관리 활동이 무엇인지 이해하기 어렵다	2.92	.818
환경친화적인 관리 활동을 어떻게 해야 하는지 교육 자료나 가이드라인이 없다	3.13	.895
환경친화적인 관리 활동을 하기에는 예산이 너무 부족하다	3.76	.820
환경친화적인 관리 활동을 하기에는 기관장이나 고위직의 이해와 인식이 부족하다	3.13	.945
환경친화적인 관리 활동은 실행하기가 너무 복잡하다	3.23	.862
환경과 관련된 규정이나 정책은 이해하기 너무 어렵다	3.20	.851

기존의 활동을 대체할 만한 속성인지를 평가하는 것으로 내가 속한 기관은 환경정책이나 규정을 준수(3.80)하여야 하고 속한 기관의 가치는 환경친화적인 가치와 부합(3.58)되는 편으로 환경친화적인 공공시설관리 활동을 하는 데 있어서 장점이 있는 것으로 나타났다. 그러나 환경친화적 관리 활동을 하기에 속한 부서가 다른 대안을 시도하기에는 해야 할 일상적인 업무가 너무 많고(3.77), 속한 조직이 단기간의 성과와 결과를 중요시(3.61) 여기기 때문에 환경친화적인 공공시설관리 활동을 하는 데 있어서 부정적인 측면도 많은 것으로 조사되었다.

환경친화적인 공공시설관리 활동의 복잡성 정도에 대한 평가에서는 '환경친화적인 관리 활동을 하기에는 예산이 너무 부족하다'가 평균 3.76점으로 가장 어려운 점으로 나타났으며 '환경친화적인 관리 활동은 실행하기가 너무 복잡하다'(3.23), '환경과 관련된 규정이나 정책은 이해하기 너무 어렵다'(3.20), '교육 자료나 가이드라인이 없다'와 '기관장이나 고위직의 이해와 인식이 부족하다'(3.13) 등의 순으로 나타났다. 즉, 환경친화적인 관리 활동을 수행하기에 예산의 부족이

〈표 5-32〉 환경친화적인 공공시설관리 활동의 경험 정도에 대한 평가

구 분	평균값	표준편차
주변에서 환경친화적 관리 활동의 긍정적인 효과를 본 적이 있다	3.27	.798
환경친화적인 관리 활동의 장점이 무엇인지 들어보았다	3.49	.810
환경친화적인 관리 활동을 통해 변화가 일어나는 것을 볼 수 있다	3.43	.737

〈표 5-33〉 환경친화적인 공공시설관리 활동의 시도 가능 정도에 대한 평가

구 분	평균값	표준편차
현장에서 적용할 수 있는 에너지 관리 시스템이 거의 없다	3.00	.863
오염물질을 측정할 수 있는 시스템을 구입하기 전에 사용해 볼 수 없다	3.41	.790
환경친화적인 관리를 위한 기술적인 문제가 무엇인지 명확하지 않다	3.44	.705

가장 장애가 되는 요인이며 이를 수행하는 과정이나 절차가 너무 복잡하거나 이해하기 어려운 점이 장애가 되는 요인으로 나타났다.

환경친화적인 공공시설관리 활동의 경험 정도에 대한 평가에서는 '환경친화적인 관리 활동의 장점이 무엇인지 들어보았다'가 평균 3.49점으로 가장 높게 나타났으며, '환경친화적인 관리 활동을 통해 변화가 일어나는 것을 볼 수 있다'(3.43), '주변에서 환경친화적 관리 활동의 긍정적인 효과를 본적이 있다'(3.27)의 순으로 나타났다.

환경친화적인 공공시설관리 활동의 시도 가능 정도에 대한 평가에서는 '환경친화적인 관리를 위한 기술적인 문제가 명확하지 않다'가 평균 3.44점으로 가장 환경친화적인 관리 활동을 시도해보는 데 문제가 되는 것으로 나타났으며, '오염물질을 측정할 수 있는 시스템을 구입하기 전에 사용해 볼 수 없다'(3.41), '현장에서 적용할 수 있는 에너지 관리 시스템이 거의 없다'(3.40)의 순으로 조사되었다.

(5) 환경친화적인 시설관리 활동에 미치는 영향 요인

소속기관 시설관리와 운영에 있어 관리 및 경영, 에너지 관리, 교통 관리, 수자원 관리, 자원 및 오염 관리, 폐기물 관리의 필요 정도가 환경친화적인 관리 활동에 대한 평가에 미치는 영향을 조사하였다. 소속기관 시설관리와 운영에 있어 각 항목에 대한 필요 정도 요인이 환경친화적인 관리 활동 평가에 미치는 영향을 회귀분석한 결과, 에너지 관리만이 유의미한 요인으로 나타났다. 이러한 영향의 정도를 정리하면 '소속기관 시설관리와 운영에 있어 환경친화적인 접근에 대한 평가 = 2.222 × 에너지 관리 + 5.554'와 같으며, 이 회귀모델은 환경친화적인 공공시설의 계획과 관리의 의사를 6.0% 설명하고 있다. 에너지 관리가 증가함에 따라 2.222배수만큼 환경친화적인 관리 활동에 대한 평가가 양의 방향으로 증가한다는 것을 의미하고 다른 항목은 유의적이지 않으며 모델의 설명력은 유의적이지만 매우 약함을 의미한다.

〈표 5-34〉 소속기관 시설관리와 운영에 있어 환경친화적인 접근에 대한 평가에 영향을 미치는 요인

구 분	기울기(B)	표준오차	Beta	t값
(상수)	2.433	.438		5.554***
관리 및 경영	.146	.112	.108	1.307
에너지 관리	.311	.140	.224	2.222**
교통 관리	.085	.092	.071	.924
수자원 관리	.000	.098	.000	.002
자원 및 오염 관리	-.207	.124	-.166	-1.669
폐기물	-.131	.113	-.103	-1.158
설명력(결정계수, R2) F비	.060 2.407*			

종속변수: 소속기관 환경친화 평가, *p<0.05, **p<0.01, ***p<0.001

〈표 5-35〉 환경친화적인 공공시설관리 활동의 필요인식과 소속기관 시설관리와 운영 요인의 상관관계

구 분	관리 및 경영	에너지 관리	교통 관리	수자원 관리	자원 및 오염 관리	폐기물
소속기관 평가	.133*	.165**	.096	.042	-.016	.008
관리 및 경영		.586***	.248***	.400***	.505***	.393***
에너지 관리			.489***	.574***	.571***	.609***
교통 관리				.416***	.402***	.435***
수자원 관리					.662***	.485***
자원 및 오염 관리						.599***

종속변수: 필요인식과 소속기관 친환경운영요인 상관관계, *p<0.05, **p<0.01, ***p<0.001

이러한 결과는 현장에서 근무하는 시설 관리자들이 자신들의 소속기관에서 환경친화적인 시설관리를 제대로 수행하는지를 평가하는 데 있어 에너지 관리 차원이 가장 환경친화적인 시설관리를 실천하는 방법이며 에너지 관리를 잘하는 것이 환경친화적인 관리를 잘하는 것이라고 여기고 있음을 보여준다.

환경친화적인 공공시설관리 활동의 필요인식과 소속기관 시설관리와 운영에 있어 환경친화적인 접근에 대한 평가의 상관관계를 살펴본 결과, 환경친화적인 공공시설관리 활동의 필요인식 항목 중 관리 및 경영, 에너지 관리만 유의미한 상관관계가 있는 것으로 나타났다.

국내 시설관리와 운영에 있어서 관리 및 경영, 에너지 관리, 교통관리, 수자원 관리, 자원 및 오염 관리, 폐기물이 환경친화적인 접근에 대한 평가에 미치는 영향을 회귀분석한 결과, 유의미한 요인이 없는 것으로 나타났다.

본 연구에서는 환경친화적인 공공시설의 계획과 관리의 의사에 영향을 미치는 요인을 조사하기 위하여 경제적 혜택 정도, 사회적 이미지 혜택 정도, 건강과 관련된 혜택 정도, 쾌적성과 관련된 혜택 정도,

〈표 5-36〉 국내 시설관리와 운영에 있어 환경친화적인 접근에 대한 평가에 영향을 미치는 요인

구 분	기울기(B)	표준오차	Beta	t값
(상수)	2.953	.488		6.047***
관리 및 경영	.127	.125	.085	1.019
에너지 관리	.150	.156	.098	.962
교통 관리	.145	.103	.109	1.410
수자원 관리	-.083	.109	-.071	-.764
자원 및 오염 관리	-.151	.138	-.110	-1.095
폐기물	-.131	.113	-.103	-1.158
설명력(결정계수, R^2) F비	.039 1.539			

종속변수: 국내시설환경친화평가, *p<0.05, **p<0.01, ***p<0.001

비교 가능성 정도, 복잡성 정도, 시도 가능 정도, 경험 정도가 환경친화적인 공공시설의 계획과 관리의 의사에 미치는 영향을 회귀분석한 결과 경제적 혜택 정도와 건강과 관련된 혜택 정도, 경험 정도가 유의미한 요인으로 나타났다. 이러한 영향의 정도를 정리하면 '환경친화적인 공공시설의 계획과 관리의 의사 = .451 × 경제적 혜택 정도 + .370 × 건강과 관련된 혜택 정도 + .384 × 경험 정도 + 1.501'와 같으며, 이 회귀모델은 환경친화적인 공공시설의 계획과 관리의 의사를 33.8% 설명하고 있다.

이 결과는 공공시설에서 환경친화적인 관리 활동을 하기 위해서는 경제적 혜택이 클수록 즉, 에너지 비용을 줄일 수 있거나 유지관리비를 줄일 수 있다면 환경친화적인 접근을 더 시도해 볼 것이며, 주변에서 환경친화적인 관리 활동을 통해 긍정적인 효과를 보거나 장점을 들어보거나 변화가 생기는 것을 본 경우 환경친화적인 접근을 더 시도하겠다는 의사가 있다는 것을 보여준다. 공공시설 관리자들이 향후 환경친화적인 관리 활동을 더 많이 하도록 하기 위해서는 환경친화적

〈표 5-37〉 환경친화적인 공공시설의 계획과 관리의 의사에 영향을 미치는 요인

구 분	기울기(B)	표준오차	Beta	t값
(상수)	1.501	.545		2.757**
경제적 혜택 정도	.451	.127	.272	3.540***
사회적 이미지 혜택 정도	-.051	.128	-.035	-.396
건강과 관련된 혜택 정도	.370	.146	.255	2.526*
쾌적성과 관련된 혜택 정도	-.006	.112	-.004	-.053
비교가능성 정도	.285	.150	.122	1.904
복잡성 정도	-.161	.114	-.107	-1.417
경험 정도	.384	.093	.249	4.137***
시도가능 정도	-.186	.105	-.126	-1.769
설명력(결정계수, R^2) F비	.338 13.524***			

종속변수: int, *p<0.05, **p<0.01, ***p<0.001

관리 활동의 경제적 혜택과 건강과 관련된 혜택을 보여줄 필요가 있으며 성공 사례에 대한 홍보와 교육 등이 필요할 것으로 사료된다.

환경친화적인 공공시설의 계획과 관리의 중요성에 영향을 미치는 요인을 조사하기 위하여 경제적 혜택 정도, 사회적 이미지 혜택 정도, 건강과 관련된 혜택 정도, 쾌적성과 관련된 혜택 정도, 비교 가능성 정도, 복잡성 정도, 시도 가능 정도, 경험 정도가 환경친화적인 공공시설의 계획과 관리의 중요성에 미치는 영향을 회귀분석한 결과, 건강과 관련된 혜택 정도와 경험 정도만이 유의미한 요인으로 나타났다. 이러한 영향의 정도를 정리하면 '환경친화적인 공공시설의 계획과 관리의 중요성 = .516 × 건강과 관련된 혜택 정도 + .253 × 경험 정도 + 2.177'와 같으며, 이 회귀모델은 환경친화적인 공공시설의 계획과 관리의 중요성을 30.9% 설명하고 있다. 환경친화적 관리 활동이 중요하다고 여기는 데 있어서 건강과 관련된 혜택 측면이 가장 영향을 많이 미치며(.516배) 그 다음은 경험 정도인 것으로 나타났다. 즉

〈표 5-38〉 환경친화적인 공공시설의 계획과 관리의 중요성에 영향을 미치는 요인

구 분	기울기(B)	표준오차	Beta	t값
(상수)	2.177	.533		4.081***
경제적 혜택 정도	.166	.125	.105	1.336
사회적 이미지 혜택 정도	.130	.125	.093	1.035
건강과 관련된 혜택 정도	.516	.145	.371	3.565***
쾌적성과 관련된 혜택 정도	-.066	.110	-.051	-.596
비교 가능성 정도	.159	.146	.072	1.090
복잡성 정도	-.122	.111	-.085	-1.097
경험 정도	.253	.091	.172	2.785**
시도 가능 정도	-.130	.103	-.092	-1.260
설명력(결정계수, R^2) F비	.309 11.752***			

종속변수: import, *p<0.05, **p<0.01, ***p<0.001

환경친화적인 공공시설관리가 가져오는 중요성, 미래가치, 환경의 질, 조직의 성공 등과 같은 측면에서 환경친화적 공공시설관리의 중요도는 건강과 관련된 측면과 경험 정도에 의해 달라지는 것을 보여준다.

환경친화적 시설을 계획하거나 관리하고자 할 때 향후 가장 중점을 두고 있는 사항이 무엇인지를 조사하였다. 공공시설관리 업무를 수행하는 응답자들은 시설관리 업무의 다양성을 반영한 환경친화적 관리 사항에 대하여 언급하였고 이를 환경적, 경제적, 사회적 측면으로 구분하여 살펴보면 〈표 5-39〉와 같다.

환경적 차원에서는 에너지 절감과 이산화탄소 저감, LED 설치를 통한 조명 개선, 우수 관리, 실내공기질 개선, 생태계 보존, 친환경 물품 및 제품 구매 등에 중점을 두겠다고 언급하였다. 경제적 차원에서는 환경친화적 사업을 위한 초기 예산의 확보와 장기적 관점에서의 비용 등을 조사하고자 하였다. 사회적 차원에서는 환경친화적인 접근을 추진하는 데 있어서 지역주민의 인식, 관심 등 지역주민의 긍정적

〈표 5-39〉 향후 환경친화적 시설관리의 중점사항

범 주	내 용
환경적	◦ 물·공기질 관리(체육시설) ◦ 에너지 절감, 이로 인한 CO_2 배출 감소, 건물의 에너지 비용을 효율화하는 방안(에너지 절감 계획 추진), 환경친화적 에너지 관리 시스템 구축 ◦ 이용자의 편의를 위한 쾌적한 실내환경 조성(공기질 개선) ◦ 수영장 소독에 필요한 전해질 시스템 도입(화학약품 배제) ◦ 조경사업과 건물시설의 친환경적인 설치·개조, LED 설치 ◦ 에너지 절약 및 배기가스를 줄일 수 있는 것 ◦ 환경친화적 물품 구매 및 시설관리, 친환경제품 구매 ◦ 재활용(자원), 일회용품 사용 줄이기 ◦ 공단 환경계획서, 환경인증 시스템 ◦ 친환경 생태계 조성, 생태 복원 ◦ 온실가스 감축, 시설물 에너지 절약 강화, 시설 환경관리 강화, 에너지 절감 ◦ 실천운동 전개, 시설 개선을 통한 에너지 감소 ◦ 저탄소 녹색성장(에코사업 및 LED 교체) ◦ 훼손 예상 지역에 대한 복원 및 보전 방안 ◦ 우수 순환 체계 ◦ 냉·난방 적정 온도 준수 등
경제적	◦ 공단의 생리상 수익을 창출할 수 있는지의 유무 ◦ 사업 예산 확보, 예산 지원, 예산 확보(환경친화적 사업은 초기 투자비가 상당 소요되므로 우선적 예산 확충이 필요) ◦ 환경친화성과 효율성의 조화(투자, 소요비용 등) ◦ 건물 생애주기비용
사회적	◦ 정책적 관심이 필요, 정부정책(저탄소 녹색성장 기본법) ◦ 지역주민의 여론, 지역구민의 공동체 의식 ◦ 이용 회원의 만족도 여부, 주민의 쾌적한 복지공간 조성, 주민복지 ◦ 친환경 시설물 개선 및 지역주민 인식 공유 ◦ 홍보 활동, 직원 및 주민들의 참여 ◦ 설계 시 환경 관련 전문가와의 커뮤니케이션, 환경 관련 시설을 만들고자 하는 조직원의 자세, 전담 인원 채용 ◦ 인식의 전환(사업 결과의 영향에 따른 인식 부족) ◦ 이용객의 안정성 확보 및 쾌적성 추구 ◦ 저탄소 녹색 성장 관련 정부방침 준수
기 타	◦ 중장기적인 계획 ◦ 시민이 참여하는 자전거 활용문화 ◦ 에너지 절약 생활화·규범화, 녹색성장 교육 및 홍보, 녹색 인재 양성, 녹색제품 구매

지원이 필요한 것으로 나타났으며 환경친화적 접근을 취하기 위해서는 개인의 노력보다는 조직이나 전담 인원이 필요함을 알 수 있었다.

3. 공공시설관리의 문제점

1) 환경친화적 계획과 관리 활동에서의 문제점

수도권 지역의 시설관리공단에 관리하는 공공시설의 환경친화적 계획과 관리 활동을 살펴보면 환경친화적인 관리 활동이 주로 에너지 관리와 폐기물 재활용 및 분리수거 활동을 중심으로 이루어지고 있음을 알 수 있다. 주로 현 상태를 유지관리하는 활동에 주안점을 두고 있으며 전략적인 계획과 이를 통제하는 방식의 접근이 부족하다. 예를 들면 환경관리를 잘하는지 측정항목을 이용하여 평가하여 현 상태를 진단하고 문제점을 파악하는 것, 그리고 이를 목표치와 비교분석하여 지속적으로 개선하는 방법 등과 같은 접근이 상대적으로 미흡하다.

또한 전반적으로 지역구에서 할당된 시설관리 예산안에서 운영하다 보니 시설관리공단이 주체가 되어 예산을 확보하고 계획하여 사용하는 데 한계가 있어 환경 관리 시스템이나 에너지 관리 시스템과 같은 관리 시스템을 구입하여 구축하여 사용하지 못하고 있으며 공공시설관리에 있어서 발달하는 기술과 시스템을 활용하는 데 한계가 있다. 이러한 현상은 환경친화적인 접근을 취하는 데 있어 시설 관리자와 공공시설 계획과 관리에 동기를 부여하는 인센티브의 부족과도 관련이 매우 깊다.

관리 활동의 내용을 살펴보면 재실자의 건강과 관련된 문제로 석면의 사용과 이의 명시, 석면을 안전하게 제거하는 것과 같이, 위험물질인 석면에 대한 정보와 관리의 부재가 문제점으로 나타났다. 따라서 공공시민의 안녕을 저해할 수 있는 위험물질의 제시와 이의 관리가 이루어질 필요가 있다. 공공 비용 중 상대적으로 많은 비용이 소요되는 항목으로는 전기, 가스, 조명 등과 같은 에너지 비용과 상하수도 비용 등을 들 수 있다. 또한 에너지 관리에 중점을 두는 반면, 수자원 관리에 대한 방침과 활용에 대한 계획 및 관리 활동은 상대적으로 부족한 것을 알 수 있었다. 공공시설의 유형에 따라 상대적으로 에너지 관리나 수자원 관리의 필요성이 다를 수는 있으나 에너지 관리 필요 정도에 비교하여 볼 때 매우 낮아 향후 수자원 관리 부분에 대한 정보의 제공이 필요할 것으로 보인다.

2) 시설 관리자들의 인식에서 나타난 문제점

시설 관리자들은 환경친화적인 관리 활동이 가져오는 이점 중 지역사회에 가져오는 긍정적 혜택과 건강 차원에서의 긍정적인 면에 대해서는 전반적으로 잘 이해하고 인지하고 있는 편이나, 환경친화적인 접근을 실행하기에는 다소 복잡하고 어렵다고 인지한 경우가 많았다. 구체적으로는 환경친화적인 관리 활동을 하기에는 예산이 부족하다고 인식하고 있으며 실행하기에 복잡하고 관리 활동을 하는 데 필요한 교육 자료나 가이드라인이 없다고 지적하였다. 이러한 지적은 비단 국내에만 국한된 문제는 아니다. 특히 공공시설 관리자들이 지속가능성을 실현하기 위하여 지침이 되는 문헌을 분석한 연구(Bosch & Pearce, 2003)에 의하면, 시설 관리자들의 역할이 건물이 지어지고 난 후 환경친화적으로 사용되고 유지관리되며 폐기되는 건물의 전 생애주기 동안 매우 중요한 데 비하여 시설 관리자들을 위한 적절한 가이드라인이나 문서가 제공되고 있지 못하다고 지적하고 있다. 특히 조직의 자산으로서 물리적 자산 가치에 영향을 미치는 큰 프로젝트에서 지속가능성이나 환경친화성을 보급하기 위해서는 가이드라인이나 지침이 되는 문서가 제대로 보급될 필요가 있으며 그 지침이 사용되는 상황에 대한 정보도 명확하게 제공되어야 한다고 언급하고 있다.

이는 공공시설관리 업무에 종사하는 주체들을 대상으로 하여 전문적 교육자료의 개발, 사례 교육 및 홍보가 필요함을 보여준다. 또한 환경친화적인 계획과 관리를 하기 위한 실질적인 예산의 책정과 고위 경영진의 관심과 지원도 필요하다. 특히 공공시설의 경우, 지역주민의 관심과 긍정적 지원은 주요 정책결정자들에게 영향력을 끼칠 수 있으며 이를 통한 변화를 가져올 수 있다.

환경친화적 관리 활동의 장점을 들어본 경험은 보통보다 상회하지만 긍정적인 효과를 본 경험은 이에 비하여 다소 미흡한 것으로 나타났다. 또한 환경친화적인 관리를 위한 기술적인 문제가 명확하지 않다고 여기거나 시스템을 구입하기 전에 사용해 볼 수 없는 점 등도 환경친화적 접근을 시도하는 데 장애가 되는 요소로 볼 수 있었다.

3) 환경친화적 접근을 취하는 데 있어서의 방해요인

공공시설을 운영, 관리할 때 환경친화적 접근을 취하는 데 있어서 가장 걸림돌이 되는 요인이 무엇인지를 조사하였다. 그 결과를 살펴보면, 먼저 1순위는 '부족한 물리적 자원과 인적 자원'에 대한 항목이 76명(32.1%)으로 가장 많은 비중을 차지하였고, 2순위는 '우선적인 업무'에 대한 항목이 46명(19.4%), 3순위도 '우선적인 업무'에 대한 항목이 57명(24.8%)로 나타났다(〈표 5-40〉 참조).

공공시설에서 일상적인 업무를 수행하다 보니 새로운 변화나 시도는 적합하지 못한 것으로 여기고 있으며 환경친화적인 접근을 하기

〈표 5-40〉 환경친화적 접근을 위하는 데 가장 걸림돌이 되는 요인

구 분		빈 도	%
1순위	① 경영지원	59	24.9
	② 비효율적인 조직 구조	14	5.9
	③ 우선적인 업무	30	12.7
	④ 정보의 부재와 부족한 지침	20	8.4
	⑤ 부족한 물리적 자원과 인적 자원	76	32.1
	⑥ 조직 문화	5	2.1
	⑦ 무관심한 지역공동체	25	10.5
	⑧ 기 타	8	3.4
계		237	100.0
2순위	① 경영지원	33	13.9
	② 비효율적인 조직 구조	39	16.5
	③ 우선적인 업무	46	19.4
	④ 정보의 부재와 부족한 지침	42	17.7
	⑤ 부족한 물리적 자원과 인적 자원	44	18.6
	⑥ 조직 문화	7	3.0
	⑦ 무관심한 지역공동체	24	10.1
	⑧ 기 타	2	0.8
계		237	100.0
3순위	① 경영지원	28	12.2
	② 비효율적인 조직 구조	18	7.8
	③ 우선적인 업무	57	24.8
	④ 정보의 부재와 부족한 지침	41	17.8
	⑤ 부족한 물리적 자원과 인적 자원	31	13.5
	⑥ 조직 문화	24	10.4
	⑦ 무관심한 지역공동체	29	12.6
	⑧ 기 타	2	0.9
계		230	100.0

위해서 시설 관리자 개별자의 개입에 의한 변화보다는 지자체의 정책적 지원 또는 고위 경영진의 적극적인 지원이 필요할 것으로 보인다.

4. 환경친화적 공공시설관리를 위한 개선방안

환경친화적인 공공시설의 구현 사례와 환경친화적인 공공시설관리 실태분석을 통하여 환경친화적 공공시설관리를 수행하는 데 있는 문제점을 살펴보았다. 수도권에서 이루어지는 공공시설의 환경친화적 계획과 관리 활동을 살펴보면 주로 에너지 관리와 폐기물 재활용 및 분리수거 활동이 빈번하게 이루어지고 있으며 유지관리 활동이 주를 이루는 반면에, 중장기 계획과 단기적인 업무 간의 조율과 통제하는 방식의 접근은 부족하다. 조사 응답자들의 18.5%도 전략적인 시설계획과 프로그래밍을 가장 시급한 요인으로 보고 있는 것을 고려할 때 이러한 문제를 개선하기 위한 환경친화적인 공공시설관리 개선방안은 단편적인 내용이나 활동이 아닌 환경친화적이라는 중심 개념과 이를 바탕에 둔 목표 설정과 구체적인 업무구조를 가지고 개선해 나가야 할 필요가 있다. 앞서 언급한 바와 같이 환경친화적 접근을 하는 데 있어 체제를 지니고 해 나가는 것은 직면한 문제(환경친화적 공공시설관리 활동 계획, 실행, 조율, 수정 등)에 있어서 고려되어야 할 모든 요소를 보여주며, 서로 다른 차원의 문제들이 어떻게 관련되었는지를 이해하는 데 도움을 준다. 즉 환경친화적 건물을 개발하고 관리하는 데 있어 유용한 접근방법과 평가의 방법을 제시하여 주며 관리 주체들이 해결해야 할 문제와 이와 관련된 요인을 포괄적으로 보여줌으로써 문제와 요인을 이해하고 측정·관찰하게 하여 준다.

국내 공공관리 업무 실태를 살펴볼 때, 환경친화적 접근을 함에 있어 체제를 가지고 지속적으로 목표를 향하여 발전하기보다는, 에너지 관리, 폐기물 관리와 같이 환경친화적 접근의 대상과 내용을 중심으로 이루어져, 보다 포괄적이고 장기적 목적에 따른 체제 개발이 부족하고 환경친화적 목표를 지향함에 있어 여러 관련 항목을 함께 조율하여 가는 과정이 부족한 것으로 보인다.

그러나 체제의 선택이나 개발은 공공시설이 당면한 우선적인 문제나 지역의 특수성, 공공시설의 기능과 지역공동체의 특성, 프로젝트의 특성 등에 따라 상이할 수 있다. 예를 들면 공공시설에서 시설의 보완, 개보수와 같은 프로젝트 또는 환경친화적 관리 시스템의 설치와 같은 개별 프로젝트를 수행하고 이에 대한 평가를 하고자 할 때, 프로젝트 기반 체제를 지니고 투입과 산출, 결과물을 미리 계획하여 고려할 수 있으며 또한 수명주기비용분석과 같이 투자비용, 비용 절감, 편익 등을 산출하는 것과 같은 방식으로 접근할 수 있는 체제로 사용될 필요가 있다. 또한 공공시설에서 환경친화적인 접근을 취하고자 할 때나 조직 내에서 다양한 문제들이 혼합된 상황인 경우, 프로젝트 기반처럼 단순한 절차를 따라 움직이기보다는 여러 요인들이 서로 상호 관련성을 지닐 경우에는 DPSIR 체제를 이용하여 환경친화성 또는 지속가능성을 어떻게 확보할 것인지를 고려할 필요가 있다.

제6장 요약 및 결론

1. 연구결과 요약
2. 결론 및 제언

제6장 요약 및 결론

1. 연구결과 요약

환경친화적인 공공시설의 계획과 관리가 가져오는 이점은 공공주체 측면에서 운영비용의 감소와 공공기관의 이미지 상승, 그리고 공공시설을 이용하는 사용자에게 쾌적하고 건강한 환경을 제공하는 것이다. 환경친화적 공공시설은 지역사회 측면에서는 지역소속감을 강화시켜줄 수 있으며 지역의 정체성 및 상징성을 부여하는 건물과 환경을 제공함으로써 지역공동체에 긍정적 기능을 부가할 수 있다. 공공시설의 디자인 요소 및 계획 시 고려된 물리적 시설의 특성은 건물과 시설의 사용방식과 운영 관리방식에 영향을 미치며 이는 불가분의 관계를 지니게 된다. 공공시설이 처한 대외적 환경은 장기적 관점에서 제도적 정책의 변화와 환경과 관련된 법적 규제사항들로 인하여 환경친화적인 접근방식이 점진적으로 증가하여 요구될 것으로 보이며 장기적 관점에서는 비용 효율성을 높이고 더불어 건강한 지역사회를 형성하는 역할이 점차 중요해질 것으로 보인다.

환경친화적 사례분석을 통하여 살펴보면 공공시설의 운영관리에 있어 주목할 만한 특성들이 존재한다. 공공서비스시설, 공공업무시설, 공공혐오시설 등 공공시설의 유형에 따라 환경친화적 접근을 취하는 데 있어서 유사한 특성과 상이한 특성이 있다.

공공서비스시설의 특징을 살펴보면, 첫째, 공공시설의 친환경적 요소는 유지관리의 필요성을 감소시키는 특성이 있다. 기계적 냉방을 줄이거나 내구성이 큰 마감재를 사용하고 관개 필요성이 적은 식물로 녹화하는 방식으로 유지관리에 드는 노력을 줄이고 이것은 결과적으로 에너지 및 관리비용(utility)을 줄이는 특성이 있다. 둘째, 지역사회와의 연계가 특징이다. 지역사회의 주민들이 시설의 개발과정에 참여하거나 운영관리에 함께 협력한다든가, 프로젝트 개발과정에 깊게 관여한다든가, 또는 지역주민들이 시설의 운영에 자원봉사자로 참여하는 방식과 같이 공공서비스시설이 지역주민들의 거주지의 연장선이 되는 현상을 보인다. 결과적으로 지역 커뮤니티시설에 대해 보다 더 강한 소유의식을 보이면서 지역공동체를 함양하고 지역의 주인의식을 고취시키는 특성이 있다. 지역주민들의 활동 지원과 건강하고 쾌적한 주민문화, 여가, 활동 공간의 제공 등 환경친화적인 가치는 이러한 활동이 지향하는 목적과 부합한다. 따라서 공공서비스시설의 운영과 관리자가 환경친화적 접근을 취하는 데 있어 중점을 두어야 할 것은 친환경 요소를 통한 시설 운영관리에 소요되는 비용을 절감하는 방안의 모색과 지역주민들을 시설에서 제공하는 서비스와 프로그램 운영에 참여하게 함으로써 이용의 활성화와 동시에 지역사회 내의 공동체의식 등을 키워나가는 것이다.

공공업무시설은 수익성을 낼 수 없는 시설로서 장기적으로 보았을 때 비용편익 측면에서 가져오는 긍정적인 혜택 등을 언급하거나 환경친화적 요소가 비용 절감을 가져올 수 있다는 측면이 강조되고 있다.

특히 공공업무시설의 경우 환경친화적인 특성을 살펴보면 첫째, 업무성능을 높이는데 예를 들면 재실자의 쾌적하고 건강한 환경과 이로 인한 근로자의 생산성 상승을 들 수 있다. 둘째, 효율성을 높임으로써 불필요한 자원과 인력의 낭비를 막는 것, 적정 공간 규모를 지녀 공간면적을 감소시키거나 다양한 용도 변경에도 대응할 수 있도록 하는 특성이 있다. 따라서 환경친화적 공공업무시설의 운영 및 관리에 있어 중점을 두어야 할 것은 비용 측면에서 건설 및 유지관리비에 소요되는 비용을 절감하는 요소를 모색하고 적정 규모 설정과 융통성 있는 공간의 사용 등이다. 이를 통하여 공공기관의 구조나 업무 변화에 따른 변화를 수용하고 이를 지원하도록 관리할 필요가 있다. 셋째, 공공업무시설의 주 업무 특성, 공공기관 사무실, 법원, 공공기관 등의 사용과 목적에 따라 공공기관 근무자의 생산성을 높이고 공공기관 근무자 및 공공기관 방문자 등을 포함한 재실자의 건강 측면을 고려한 쾌적한 공간을 제공하도록 관리할 필요가 있다.

공공혐오시설의 경우, 혐오시설의 설치는 환경정의적 측면과 밀접한 관련이 있으며 혐오시설이나 기피시설이 위치하는 해당 지역사회에 부정적 영향을 최소화하고 긍정적 영향을 가져오는 방향으로 계획되어야 한다.

따라서 환경친화적 공공혐오 및 기피시설은 그린엔지니어링을 적극 도입하여 환경에 미치는 부정적 영향을 제거하거나 최소화하여 지역주민들에게 피해가 가지 않도록 면밀히 계획, 관리되어야 한다. 또한 시각적 오염을 제거하고 독특한 상징적 요소로 자리 매김하거나 친환경 명소로 인지되게 하여 지역사회의 상징으로서의 긍정적인 역할을 할 필요가 있다. 공공혐오시설 관리자는 부정적인 영향과 피해가 가지 않도록 안전적인 측면에 대한 철저한 감시와 관리가 필요하며 이를 지역사회에 공고함으로써 투명한 정보 공개와 주민 의견 수렴과 같은 방식으로 지역사회와의 관계 안에서 시설을 운영 관리할 필요가 있다. 이를 통하여 지역공동체에서 공공혐오시설을 기피하거나 혐오감을 주는 시설로서 여기는 것이 아니라 지역사회에 자긍심을 심어주는 시설로서의 역할을 할 필요가 있다.

지속가능한 목적을 이루기 위해서는 건물의 운영단계에 대한 중요성이 간과될 수 없다. 따라서 환경친화적인 공공시설의 운영과 관리를 위해서는 건물과 제반시설의 전체 수명기간에 걸친 활동을 고려하여 시설 관리자가 공공시설의 프로젝트 초기부터 관여하여 건물이나 시설의 계획 및 디자인에 개입할 필요가 있다. 환경친화적인 시설관리는 비용 통제를 포함하여 다양한 정보와 지식을 관리하고 성능지표를 활용한 관리(management)활동을 해야 한다. 또한 장기적 관점에서 시설 관리자는 수명가치에 대한 이해와 고려를 할 수 있어야 하고 변화하는 기술을 반영하여 이를 활용할 능력이 필요하며 외부적 정책 변화와 법적 규제와 같은 책임을 수반하게 된다.

환경친화적인 시설관리에서 중요한 관점은 수명주기 관점이다. 공공시설관리를 담당하는 전문가들은 건물의 기능적 단위와 유효수명을 추정하며 수명주기에 따른 비용분석을 시행하거나 환경친화적 접근을 통하여 발생하는 비용과 비용 절감 및 편익에 대한 효과분석을 이해하고 이를 환경친화적 접근을 취해나가는 데 있어 다양한 대안들의 비교와 이에 대한 의사결정을 내리는 데 중요한 근거 자료로서 활용할 필요가 있다.

환경친화적 시설이나 건물의 평가 제도는 환경친화적인 건물의 보급과 활성화를 목적으로 제정되고 이를 인증하는 방식이 주를 이룬다. 미국의 LEED, 영국의 BREEAM, 일본의 CASBEE를 비교하여 각 인증

방식의 절차 및 평가항목, 방법 등의 특성을 분석하였다. 이러한 평가제도는 기존 건물의 생애주기 동안 건물에 영향을 미치는 환경적 요인에 대한 기준을 제시하기도 하며 서비스나 건물에 내재된 성능 특성을 포함하기도 한다. 이러한 인증제도들은 포함된 인증 요소들이 초기 계획 요소 외에도 운영 이전의 단계와 유지관리의 단계를 포함하여 제시하기 때문에 인증을 신청할 필요성이 없더라도 환경친화적인 접근을 시도하고자 하는 주체들에게는 지침과 가이드라인과 같은 유용한 역할을 하게 된다.

국내 수도권 지역 공공시설 운영관리가 환경친화적 관점에서 어떻게 이루어지고 있는지를 설문조사를 통하여 조사하였고 그 결과를 요약하면 다음과 같다. 공공시설관리 업무에 종사하는 근무자들은 환경친화적인 접근을 위해 가장 시급한 요인으로 에너지 관리를 지적하였고, 중점을 두어야 하는 요인으로는 '환경 차원'과 '환경, 경제, 사회 차원이 동등하게' 다루어야 한다는 의견을 표시하였고 상대적으로 경제적 요인에 중점을 두어야 한다는 의견은 매우 적었다. 환경친화적인 공공시설의 계획과 관리를 위해 장기적 관점에서의 환경 측면의 영향력에 대한 고려가 많았으며 환경은 미래 세대를 위해 매우 중요한 사항으로 인식하고 있었다. 환경친화적 접근을 취하는 데 있어서 환경적, 사회적, 경제적 세 가지 차원에 대한 고려가 함께 균형을 이룰 필요가 있다. 하지만 공공시설에서 환경친화적 접근을 하는 데 있어 지역주민의 참여 정도, 프로젝트의 규모 및 특성, 기간 등 직면할 수 있는 다양한 상황과 조건에 따라 이 세 가지 차원에 대한 고려는 상이하게 달라질 수도 있다.

환경친화적인 공공시설의 관리 활동 시행 여부에 관한 조사 결과는 다음과 같다. 관리 및 경영 활동 분야를 살펴보면 시설관리 업무를 수행할 때 매뉴얼을 사용하고 환경친화적인 소모품이나 건축 자재를 사용하는 비율이 높았으며 환경 관리 시스템을 사용하거나 측정항목을 이용하여 평가하는 비율은 상대적으로 미흡하였다.

에너지 관리 항목에서는 정책, 방식, 가이드라인을 수립하여 사용하는 빈도가 가장 높았으며 에너지 사용량을 정기적으로 측정하고 기준 목표치를 설정하는 비율 역시 높은 편이었으나 효율적 에너지 관리를 위한 인센티브 제도 도입은 상대적으로 미흡하였다.

교통 관리에서는 출퇴근 시 차량운행을 제한하는 정책이나 방침 이행이 높았으며 재택근무의 지원은 낮은 편이었다. 공공시설의 경우 대인 서비스 제공 부분이나 현장관리 필요 정도가 높음에 따라 재택근무 지원 비율은 낮을 수도 있다.

다른 관리 활동 영역에 비하여 수자원 관리 활동은 매우 낮은 빈도로 이루어지고 있어 향후 개선이 필요한 분야이다. 자원 및 오염 관리 항목에서는 주변 생태 보존 및 보호를 가장 많이 하고 있는 항목으로 나타났으며, 공기오염물질 측정도 과반수가 넘는 시설에서 시행하였다. 수질오염물질 측정은 과반수 정도의 시설에서 시행하는 것으로 나타났다. 그러나 석면이 사용된 곳에 대한 명시가 전체 응답자 중 16.7%만이 시행하는 것으로 나타나 이에 대한 명시와 관리가 함께 이루어져야 할 필요가 있다. 공공시설에서 재활용과 폐기물 관리 활동은 대다수 수행하고 있는 것으로 나타났다.

전반적으로 환경친화적인 시설관리에 대한 평가는 국내 공공시설보다 응답자가 속한 소속기관에서 관리하는 공공시설에 대해 환경친화적으로 시설관리와 운영을 하고 있다고 생각하는 것으로 나타났다.

환경친화적인 공공시설관리 활동의 장점이나 부정적 측면에 대한 평가는 경제적으로 환경오염과 복구에 드는 부담을 줄이는 데 기여하고 사회적으로 지역주민들에게 긍정적인 이미지를 안겨주며 지역 발전에 긍정적인 효과를 가져올 것이라고 생각하고 있는 것으로 나타났다. 건강과 관련해서는 환경친화적인 공공시설이 건강한 공간을 제공하며 쾌적하다고 생각하는 것으로 나타났다. 환경친화적인 공공시설관리 활동을 위해서는 속한 기관이 환경정책이나 규정을 준수하여야 하고 속한 기관의 가치가 환경친화적인 가치와 부합되는 편으로 생각하고 있었다. 그러나 공공시설관리 업무에 종사하는 부서에서는 다른 대안을 시도하기에는 해야 할 일상적인 업무가 너무 많고, 속한 조직이 단기간의 성과와 결과를 중요시 여기기 때문에 환경친화적인 공공시설관리 활동을 하는 데 있어서 부정적인 측면도 있는 것으로 조사되었다.

환경친화적인 관리 활동을 하는 데 있어 가장 장애가 되는 요소로는 부족한 예산을 들었다. 환경친화적인 공공시설관리 활동의 경험 정도에 대한 평가는 시도 가능 정도보다 높아 주변에서 장점을 보거나 들어본 적은 있지만 실제 환경친화적 시스템을 사용해 보거나 환경친화적 관리 활동을 제한적으로나마도 경험해보지 못한 경우가 매우 많음을 알 수 있었다.

현장에서 근무하는 시설 관리자들이 자신들의 소속기관에서 환경친화적인 시설관리를 제대로 수행하는지를 평가하는 데 있어 에너지 관리 차원이 가장 환경친화적인 시설관리를 실천하는 방법이며 에너지 관리를 잘하는 것을 환경친화적인 관리를 잘하는 것으로 여기고 있음을 보여주었다.

공공시설에서 환경친화적인 관리 활동을 하기 위해서는 경제적 혜택이 클수록 즉, 에너지 비용을 줄일 수 있거나 유지관리비를 줄일 수 있다면 환경친화적인 접근을 더 시도해 볼 것으로 나왔으며 주변에서 환경친화적인 관리 활동을 통해 긍정적인 효과를 보거나 장점을 들어보거나 변화가 생기는 것을 본 경우 환경친화적인 접근을 더 시도하겠다는 의사를 보여주었다.

환경친화적인 공공시설관리가 가져오는 중요성이나 미래가치, 환경의 질, 조직의 성공 등과 같은 측면에서 환경친화적 공공시설관리의 중요도는 건강과 관련된 측면과 경험 정도에 의해 달라짐을 보여주었다.

조사에 참여한 시설관리자들은 환경적 차원에서는 에너지 절감과 이산화탄소 저감, LED 설치를 통한 조명 개선, 우수 관리, 실내공기질 개선, 생태계 보존, 친환경 물품 및 제품 구매 등을 중점을 두겠다고 언급하였다. 경제적 차원에서는 환경친화적 사업을 위한 초기 예산의 확보와 장기적 관점에서의 비용 등을 조사하고자 하였다. 사회적 측면에서 환경친화적인 접근을 추진하는 데 있어서 지역주민의 인식, 관심 등 지역주민의 긍정적 지원이 필요한 것으로 나타났으며 환경친화적 접근을 취하기 위해서는 개인보다는 조직이나 전담 인원이 필요함을 알 수 있었다.

국내의 공공시설관리 업무 실태를 전반적으로 살펴볼 때, 환경친화적 접근에 있어 체제를 가지고 지속적으로 목표를 향하여 발전하기보다는 에너지 관리, 폐기물 관리와 같이 환경친화적 접근의 대상과 내용을 중심으로 이루어져 보다 포괄적이고 장기적 목적에 따른 체제나 통합적이고 총체적인 과정이 미흡하다. 앞서 언급한 바와 같이 환경친화적 접근을 하는 데 있어 체제를 지니고 해 나가는 것은 환경친화적 공공시설관리 활동 계획, 실행, 조율, 수정 등의 과정에서 문제를 총체적으로 해결해 나가는 데 기여할 수 있다.

2. 결론 및 제언

환경친화적인 공공시설은 지역주민들에 의해 잘 이용되어지고 지역의 상징적인 역할을 함으로써 지역의 소속감을 강화시켜주거나 거주지의 연장선상에서 지역공동체의 구심점 역할을 할 수 있다. 또한 환경적 측면에서 지역공동체의 환경부하를 줄이며 공공건물이나 공공시설이 지니는 사회적인 책임감을 실현하는 장이 될 수 있다.

환경친화적이란 개념에는 그린, 생태, 에코, 친환경, 지속가능성 등 다양한 용어가 존재한다. 그린디자인은 인간의 건강과 안녕을 위한 디자인을 의미하지만 지속가능한 디자인은 다음 세대를 위한 전 세계 생태계를 보호하는 의미로 지속가능한 에너지의 사용을 전제로 하는 특징이 있으며 본 연구에서는 환경친화적이란 용어를 매우 포괄적 개념을 수용하는 의미로 사용하였다.

환경친화적 공공시설관리의 중요성은 지구온난화와 급격한 기후변화 등으로 인하여 법적 규제사항과 정책적 변화가 일어나고 있으며 환경관련 사항은 시설관리에 있어 내부적·외부적 공적 영역에서 가장 빠르게 의무사항으로 발전하고 있다는 것과, 지속가능한 시설의 운영과 서비스 제공으로 인해 단기적·장기적 관점에서 비용의 절감을 가져오며 궁극적으로 공공기관과 조직의 목적을 제대로 이행할 수 있도록 지원하는 데 있다. 환경친화적으로 디자인된 건물과 시설의 경우, 디자인 요소 및 설비 요소는 운영 및 유지관리와 불가분의 관계를 맺을 수밖에 없는 특성이 있다. 다른 한편 건물이 지속가능하게 지어졌던 그렇지 않던 간에 시설 관리자는 시설이 지속가능하게 운영되도록 하는 데 결정적인 역할을 할 수 있다.

환경친화적인 공공시설을 계획하고 운영하기 위해서는 친환경 요소를 통한 시설 운영관리에 소요되는 비용을 절감하는 방안과 지역주민들의 참여를 고무시키는 방법, 그린엔지니어링을 적극 도입하는 등 다양한 내용과 접근방법에 대한 탐색이 필요하다.

수도권 지역의 시설관리공단에서 관리하는 공공시설의 환경친화적 계획과 관리 활동을 살펴본 결과 환경친화적인 관리 활동이 주로 에너지 관리와 폐기물 재활용 및 분리수거 활동을 중심으로 이루어지고 있었으며 현 상태를 유지관리하는 활동에 주안점을 두고 있는 반면 계획과 이를 통제하는 방식의 접근이 부족하다는 것을 알 수 있었다. 가장 빈번한 문제로는 환경친화적인 계획과 관리를 위한 실질적인 예산의 책정과 고위 경영진의 관심과 지원의 부족을 들 수 있다. 무엇보다도 환경친화적인 개념을 이해하고 목표설정과 이를 향한 지속적인 노력이 필요하다. 이를 위해서는 공공시설 관리자를 대상으로 한 교육이나 교육 및 홍보자료 및 정보제공이 필요하다.

공공시설관리 활동을 조사한 결과, 많은 응답자와 응답자가 속한 기관들은 일상적인 유지관리 업무에 중점을 두는 것을 볼 수 있었다. 일상적인 유지관리 활동에 중점을 두는 것은 에너지 절약과 같이 환경친화적 접근을 하는 데 있어 가장 기본적인 조치를 해나는 것으로 매우 중요하다. 그러나 일상적인 유지관리와 정해진 매뉴얼에만 의존하는 방식은 장기적 관점에서 보았을 때 목표 설정의 부재와 이로 인하여 발전적 모습을 보이지 못하고 현상의 유지에 그칠 수 있는 한계가 있을 수 있다. 따라서 좀 더 장기적 관점과 통합된 경영의 관점에서의 목표 설정과 이를 실현하기 위한 평가, 조율, 수정 등의 경영 통제와 관리 활동이 요구된다. 그리고 이를 일상적인 유지관리 활동에 반영하여 변화, 수정되고 발전될 수 있는 일상적인 유지관리 활동과의 연계 작업이 요구된다.

본 연구결과는 공공시설을 경영관리하려 할 때 어떻게 환경친화적 접근을 실천할 것이며 시설 관리자들이 환경친화적인 관점을 인지하는 데 있어 무엇을 중점적으로 여기고 무엇을 간과하는 지를 보여주어 향후 보완되고 개선되어야 할 부분을 제시하고 이의 활용방법을 제안하는 데 의의가 있다. 또한 환경친화적 경영방식의 변화 및 도입 과정을 이해할 수 있도록 함으로써 물리적 환경의 계획 및 운영과 관련된 연구 분야에 기여하는 데 의의가 있다.

후속 연구에서는 보다 다양한 유형의 공공시설 관리자를 대상으로 하여 연구가 이루어질 필요가 있으며 시설 관리자의 구체적 업무 특성과 개인적 성향에 따른 차이를 조사하여 볼 필요가 있다. 공공시설이라 하더라도 사회적 기능을 수행하는 공공시설과, 사익적 · 혜택적 서비스를 제공하는 공공시설 등 그 특성이 매우 상이하기 때문에 환경친화적 활동과 방식 역시 상이해지기 때문에 보다 다양한 시설 유형에 대한 조사가 필요하다. 더불어 각 관리 활동의 내용도 보다 세밀하게 분류하여 환경친화적 접근을 시도하는 데 따르는 어려움과 한계점을 조사하여 볼 필요가 있다. 또한 환경친화적인 관리 활동에 있어 전략적인 내용과 프로그래밍, 계획 측면을 좀 더 자세히 다룰 필요가 있다. 본 연구에서 다루지 못한 공공시설에서의 지속가능한 측면에서의 적정 공간 제시, 공간활용성 증진, 융통성 있고 대안적인 공간 등에 대한 조사 연구도 필요하다.

다른 한편, 환경친화적인 공공시설에 대한 관리자의 입장이 아닌 지역주민의 관점에서 환경친화적인 공공시설에 대한 만족도, 이미지, 개선사항을 조사하여 볼 필요가 있으며 공공시설 계획과 관리 문제를 환경정의와 관련지어 주민 참여에 대한 방식과 상호 정보 교류 및 의견 반영 채널 등에 대한 조사도 이루어질 필요가 있다.

정책적인 측면에서도 환경친화적 접근을 시도하는 것에 대하여 인센티브 제도를 둠으로써 공공기관과 공공시설이 보다 자발적으로 참여하도록 유도할 필요가 있다. 장기적 관점에서 살펴보면 이는 향후 공공시설 이용의 활성화, 공공시설 운영에서의 편익의 증가와 운영비용의 절감을 가져올 수 있고 지역사회 공동체의 삶의 질을 향상시킬 수 있기 때문에 공공시설 계획과 관리 분야에서 환경친화적 접근을 위하여 실질적인 예산이 책정되도록 할 필요가 있다.

| 참고문헌 |

강미현 · 이소영(2007), "지속가능한 실내디자인 평가요인과 미국 반영도 조사", 『한국실내디자인학회 논문집』, 16(5), pp. 107-114.

건설교통부(2004), "건축물의 LCA를 위한 원단위 작성 및 프로그램 개발연구: LCA기법에 근거한 친환경 건축물 평가방안 구축", 2차년도 최종보고서, p. 25, 한국건설교통기술평가원(공편).

김태윤 · 김상봉(2004), 『비용편익분석의 이론과 실제－공공사업의 평가와 규제영향분석』, 박영사.

김일순(1998), "생태학적 실내환경 디자인", 『디자인학연구집』.

무라카미 슈조(2010), 『실례로 배우는 지속가능한 친환경 건축－CASBEE로 평가한 건축사례를 중심으로』, 기문당.

박길용(2007), "비선호시설 입지선정 성공사례에 관한 연구－제천시 자원관리센터(소각 및 매립장) 입지선정과정을 중심으로", 『한 · 독사회과학논총』, 17(3), pp. 147-176.

박재묵(2007), "환경정의 개념의 한계와 대안적 개념화", 『환경사회학연구 ECO』, 1(2), pp. 75-114, 269-270.

반영운(2007), "환경정의 지표 개발", 『도시행정학보』, 2(3), pp. 3-23.

서울특별시 도시계획국 홈페이지(http://urban.seoul.go.kr/), 도시계획용어사전.

송광태(2004), "지방자치단체 공공서비스의 운영성과 분석－C시의 체육문화시설을 중심으로", 『한국지방자치학회보』, 16, pp. 49-71.

신동규 · 한경훈(2007), "국내외 친환경 공동주택 인증시스템의 평가지표 특성에 관한 연구", 『대한건축학회논문집－계획계』, pp. 197-204.

유연수(2010), "친환경 의료시설 계획을 위한 인증기준 연구", 홍익대석사논문, p. 8.

윤순진(2006), “사회정의와 환경의 연계, 환경정의－원자력 발전소의 입지와 운용을 중심으로 들여다보기”, 『한국사회』, 7(1), pp. 93-143.
윤정숙 · 남규현 · 유복희(2005), 『고령화 사회에 대응하는 주거 디자인의 원리와 적용 친환경주거』, p. 9, 신광출판사.
이강희 · 황은경(2003), “공동주택 지속가능성 평가항목 선정에 관한 연구”, 『한국주거학회 논문집』, 14(6), pp. 69-77.
이경회 · 임수영(2003), 『친환경건축개론』, pp. 31～32, 기문당.
이승복(2000), “21세기 환경과 생태건축”, 『한국생활환경학회지』, 2000.
이춘희 · 이주형(2007), “공공시설 복합화의 적용 및 활성화 방안 연구”, 『국토연구』, 52, pp. 59-74.
정광섭 · 김수빈 · 이연생 · 김영일(2009), 『환경친화건축의 역할과 설계 원리－그린빌딩과 설비시스템』, p. 11, 성안당.
정종대(2006), “친환경 주거단지의 계획과 평가”, p. 54(재인용), 한국학술정보(주).
주거학연구회(2004), 『자연과 더불어 사는 삶의 실천－친환경주거』, p. 151, 발언출판사.
최기원 · 심우갑(2004), “지역 문화시설의 건축적 공공성을 구현하는 계획요소에 관한 연구”, 『대한 건축학회 학술발표 논문집』, 24(2), pp. 311-314.
최지희(2006), “주택의 실내환경 성능평가항목에 대한 거주자의 요구내용”, 『대한건축학회논문집－계획계』, 22(3), pp. 13-22.
한표환(1996), “공공시설의 공동설치 관리방안”, 한국지방행정연구원.
함정도 · 노정선(2003), 『친환경건축의 이해』, p. 54, 기문당.

Barton, R., Jones, D. and Gilbert, D.(2002), Strategic asset management incorporating ecologically sustainable development, *Journal of Facilities Management*, 1(1), 70-84.
Bosch, S. & Pearce, A.(2003), Sustainability in public facilities: analysis of guidance documents, *Journal of Performance of Constructed Facilities*, 17(1), 9-18.
Brown, A. W. & Pitt, M. R.(2001), Measuring the facilities manage-

ment influence in delivering sustainable airport development and expansion, *Facilities*, 19(5-6), 222-232.

Brand E. & de Bruijn, T.(1999), Shared responsibility at the regional level: the building of sustainable industrial estates, *European Environment*, 9(6), 221-231.

Brundtland, G.(1987), *Risk society: Toward a new modernity*, Newbury park, CA: Sage.

Brundtland, G.(1987), *Our Common Future*. Oxford: Oxford University Press.

Canadian sustainability indicator network(http://www.csin-rcid.ca/).

Center for Sustainable Building Research, The state of Minnesota sustainable building guidelines, http://www.msbg.umn.edu/downloads_v2_0/guidelines.pdf

CIOB(2004), Sustinability and construction, Ascot: Chartered Institute of Buildings.

Cotts,D., Roper,K., & Payant, R.(2009), The Facility Management Handbook, AMACOM.

Carpenter, D. and Meehan, B.(2002), Mainstreaming environmental management: case studies from Australasian universities, International Journal of Sustainability in Higher Education, 3(1), 19-37.

Dake, K.(1991), Orienting dispositions in the perception of risk: An analysis of contemporary worldwide views and cultural biases, *Journal of Cross-Cultural Psychology*, 22, 61-82.

Doyle, M. & Lyncy, M.(2005), *Linking ecological Monitoring to decision-making at community and landscape scale*, Consortium for Advancing Monitoring of Ecosystem Sustainability in the Americas(CAMESA): Monitoring Science and Technology Symposium.

Elmualim, A., Shockley, D., Valle, R., Ludlow, G. & Shah, S.(2010), Barriers and commitment of facilities management profession to the sustainability agenda, *Building and Environment*, 45(1), 58-64.

Federal Report(2001), Provides Framework for Creating Sustainable Facilities. *Civil Engineering*, 71(7), p. 31, 1/2p.

Green Design Education Initiative, Do Green Design and Sustainable Design Mean the Same Thing? Retrieved July 15, 2003, from http://www.idec.org/greendesign/faq.html

GSA(2000), *Real Property Sustainable Development guide*, GSA office of

Government wide policy, Office of Real Property.
Haskerver, C., Render, B., Russel, R. & Murdick, R.(2000), Service management and operations, 2nd ed. Prentice Hall New Jersey.
Moskow, K.(2008), *Sustainable Facilities*, McGraw-Hill Professional.
Lai & Yik(2006), Knowledge and perception of operation and maintenance practitioners in Hongkong about sustainable buildings, *Facilities*, 24(3), 90-105.
Lindgreen, A., Swaen, V. & Johnston, W.(2009), Corporate Social Responsibility: An Empirical Investigation of U.S. Organizations, *Journal of Business Ethics*, 85, 303-323.
Mendle, S. & Odell, W.(2000), *The HOK Guidelines to Sustainable design*, John Wiley.
Nelms, C., Russell, A. & Lence, B.(2005), Assessing the performance of sustainable technologies for building projects, *Canadian Journal of Civil Engineering*, 32(1), 114-128.
Parasad, D. & Hall, M.(2004), Construction challenge: sustainability in developing countries, London: RICS Leading Edge Series.
Pintér, L., Zahedi, K. & Cressman, D.(2000), *Capacity Building for Integrated Environmental Assessment and Reporting*, International Institute for Sustainable Development.
Proto, M. & Malandrino, O.(1997), Process management and environmental quality in the construction industry, *Total Quality Management*, 8(2/3), 248-251.
R.N. Rapoport(1970), Three dilemmas in action research, Human Relations, 23, 499-513.
Retzlaff, R.(2008), Green Building Assessment Systems: A Framework and Comparison for Planners, *Journal of the American Planning Association*, 74(4), 505-519.
Rogers, E.(1995), *Diffusion of Innovations*, 4th ed.
RS Means(2002), *Green Building-Project Planning & Cost Estimating*, John Wiley & Sons, Inc.
Scientific Applications International Corportation(SAIC)(2006), Life cycle assessment: principles and practice, National risk management research laboratory, Office of research and development, U.S. Environmental Protection Agency, http://www.epa.gov/NRMRL/lcaccess/lca101.html 2010.

10. 11.
Segnestam, L.(2002), Indicators of Environment and Sustainable Development(Theories and Practical Experience), The World Bank Environment Department.
Sparkes, A. & Peattie, K.(1998), The sustainable management challenge for local government: green revolution or business as usual?, *Greener Management International*, 22, 62-73.
Steg, L. & Sievers, I.(2000), Cultural theory and individual perceptions of environmental risks, *Environment & Behaviour*, 32(2), 250-269.
Shah, S.(2007), Sustainable Practice for the Facilities Manager, Wiley-Blackwell
Sustainable Federal Facilities: A Guide to Integrating Value Engineering, Life-Cycle Costing, and Sustainable Development
Tonn, B. & MacGregor, D.(1998), Contributions to sustainability by communities and individuals: problem and prospect, Technical report, Oak Ridge National Laboratory.
U.S. Green Building Council, Leadership in energy and environmental design, http://www.usgbc.org/DisplayPage.aspx?CategoryID=19
U.S. Green Building Council, LEED for Neighborhood development rating system pilot version.
UN Commission for Sustainable Development(http://www.un.org/esa/sustdev/isd.htm), ISO14040:Life cycle assessment, 1997.
Vallero, D. & Brasier, C.(2008), *Sustainable design, The science of sustainability and green engineering*, John Wiley & Sons, Inc. New Jersey.
Williams, K. & Lindsay, M.(2007), The Extent and Nature of Sustainable Building in England: An Analysis of Progress, Planning Theory & Practice, 8(1), 31-49.
Wood, B.(2006), The role of existing buildings in the sustainability agenda, *Facilities*, 24(1-2), 61-67.
Wyatt, D., Sabotka, A. & Rogalska, M.(2000), Towards a sustainable practice, *Facilities*, 18(1/2), 76-82.

부록 설문지

환경친화적인 공공시설관리와 지역공동체의 삶의 질에 관한 연구

안녕하십니까?

설문 조사에 응하여 주셔서 감사합니다.
본 연구는 아산사회복지재단의 지원을 받아 환경친화적인 공공시설관리 실태를 분석함으로써 환경친화적인 공공시설이 지역공동체의 삶의 질에 미치는 영향을 조사하기 위한 것입니다. 본 연구의 결과는 국내외에서 대두되고 있는 환경친화적인 공공시설의 운영관리에 기여하고 공공시설관리 및 경영 분야의 중요성을 보여줄 것입니다.

<u>본 설문지의 응답은 익명으로 처리될 것이며, 학술적인 목적 이외의 다른 목적으로는 결코 사용되지 않을 것입니다.</u>

여러분의 의견과 응답은 환경친화적인 공공시설의 계획과 관리 실태를 파악하고 이를 구축하기 위한 귀중한 연구 자료가 되오니 바쁘시더라도 빠짐없이 답해 주시기를 부탁드립니다.
본 조사에 참여해 주셔서 대단히 감사합니다.

연구책임자 이 소 영(중앙대학교 실내환경디자인 · 주거환경학과 교수)
연 락 처 031-670-4788
김미정 조교 010-4664-5990
이지혜 조교 010-7150-7242

조사장소 ____________________

환경친화적인 관점은 매우 광범위한 개념을 총괄하는 의미로서 좀 더 구체적인 용어로 친환경, 그린디자인, 지속가능한 디자인 등을 말합니다.

환경친화적인 관점은 건물이나 커뮤니티의 디자인이 단순히 외형적인 형태에만 영향을 미치는 것이 아니라 지속적인 사용, 유지관리 활동, 커뮤니티와 분리될 수 없는 관계를 맺으며 존재한다는 것을 보여줍니다.

시설운영과 관리를 통하여 에너지 소비를 줄이고 운영과 관리에 소요되는 폐기물을 최소화하고 물품 구입과정을 통제하여 정당한 비용을 지불하는 방식으로 환경친화적이고 지속가능한 기준을 따르는 서비스를 제공할 수 있습니다. 또한 환경적 비용이 어떻게 소요되고 가능한 사업기회 등을 보여줌으로써 건물관리를 통해 증가될 수 있는 가치를 보여줄 수 있습니다.

※ 귀하가 속한 지역에서 공공시설 운영과 관리에 있어 환경친화적인 접근을 적용한다면 다음 중 어떤 요인이 가장 시급하다고 보십니까?

□ ① **전략적 시설 계획과 프로그래밍**: 공공시설을 개조할 것인가, 신축할 것인가, 임대할 것인가, 통합할 것인가 또는 분산시킬 것인가를 결정함에 있어 장기간 사용되는 점을 고려

□ ② **부지작업과 계획**: 유지관리 비용이 적게 드는 적절한 조경공사를 하고 최적의 건물 배치를 통해 교통, 기반시설, 생태계와 연결시켜 부지를 평가하고 태양과 바람의 방향, 지역의 미기후, 배수 방식, 수도, 전기, 가스 등의 공공시설과 기존 부지의 특징을 고려

□ ③ **에너지 관리**: 건물의 방향과 배치, 자연환기, 자연채광, 그리고 기타 여러 가지 수동적인(passive) 전략들을 통해 거주자의 편안함과 실내환경의 질은 높이면서 건물의 에너지 비용을 효율화하는 방안

□ ④ **건축 자재 및 물품 관리**: 내구성이 있고 유지관리에 적은 비용이 들며 동시에 거주자의 건강과 환경부하를 줄이는 재료 선택.

□ ⑤ **실내공기질 관리**: 오염물질의 통제와 거주자의 건강을 고려

□ ⑥ **물의 활용과 관리**: 우수를 유지하고 중수와 폐수의 재사용을 통한 물의 보존과 재활용

□ ⑦ **재활용 및 폐기물 관리**: 건설 및 프로젝트 과정과 시설 운영관리에 나오는 폐기물을 줄이고 비용 감소

□ ⑧ **건물의 운영 및 유지관리**: 환경친화적인 유지관리 정책

□ ⑨ **전략적인 환경 관리**: 방출되는 오염원을 제거하고 환경적 위험과 기회를 통제

※ 귀하는 환경친화적인 공공시설관리에 있어 어느 부분에 더욱 중점을 두어야 한다고 생각하십니까?

□ ① 환경 차원(environmental): 공기, 물 토양, 생물 다양성 등 자연 및 그린 환경

□ ② 경제 차원(economic): 운영비용, 생산성, 이윤 창출, 효율성 등의 차원

□ ③ 사회 차원(social): 지역관계, 윤리, 공공의 건강과 안녕

□ ④ 3가지 차원이 동등하게

I. 귀하가 속한 기관에서 환경친화적인 공공시설의 계획과 관리 활동에 대한 내용입니다. 각 항목에 대하여 답하여 주시기 바랍니다.

		예	아니오
		①	②
1	환경관리를 잘하고 있는지 평가할 수 있는 측정항목을 사용하고 있습니까?		
2	환경친화적인 제품(예: 재사용, 재활용된 건축자재)을 사용하고 계십니까?		
	환경친화적인 제품(소모품, 운영물품)을 사용하고 계십니까?		

3	환경관리시스템(environmental management systems)을 사용하고 계십니까?		
4	시설관리 업무를 수행할 때 현장에서 매뉴얼을 사용합니까?		
5	에너지 사용과 관리를 위한 정책, 방침, 가이드라인을 사용하십니까?		
6	에너지를 얼마만큼 소비하는지 측정하고 계십니까?		
7	에너지 소비량을 통제하기 위하여 기준 목표치가 설정되어 있습니까?		
8	난방구획이 별도로 나뉘어져 있어서 적정 온도를 다르게 설정할 수 있습니까?		
9	시설 내부의 공간 특성에 따라 냉방온도를 별도로 통제하고 계십니까?		
10	조명기구를 선택하는 데 가이드라인이 있습니까?		
11	에너지 효율이 높은 적정 조명기구를 지정하여 사용하고 있습니까?		
12	조명기구를 제어하는 시스템이 사용되었습니까?		
13	에너지 효율성을 높이기 위한 인센티브 제도가 있습니까?		
14	출퇴근에 자동차 운행을 제한하는 정책이나 방침(예: 승용차 5부제)을 잘 이행하고 있습니까?		
15	직원들이 필요할 경우 재택근무를 할 수 있도록 지원하고 있습니까?		
16	공공시설이 도보 15분 이내나 대중교통을 편리하게 이용할 수 있는 곳에 위치합니까?		
17	물 보전을 위한 정책을 수행하기 위한 방침이 있습니까?		
18	누수를 방지하고 측정하는 시스템이 설치되어 있습니까?		
19	물을 재활용하십니까?		
20	우수를 보관하고 활용하고 계십니까?		
21	공공시설 내에 어느 곳에 석면이 있는지 명시되어 있습니까?		
22	공공시설 내에 석면은 제거되었습니까?		
23	공기오염물질은 측정되고 있습니까?		
24	시설로 인한 수질오염물질은 측정되고 있습니까?		
25	주변에 생태가 잘 보존되고 보호되고 있습니까?		
26	쓰레기 및 폐기물을 줄이기 위한 방침을 수행합니까?		
27	사용자나 직원들이 사용할 수 있는 재활용 분리수거대가 있습니까?		
28	재활용 분리수거 및 활용이 잘 이루어지고 있습니까?		
29	재활용 분리수거를 위한 저장 공간이 충분합니까?		
30	재활용된 재료를 적절하게 관리하고 처리하고 있습니까?		

II. 귀하는 다음과 같은 환경친화적인 공공시설관리 활동이 얼마나 필요하다고 여기시는지 평가하여 주시기 바랍니다. 각 항목에 대해 필요로 하는 정도에 따라 해당 번호에 "✓"표를 해주십시오.

		전혀 필요치 않다	필요치 않다	보통이다	필요하다	매우 필요하다
		①	②	③	④	⑤
1	환경 관리를 잘하고 있는지 평가할 수 있는 측정항목을 사용					
2	환경친화적인 제품을 사용					
3	환경 관리 시스템(environmental management systems)을 사용					
4	시설관리 업무를 수행할 때 매뉴얼을 사용하는 것					
5	에너지 사용과 관리를 위한 정책, 방침, 가이드라인 수립하여 사용					
6	에너지를 얼마만큼 소비하는지 정기적으로 측정					
7	에너지 소비량을 통제하기 위하여 기준 목표치를 설정					
8	난방구획을 나누어 적정 온도를 다르게 설정하는 것					
9	시설 내부의 공간특성에 따라 냉방온도를 별도로 통제					
10	조명기구를 선택하고 사용하기 위한 가이드라인					
11	에너지 효율이 높은 적정조명기구의 사용					
12	조명기구를 제어하는 시스템을 사용					
13	에너지 효율성을 높이기 위한 인센티브제도					
14	출퇴근에 자동차 운행을 제한하는 조치(예: 승용차 5부제)					
15	필요할 경우 직원들을 위한 재택근무 지원					
16	공공시설이 도보 15분 이내나 대중교통 이용이 편리한 곳에 위치					
17	물 보전을 위한 방침의 수립					
18	누수를 방지하고 측정하는 시스템의 설치					
19	물을 재활용					
20	우수를 보관하고 활용					

21	공공시설 내에 석면이 사용된 곳을 명시하는 것					
22	공공시설 내에 석면이 안전하게 제거하는 것					
23	공기오염 물질의 측정					
24	수질오염 물질의 측정					
25	주변에 생태가 잘 보존되고 보호됨					
26	쓰레기 및 폐기물 양을 줄이기 위한 조치					
27	재활용 분리수거대 설치					
28	재활용 분리수거 및 활용이 잘 이루어지도록 조치					
29	재활용하기 위한 충분한 저장 공간 확보					
30	재활용된 재료의 적절한 관리와 처리					

※ 귀하가 소속된 기관에서 관리하는 공공시설의 경우, 시설관리와 운영에 있어 환경친화적인 접근이 전반적으로 어떻게 이루어지고 있다고 평가하십니까?

□ ① 매우 부족하다 □ ② 부족하다 □ ③ 보통이다
□ ④ 우수하다 □ ⑤ 매우 우수하다

※ 국내의 공공시설의 경우, 시설관리와 운영에 있어 환경친화적인 접근이 전반적으로 어떻게 이루어지고 있다고 평가하십니까?

□ ① 매우 부족하다 □ ② 부족하다 □ ③ 보통이다
□ ④ 우수하다 □ ⑤ 매우 우수하다

III. 환경친화적인 공공시설관리 활동을 하는데 있어 장점이나 부정적인 측면에 대하여 어떻게 생각하시는 지 각 항목에 대해 동의하시는 정도에 따라 해당번호에 "✓"표를 해주십시오.

		전혀 그렇지 않다	그렇지 않다	보통이다	그렇다	매우 그렇다
		①	②	③	④	⑤
1	환경친화적인 관리를 통해 에너지 비용을 줄일 수 있다.					
2	장기적인 관점에서 환경친화적인 관리활동은 유지관리비를 줄일 수 있다.					
3	환경친화적인 관리 활동은 환경오염과 복구에 드는 부담을 줄이는 데 기여한다.					
4	환경친화적인 건물은 사용자들이 더 많이 사용하고 선호할 것이다.					
5	환경친화적인 관리활동을 할 경우 내가 속한 기관은 사회적 귀감과 선망의 대상이 될 것이다.					
6	환경친화적인 공공 시설은 지역주민들에게 긍정적인 이미지를 안겨줄 것이다.					
7	환경친화적인 공공 시설은 지역발전에 긍정적인 효과를 가져올 것이다.					
8	환경친화적인 공공시설은 건강한 공간을 제공한다.					
9	친환경 건물의 내부는 공기질이 우수하며 건강한 공간이다.					
10	환경친화적인 공공시설에서는 업무 성능이 향상될 것이다.					
11	환경친화적인 건물은 시각적으로 보기 좋다.					
12	환경친화적인 건물은 내부 온도와 환경이 쾌적하다.					
13	환경친화적인 건물은 쾌적하다.					
14	내가 속한 기관의 가치는 환경친화적인 가치와 부합된다.					
15	내가 속한 조직은 단기간의 성과와 결과를 중요시 여긴다.					
16	내가 속한 부서는 다른 대안을 시도하기에는 해야 할 일상적인 업무가 너무 많다.					

17	환경친화적인 활동을 통해 내가 관리하는 건물이나 부지에 차별성을 가져오리라 생각하지 않는다.					
18	환경친화적인 관리 활동에 대한 교육을 받아본 적이 없다.					
19	내가 속한 기관은 환경 정책이나 규정을 준수하여야만 한다.					
20	환경친화적인 제품이나 재료를 구입하는 데 신경을 쓰지 않아도 된다.					
21	실제 업무에서 환경친화적인 관리 활동이 무엇인지 이해하기 어렵다.					
22	환경친화적인 관리 활동을 어떻게 해야 하는지 교육 자료나 가이드라인이 없다.					
23	환경친화적인 관리 활동을 하기에는 예산이 너무 부족하다.					
24	환경친화적인 관리 활동을 하기에는 기관장이나 고위직의 이해나 인식이 부족하다.					
25	환경친화적인 관리 활동은 실행하기가 너무 복잡하다.					
26	환경과 관련된 규정이나 정책은 이해하기 너무 어렵다.					
27	주변에서 환경친화적 관리 활동의 긍정적인 효과를 본 적이 있다.					
28	현장에서 적용할 수 있는 에너지 관리 시스템이 거의 없다.					
29	오염물질을 측정할 수 있는 시스템을 구입하기 전에 사용해 볼 수 없다.					
30	환경친화적인 관리를 위한 기술적인 문제가 무엇인지 명확하지 않다.					
31	환경친화적인 관리 활동의 장점이 무엇인지 들어 보았다.					
32	환경친화적인 관리 활동을 통해 변화가 일어나는 것을 볼 수 있다.					

IV. 환경친화적인 공공시설의 계획과 관리를 위한 의사가 어느 정도 있으신지 각 항목에 대해 동의하시는 정도에 따라 해당 번호에 "✓" 표를 해주십시오.

	전혀 그렇지 않다			보통이다			매우 그렇다
	1	2	3	4	5	6	7
환경친화적인 제품과 재료를 사용하여야 한다.							
기관장이나 행정부 수뇌부는 장기적 관점에서 환경정책을 펼쳐야 한다고 생각한다.							
환경친화적인 업무나 프로젝트를 수행하는 개인 또는 부서에게 인센티브 제도를 도입하여야 한다.							
환경은 미래 세대를 위해 매우 중요한 사항이다.							
지역공동체를 위해서 환경친화적인 관리는 매우 중요하다고 생각한다.							
생태 가치와 환경 가치는 나의 가족과 삶에 매우 중요하다.							
내가 일하는 방식은 환경의 질에 영향을 미칠 수 있다.							
환경친화적인 계획과 관리는 내가 속한 조직의 성공에 지대한 영향을 미칠 수 있다.							

※ 다음 중 공공시설을 운영 관리할 때 환경친화적 접근을 취하는 데 있어 가장 걸림돌이 되는 요인은 무엇이라고 생각하십니까?

1순위 ________________ 2순위 __________________

3순위 ________________

① 경영지원 ② 비효율적인 조직 구조

③ 우선적인 업무 ④ 정보의 부재와 부족한 지침
⑤ 부족한 물리적 자원과 인적 자원
⑥ 조직 문화 ⑦ 무관심한 지역공동체
⑧ 기타 ________________

※ 귀하가 속한 공단이나 지역구에서는 환경친화적 시설을 계획하거나 관리하고자 할 때 가장 중점을 두고 있는 사항은 무엇입니까?(향후 계획 포함)

____

____

____

____

※ 환경친화적인 공공시설의 계획과 관리를 위해 교육을 받거나 정보를 얻고 싶으시다면 어느 분야에 대해 가장 관심이 있으십니까?

____

____

V. 다음은 일반적 사항입니다.

1. 귀하가 관할하는 공공시설의 유형은 무엇입니까?

□ ① 혐오시설 □ ② 위험시설
□ ③ 공익시설 □ ④ 문화시설
□ ⑤ 기타 ___________

2. 귀하가 직접 경영 및 운영관리에 관여하는 공공 시설명은?

____

3. 귀하의 담당 업무는 무엇입니까?

□ ① 경영 기획, 경영 혁신　　□ ② 인사, 노무
□ ③ 재무, 회계　　□ ④ 시설관리
□ ⑤ 공간 임대 관리　　□ ⑥ 기타(____________)

4. 현 직장에 근무하신 지 얼마나 되었습니까? ______년 ______개월

5. 귀하의 성별은?　　□ ① 남　　□ ② 여

6. 귀하의 연령은?　　만 _______세

7. 귀하의 학력은?

□ ① 대학원졸　　□ ② 대졸　　□ ③ 고졸　　□ ④ 중졸 이하

8. 귀하의 월평균 소득은?

□ ① 100만 원 미만　　□ ② 100−200만 원 미만
□ ③ 200−300만 원 미만　　□ ④ 300−400만 원 미만
□ ⑤ 400−600만 원 미만　　□ ⑥ 600만 원 이상

* 설문에 응답하여 주셔서 감사합니다 *

| 찾아보기 |

저자 소개

이소영(李素英) 연세대학교 주생활학과 졸업
Michigan State Univ. Dept. of Human & Enviroment: Design & Management Ph. D.
현재 중앙대학교 실내디자인·주거환경학과 교수

아산재단 연구총서 제334집
환경친화적 공공시설관리와 지역공동체의 삶의 질 값 14,000원

2012년 11월 30일 1판 1쇄

저 자 이 소 영
발 행 인 임 동 규
발 행 처 **집 문 당**
주 소 110-360 서울특별시 종로구 돈화문로 82
등 록 1971. 3. 23. 제406-2003-000039호
영 업 부 (02)743-3192~3 팩스(02)742-4657
전자우편 sale@jipmoon.co.kr
편 집 부 (02)743-3096~7 팩스(02)743-0227
전자우편 edit@jipmoon.co.kr
홈페이지 www.jipmoon.co.kr

ISBN 978-89-303-1547-0
978-89-303-1500-5(세트)

이 도서의 국립중앙도서관 출판시도서목록(CIP)은 e-CIP홈페이지(http://www.nl.go.kr/ecip)와 국가자료공동목록시스템(http://www.nl.go.kr/kolisnet)에서 이용하실 수 있습니다.
(CIP제어번호: CIP2012005009)

아 | 산 | 재 | 단 | 연 | 구 | 총 | 서

47 21세기 지역주민의 삶의 질
양종회 외 | 성균관대 사회학과

48 삶의 질에 대한 국가간 비교
조명한 외 | 서울대 심리학과

49 외국인 노동자의 노사관계와 사회적 적응
석현호 외 | 성균관대 사회학과

50 한국의 사법제도와 발전 모델
정종섭 | 건국대 법학과

51 고령화사회와 중상층 노인의 사회활동
조성남 외 | 이화여대 사회학과

52 한국의 서비스 시장 개방정책
한홍렬 | 한양대 경제학부

53 한국과 AFTA간의 교역증진 및 경제 협력방안
손일태 외 | 경희대 경제통상학부

54 물류비 절감을 위한 무역업체의 정보화전략
이영수 외 | 경북대 경제통상학부

55 사회주의 체제전환과 사회정책
오정수 외 | 충남대 사회복지학과

56 남북통일 이후 농업생산체계 개편
홍성규 외 | 건국대 농업경제학과

57 국제화와 세계화
하영선 외 | 서울대 외교학과

58 IMF 개혁정책의 평가와 한국경제의 신(新) 패러다임
조동근 | 명지대 경제학과

59 구조개혁과 실업대책
박동운 | 단국대 경제무역학부

60 21세기 신노사관계
심윤종 외 | 성균관대 사회학과

61 학교에서의 집단 따돌림
이춘재 외 | 가톨릭대 심리학과

62 한국노인의 정신건강실태와 건강증진
조맹제 외 | 서울대 의과대학

63 혁명과 개혁 속의 중국 농민
김광억 | 서울대 인류학과

64 중국의 경제환경과 한국기업의 진출 전략
지용희 외 | 서강대 경영학과

65 김대중 대통령의 시스템 사고
김동환 | 중앙대 공공정책학부

66 실업과 가족해체
최일섭 외 | 서울대 사회복지학과

67 합리적 부채비율 조정방안
오상근 | 동아대 경제학과

68 한국 중산층의 생활문화
문숙재 외 | 이화여대 소비자 · 인간발달학과

69 계층간 갈등상태에서 최적소득세
김진욱 | 건국대 경상학부

70 글로벌 경쟁력 제고를 위한 기업전략과 조직구축
이만우 외 | 고려대 경영학과

71 의료보험과 국민연금의 관리효율화를 위한 통합방안
사공진 외 | 한양대 경제학부

72 정부개혁의 과제와 전략
박우서 외 | 연세대 행정학과

73 책임운영기관 제도에 관한 비교분석
김근세 | 가톨릭대 행정학과

74 새로운 패러다임하에서의 한국기업의 바람직한 지배구조
최운열 외 | 서강대 경영학과

75 현대 한국사회의 계층구조
양춘 외 | 고려대 사회학과

76 한국의 산업정책과 산업구조조정
강인수 | 숙명여대 경제학부

77 기업구조조정
김석진 | 경북대 경영학부

78 지식경영을 위한 인적자원 개발 및 관리체계
장영철 | 경희대 경영학부

79 뉴 비즈니스 모델
전성현 | 국민대 정보관리학부

80 중산층의 정체성과 소비문화
함인희 외 | 이화여대 사회학과

81 외국관광객 유치를 위한 마케팅 전략
박상규 | 강원대 경영학과

82 한국인의 세대별 문학의식
이동순 | 영남대 국문과

83 공공부문의 효율성 평가와 측정
김재홍 외 | 울산대 사회과학부

84 한국 청소년의 정치의식과 형성요인
김광웅 외 | 숙명여대 아동복지학과

85 한국 대학생의 정치의식
배한동 | 경북대 윤리교육과

86 산업의 정보화와 산업발전
이기동 | 계명대 통상학부

87 한국 제조업의 고용조정 분석
이종원 외 | 성균관대 경제학부

88 지식자산에 대한 경영전략적 평가모형 개발
배재학 외 | 울산대 컴퓨터 · 정보통신공학부

89 관광사업을 위한 한국적 이미지의 휴식복 개발
채금석 | 숙명여대 의류학과

90 한국 정치제도의 개혁
신정현 | 경희대 사회과학부

91 e비즈니스와 아웃소싱 전략
정승화 외 | 연세대 경영학과

92 집단 따돌림의 진단 및 치료방안
홍준표 | 중앙대 인간생활환경학과

93 16대 총선과 낙선운동
조기숙 | 이화여대 국제대학원

94 부동층 유권자 행태 분석
진영재 | 연세대 정치외교학과

188 정치 참여와 탈물질주의
김욱 | 배재대 정치외교학과

189 퍼지전문가회로망을 이용한 금융기관의 사이버 기업여신결정 지원시스템의 개발
권혁대 | 목원대 경영학과

190 환경정책과 환경법
송인성 | 전남대 지역개발학과

191 포스트모던 시대의 평생교육학
한숭희 | 서울대 교육학과

192 현대 한국인의 세대경험과 문화
박길성 외 | 고려대 사회학과

193 서구의 근로연계복지
김종일 | 건국대 사회복지학과

194 사회복지운동론
현외성 | 경남대 사회복지학과

195 외국의 역모기지 사례
유선종 | 건국대 부동산학과

196 옛이야기와 어린이문학
이지호 | 진주교대 국어교육학과

197 노인사회복지관광의 정책과제와 방안
김창수 | 경기대 관광학부

198 복지서비스의 민간위탁 시스템 분석
김순양 | 영남대 행정학부

199 새로운 빈곤층의 대두와 정부의 정책과제
김진욱 | 건국대 경제학과

200 문화행정론
김정수 | 한양대 행정학과

201 스칸디나비아 노인용 코하우징의 계획과 적용
최정신 외 | 가톨릭대 생활과학부

202 북한의 자연생태계
공우석 | 경희대 지리학과

203 통계로 이해하는 러시아
전홍찬 | 부산대 정치외교학과

204 사회복지법인의 경영과 회계
이동규 | 충남대 회계학과

205 의약분업 정책과정
차흥봉 | 한림대 사회복지학과

206 지역공동체와 평생교육
오혁진 | 동의대 평생교육학부

207 아동보호서비스의 실제
한미현 | 백석대 사회복지학부

208 그린마케팅
박재기 | 충남대 경영학부

209 아동권리와 아동복지
이혜원 | 성공회대 사회복지학과

210 국제 이주와 인도인 디아스포라
김경학 | 전남대 인류학과

211 질병과 의료의 사회학
조병희 | 서울대 보건대학원

212 북한이탈주민의 사회통합을 위한 지역복지실천의 모색
이기영 | 부산대 사회복지학과

213 치매노인케어론
조유향 | 초당대 간호학과

214 노인상담입문
서혜경 외 | 한림대 대학원 사회복지학과

215 '통일 이후 통일과정'으로서의 독일 통일영화
이준서 | 이화여대 독어독문학과

216 중국의 사회보장
오정수 | 충남대 사회복지학과

217 환경자원의 경제적 가치와 환경오염의 사회적 비용
김재홍 | 울산대 사회과학부

218 사회복지프로그램의 경제적 평가방법
박창제 외 | 상주대 사회복지학과

219 자유의지와 결정론
안건훈 | 강원대 철학과

220 심리학자들이 쓴 행복한 결혼의 심리학
채규만 외 | 성신여대 심리학과

221 현대 해석학 강의
양해림 | 충남대 철학과

222 한국인의 주거 빈곤과 공공주택
하성규 | 중앙대 도시 및 지역계획학과

223 IMF 경제위기와 한국 출산력의 변화
김두섭 | 한양대 사회학과

224 동아시아의 영토분쟁과 국제법
이석우 | 인하대 법학부

225 독일 복지국가와 사회복지서비스
정재훈 | 서울여대 사회사업학과

226 사회복지사를 위한 실용 비모수통계
엄명용 | 성균관대 사회복지학과

227 피해자학 연구
이윤호 | 동국대 경찰행정학과

228 광고언어창작론
박영준 외 | 부경대 국어국문학과

229 환경규제 패러다임의 전환
한철 | 한남대 법학과

230 고령사회의 노동환경변화와 고용시스템의 문제점 및 법적 대응
고준기 | 국립군산대 법학과

231 세계화와 소득불평등
이성균 외 | 울산대 사회과학부

232 유비쿼터스 사회의 이해
안중호 외 | 서울대 경영학과

233 국제환경책임법론
박병도 | 건국대 법학과

234 한국의 선거와 민주주의
윤종빈 | 명지대 정치외교학과

235 한국 시민운동의 구조와 동학
조대엽 외 | 고려대 사회학과

236 또래관계
송영혜 | 대구대 재활심리학과

237 해외 한국기업과 현지인 노동자
석현호 외 | 에스코이아학술문화재단

238 독일 국가복지에서 민간복지단체의 역할과 의미
차성환 외 | 한일장신대 사회복지학부

239 청정공학
조정호 | 동양대 생명화학공학과

240 한국전통연희론
심상교 | 부산교육대 국어교육학과

241 정신장애와 가족
서미경 | 경상대 사회복지학부

242 빈곤통계의 작성과 활용
김주환 | 동국대 정보통계학과

243 인터넷과 한국정치
강원택 | 숭실대 정치외교학과

244 북한의 시장경제이행
정영화 외 | 서경대 법학과

245 시스템사고로 본 지속가능한 도시
문태훈 | 중앙대 도시및지역계획학과

246 실버산업과 유비쿼터스 컴퓨팅
고일상 | 전남대 경영학부

247 재활상담과 사례관리
나운환 | 대구대 직업재활학과

248 영유아교육기관에서의 장애 이해 교육
유수옥 | 우석대 유아특수교육과

249 장애의 사회적 의미와 사회통합
박수경 | 대진대 사회복지학과

250 경제분석의 수리적 기초
조인성 | 공주대 경제통상학부

251 비영리부문의 비교연구
김승현 | 서울산업대 행정학과

252 고등교육경제학
반상진 | 전북대 교육학과

253 과학윤리교육의 이론과 방법
조희형 | 강원대 과학교육학부

254 결혼이민자가족의 이해
김오남 | 대불대 사회복지학과

255 동아시아 국가의 공공부조
신동면 | 경희대 사회과학부

256 특수아동 진단 및 평가
이나미 | 대불대 특수교육과

257 계약형 사회복지와 권리옹호시스템
이명현 | 경북대 상주캠퍼스 사회복지학과

258 실내공기질 및 위해성 관리
양원호 | 대구가톨릭대 산업보건학과

259 충남 방언 문법
한영목 | 충남대 국어국문학과

260 교육권론
노기호 | 군산대 법학과

261 도시경관계획론
임승빈 | 서울대 조경 · 지역시스템공학부

262 교통의 새로운 패러다임
김형철 | 경원대 도시계획 · 조경학부

263 노인의 삶의 질 향상을 위한 주거환경 디자인
천진희 | 상명대 디자인대학 실내디자인전공

264 사회복지와 문화
박병현 | 부산대 사회복지학과

265 장애인복지의 이론과 실제
이선우 | 인제대 사회복지학과

266 창의성 개발을 위한 디자인교육 콘텐츠
김선영 | 인천가톨릭대 조형예술대학 환경디자인학과

267 구성주의 사회복지 실천 기술론
고미영 | 서울신학대 사회복지학과

268 장애아교육학
김기흥 | 부산교육대 유아교육과

269 지역사회복지와 자원부문
한상진 외 | 울산대 사회학과

270 환경관리회계
육근효 | 부산외국어대 회계학부

271 인권 관점에서 보는 장애인복지
유동철 | 동의대 사회복지학과

272 정신증상
송지영 | 경희대 의과대학병원 신경정신과

273 사이버공간의 사회심리학
이성식 외 | 숭실대 정보사회학과

274 노인에 대한 사회적 돌봄과 돌봄 서비스의 질 보장
최희경 | 신라대 가족노인복지학과

275 아동 심리치료의 실제
신현균 | 전남대 심리학과

276 사회복지와 위험관리
노충래 | 이화여대 사회복지전문대학원

277 국제 탄소시장의 이해
양승룡 | 고려대 식품자원경제학과

278 타자의 초상
신문수 | 서울대 영어교육과

279 한국정치와 환경정치
나정원 | 강원대 정치외교학과

280 북한이주민
윤인진 | 고려대 사회학과

281 음주의 사회경제적 비용
정우진 외 | 연세대 보건대학원

282 지방정치와 동북아 도시거버넌스
박재욱 | 신라대 행정학과

283 노숙인 복지론
남기철 | 동덕여대 사회복지학과

284 유럽통합과정과 지역협력
이규영 | 서강대 국제대학원

285 사회복지재정 연구
지은구 | 계명대 사회과학대학 사회복지학과

286 지역사회 교육개혁을 위한 시민사회 조직의 참여
김영화 | 홍익대 교육학과

287 복지사회를 대비한 국민연금의 구조개혁
박영석 외 | 서강대 경영학부

288 한미 FTA 지재권 협상에 따른 의약품 분야 사회후생 변화
오근엽 | 충남대 무역학과

289 산업입지, 환경 그리고 지역경제
이기동 외 | 계명대 국제통상학과

290 감성지능 개발을 통한 삶의 질 향상
김경수 외 | 전남대 경영학부

291 교육복지론
이용교 외 | 광주대 사회복지학부

292 인간과 행복에 대한 철학적 성찰
박찬국 | 서울대 철학과

293 유럽연합의 사회통합 사례와 교훈
이무성 | 명지대 정치외교학과

294 민영화와 사회후생
이상호 | 전남대 경제학부

295 북한의 교육학 체계 연구
최영표 외 | 동신대 교육대학원

296 한국 지속가능발전의 구조와 변동
정대연 | 제주대 사회학과

297 우리나라의 공익 연계 마케팅에 관한 연구
임승희 | 전주대 경영학부

298 시각장애인복지론
김영일 | 조선대 특수교육과

299 그린에너지와 환경촉매
정석진 | 경희대 화학공학과

300 취약학교 초등학생을 위한 온라인 보건 교육 프로그램
박경옥 | 이화여대 보건관리학과

301 신탁제도를 통한 고령자의 보호와 지원
최수정 | 서강대 법학전문대학원

302 사회적 약자계층에 대한 실태분석 및 정책방안
이은우 외 | 울산대 경제학과

303 한류 문화와 동북아 공동체
최혜실 | 경희대 국어국문학과

304 노동유연화와 해고보호법
권혁 | 부산대 법학전문대학원

305 사회복지 위험관리의 이해
박미은 | 한남대 사회복지학과

306 의료기관의 회계와 세무
노준화 | 충남대 경영학부

307 여성인적자원의 전문성 확보를 위한 경력개발
백지연 | 이화여대 국제사무학과

308 정신병리
강선경 | 서강대 신학대학원

309 바다의 반란 적조
윤양호 | 전남대 해양기술학부

310 한국 장애인 복지 발달사
이성규 | 서울시립대 사회복지학과

311 서양예술 속의 동양 탐색
진상범 | 전북대 독어독문학과

312 한국인의 도덕성 발달 진단
문용린 | 서울대 교육학과

313 영국정치와 국가복지
고세훈 | 고려대 공공행정학부

314 인간학적 사유를 여는 중도 · 중복장애 교육학
이숙정 | 단국대 특수교육과

315 개별화 교육과정
이소현 | 이화여대 특수교육과

316 인간의 긍정적 성품
권석만 | 서울대 심리학과

317 지방자치와 지역여성의 전망
이혜숙 | 경상대 사회학과

318 한국 현대 노년소설 연구
전흥남 | 한려대 교양학부

319 정보격차 해소를 위한 창의적 정보교육 프로그램
이영준 외 | 한국교원대 컴퓨터교육과

320 한국 가족과 젠더
손승영 | 동덕여대 교양학부

321 한국의 복지혼합
김진욱 | 서강대 신학대학원

322 사회자본과 자원봉사
김태룡 외 | 상지대 행정학과

323 농촌교육복지연구
박삼철 | 단국대 교양학부

324 사회정체성 평가 차원에 대한 국제 비교조사
이명진 | 고려대 사회학과

325 캐나다 복지국가 연구
조영훈 | 동의대 사회복지학과

326 한국의 소수자운동과 인권정책
전영평 외 | 서울대 행정대학원

327 한국와 미국의 보육서비스 전달체계와 품질 비교분석
김근세 외 | 성균관대 국정관리대학원

328 한국사회의 소득불평등과 국민 의료이용
이용재 | 호서대 사회복지학과

329 정보시대의 인간안보
조화순 | 연세대 정치외교학과

330 가족의 사회경제적 특성과 아동발달
김광혁 | 전주대 사회복지학과

331 초 · 중 · 고등학생의 학업소진 진행과정 및 경로분석
이상민 | 고려대 교육학과

332 다문화사회의 사법통역
이지은 | 이화여대 통역번역대학원

333 동아시아 지역주의
유현석 | 경희대 정치외교학과

334 환경친화적 공공시설관리와 지역공동체의 삶의 질
이소영 | 중앙대 실내디자인 · 주거환경학과

아 | 산 | 재 | 단 | 연 | 구 | 보 | 고 | 서

1 한국인의 도덕성 연구
배해수 | 고려대 국문학과

2 산업화와 청소년 진로
이원호 | 울산대 교육학과

3 공동체의식과 시민운동
김영섭 | 한양대 행정학과

4 한국청년의 삶의 의미 충족도와 만족적 태도
안정수 | 경희대 철학과

5 중국조선족의 사회발전과 한·중관계의 위상
손장권 | 고려대 사회학과

6 해송림 "솔껍질깍지벌레"의 천적 및 주요 종의 생태
김규진 | 전남대 농생물학과

7 사회정의와 실천윤리
박종대 | 서강대 철학과

8 동구개혁의 영향
김달중 | 연세대 정치외교학과

9 한국청소년의 의식세계
김문조 | 고려대 사회학과

10 고강도 철근 콘크리트 구조의 실용화
정헌수 | 중앙대 건축학과

11 신기술의 연관형태 및 출현예측의 구조모형
권철신 | 성균관대 산업공학과

12 민간기업의 연구개발을 위한 조세정책
권영훈 | 한양대 경제학부

13 기술개발 활성화방안
송승구 | 울산대 화학공학부

14 부패의 현상과 진단
이문조 | 영남대 정치외교학부

15 연구투자의 지역적 편중화와 부산지역의 기초과학연구 활성화방안
윤웅찬 | 부산대 화학과

16 GATT의 신구 덤핑방지협정과 그 대응방안
전창원 | 동국대 무역학과

17 한국사회의 도덕성 제고를 위한 진단과 처방
황경식 | 서울대 철학과

18 새로운 노사관계 방향
이진규 외 | 고려대 경영학과

19 21세기 동북아 정세예측과 한국의 전략적 대응방안
최평길 외 | 연세대 행정학과

20 소련의 한국에 대한 정책목표분석
신승권 | 한양대 정치외교학과

21 메모리 커패시터용 $Pb(Zr_xTi_{1-x})O_3$ 강유전체 박막의 제작과 특성
장지근 외 | 단국대 전자공학과

22 러시아 국제법학의 전통
김용구 | 서울대 외교학과

23 유럽연합의 현황과 전망
김동현 외 | 성균관대 행정학과

24 중국의 정치동원
송영우 외 | 건국대 정치외교학과

25 산업적 활용을 위한 이동로보트 시스템의 개발
박민용 외 | 연세대 전자공학과

26 중국조선족의 정치사회화과정과 동화적 국민통합의 방향
전인영 외 | 이화여대 사회생활학과

27 공적부조의 이론과 실제
최일섭 외 | 서울대 사회복지학과

28 대외통상환경의 변화와 법제개편
서헌제 | 중앙대 법학과

29 기업금융의 국제화
최생림 | 한양대 경영학부

30 자동차부품공업의 노사관계
김호진 외 | 고려대 행정학과

31 산업화 과정에서의 한국가족의 실태와 전망
정창수 외 | 성균관대 사회학과

32 공무원 가치관 실태와 정립방안
배병룡 외 | 경상대 행정학과

33 해외귀국청소년의 국내적응연구
이장영 | 국민대 사회학과

34 초고속정보통신망에서 LAN서비스 제공방안
이재용 | 연세대 전자공학과

35 WTO체제의 정책적 대응
김병진 외 | 경희대 행정학과

36 유럽의 통합정치
최수경 외 | 충남대 정치외교학과

37 유기질폐기물을 이용한 고단백사료원인 조류의 생산공정
최정우 외 | 서강대 화학공학과

38 초고속정보통신망의 수용성과 정책방향
박영상 외 | 한양대 신문방송학과

39 중국의 강남사회와 한중교섭
조영록 외 | 동국대 사학과

40 세계화시대의 사회 · 문화의식
신행철 외 | 제주대 사회학과

41 국내 외국인 노동자의 문제와 대책
성규탁 외 | 연세대 사회복지학과

42 노인인력 활용정책과 프로그램
김정후 외 | 강원대 법과대학

43 한일간 학술교류 현황과 활성화방안
정홍익 외 | 서울대 행정대학원

44 계량모형에 의한 한일 경제관계의 이해
김명직 외 | 한양대 경제학부

45 직장인의 음주행태와 삶의 질
진기남 외 | 연세대 보건행정학과

46 유통정보 시스템의 구조와 설계
정용길 | 충남대 경영학과

47 남북통일 이후 사회통합을 위한 교육의 역할
안기성 외 | 고려대 교육학과

48 대중음악에 심취한 청소년들의 심리적 특성
김인경 외 | 연세대 인간행동연구소

49 멀티미디어 시스템을 활용한 교육환경의 개선방안
김한일 | 제주대 컴퓨터교육학과

50 탈냉전기 한일관계의 쟁점
최상룡 | 고려대 정치외교학과

51 자치시대 새로운 '삶의 질' 지표의 모색
김형기 외 | 경북대 경제통상학부

52 유럽통합의 역내외 협력과 갈등
이호재 외 | 고려대 정치외교학과

53 21세기를 대비한 신노사관계
김재원 | 한양대 경제학부

54 대학의 시간제학생 등록제
안규철 외 | 전남대 교육학과

55 21세기에 대비한 방송통신정책
한진만 외 | 강원대 신문방송학과

56 주민참여를 통한 혐오시설 관리운영방안
박균성 외 | 경희대 법학부

57 여성의 정치적 권리인식과 정치참여
전경옥 외 | 숙명여대 정치외교학과

58 한국인 위장질환과 식생활 · 환경요인 및 *H. pylori* 감염과의 관계
이양자 외 | 연세대 식품영양학과

59 학생과 시민의 자원봉사활동
윤정일 외 | 서울대 교육학과

60 동북아 환경문제와 지역환경협력의 모색
신연재 외 | 울산대 정치외교학과

61 노인 자원봉사활동을 통한 사회통합 프로그램 개발
김동배 | 연세대 사회복지학과

62 물류정보 시스템
김태현 | 연세대 경영학과

63 전자식 문서교환을 이용한 항공화물 운송체계
민재형 | 서강대 경영학과

64 청소년과 성
이근후 | 이화여대 의과대학

65 민족통합과 무궁화호 위성의 남북한 공동활용방안
방정배 | 성균관대 신문방송학과

66 채식주의가 20대 여성의 영양상태와 에스트로겐 대사에 미치는 영향
성미경 | 숙명여대 식품영양학과

67 가상정보공간을 통한 지역개발 활성화 전략
유재천 외 | 한림대 언론정보학부

68 조산아 관리현황 및 정책수립 방안
박상기 외 | 조선대 의과대학

69 남북한관의 의식조사와 통일교육 개선방안
김동규 외 | 고려대 북한학과

70 동양 전통 자연사상 탐구
장동순 | 충남대 환경공학과

71 초고속정보망의 시뮬레이터 구현
한기준 | 경북대 컴퓨터공학과

72 유통원가 시스템의 유효성
정다미 | 명지대 경영학과

73 국악과 문화관광의 만남
정익준 외 | 동아대 국제관광통상학부

74 기업의 지식경영 활용사례
김창은 | 명지대 산업공학과

75 선진국과 한국의 직업교육 · 훈련제도의 특성과 한계
정주연 | 고려대 경제학과

76 제주지역 성인 여성의 자원봉사활동
이상철 외 | 제주대 사회학과

77 M&A와 문화충돌 관리
박원우 | 서울대 경영학과

78 폐금속광산 인근 주민들의 중금속 오염실태
정종학 외 | 영남대 의학과

79 북한 농촌 · 농업실태와 인력자원개발 시스템을 통한 북한 농민의 구호방안
박성열 | 건국대 교육공학과

80 중소 소매점의 경쟁력과 소매성과
채명수 외 | 한국외대 무역학과

81 고령자를 위한 쾌적한 실내온도와 착의량의 설정
정운선 | 안동대 의류학과

82 지역문화 이벤트 PR
박종민 | 경희대 언론정보학부

83 인터넷 지역정보화의 실태와 전략
유평준 외 | 연세대 행정학과

84 여성 삶의 질 향상을 위한 사회교육 활성화 방안
김양희 | 중앙대 가족복지학과

85 벤처기업과 벤처금융
강대석 외 | 충남대 무역학과

86 구조조정기에 있어서 실업대책과 사회안전망 구축
박천익 | 대구대 경제학과

87 한국 유아의 조기교육
이명조 외 | 한국외대 교육대학원

88 남북한 경제공동체 형성전략
이상만 | 중앙대 경제학과

89 지방자치회계의 투명성과 주민의 알 권리
권찬태 외 | 경북대 경영학부

90 정치지도자의 정책리더십
이해영 | 경일대 행정학과

91 경제위기와 한국인의 복지의식
신광영 외 | 중앙대 사회학과

92 북한의 노동
김강식 | 한국항공대 경영학과

93 우리나라 중소기업의 정보기술 활용 현황과 경쟁력 강화를 위한 제안
정승호 | 부산외대 정보시스템학과

94 인간배아복제의 법적 · 윤리적 문제점과 그 해결방안
최병규 | 한경대 법학부

95 가치변화에 따른 투표행태
조찬래 외 | 충남대 정치외교학과

96 인터넷 경매에서의 계약체결과 소비자 보호
이기수 외 | 고려대 법과대학

97 세계화시대 남북한 통합의 방향과 과제
윤민재 | 서울대 사회발전연구소

98 글로벌 시대 지방정부의 문화마케팅 전략
박흥식 | 중앙대 행정학과

99 대졸여성실업의 실태분석 및 대학-노동 시장 간 효율적 연계방안
이은우 외 | 울산대 사회과학부

100 그린 투어리즘의 분석
이응진 | 대구대 관광학부

101 지방자치단체장의 부정부패
오일환 | 한양대 아태지역연구센터

102 산업화가 유교체제하 중국여성의 지위에 미친 영향
천성림 | 배재대 사회과학연구소

103 움직이는 말하기
유혜숙 외 | 나사렛대 교양학부

104 장애학생을 위한 특수교육공학의 활용
김용욱 | 대구대 중등특수교육과

105 지식기반사회의 평생교육 이해와 평생교육 프로그램 개발
박성열 | 건국대 교육공학과

106 N세대의 미술교육
김동철 | 대구교육대 미술교육학과

107 노후계획과 투자
권택호 | 여수대 국제통상학과

108 영화산업
양영철 | 경성대 연극영화학부

109 동유럽의 변혁과 언론의 역활
정대수 | 경남대 정치언론학부

110 환율, 임금, 물가가 국제경쟁력 및 수출입산업에 미치는 영향
하인봉 | 경북대 경제통상학부

111 일본기업의 기술혁신 전략
위정현 | 중앙대 상경학부

112 노후보장정책과 역저당연금제도
조덕호 외 | 대구대 행정학과

113 유비쿼터스 라이프와 미래 사회
김석수 | 한남대 멀티미디어공학과

114 죽음과 관련된 생명윤리적 문제들
구인회 | 가톨릭의과대 인문사회과학교실

115 경제적 세계화와 빈곤문제, 그리고 국가
김준현 | 한일장신대 인문사회과학부

116 한국의 세계불교유산
김종명 | 한국학중앙연구원 한국학대학원

117 복지레저서비스론
고태규 | 한림대 국제학부

118 자생적 철학체계로서 인간중심철학
선우현 | 청주교대 윤리교육과

119 전략적 통합과 한반도 평화체제
김승채 | 고려대 정책대학원

120 환경사법론
전경운 | 경희대 법학부

121 인터넷 자료를 통해 본 한국의 이혼 문화와 사회복지
성정현 외 | 협성대 사회복지학과

122 유럽연합의 사회정책에 관한 연구
문진영 | 서강대 신학대학원 사회복지학과

123 여성건강의 통합적 관점
김혜원 | 관동대 간호학과

124 복잡계 네트워크 과학
강병남 | 서울대 물리천문학부

125 경제적인 3세대 전원주택 개발
박근준 | 호서대 건축공학과

126 사회복지와 인적자원개발
이상일 | 인제대 국제경상학부